KB235376

체인지! 그 담대한 희망

오바마論

마틴 더퓌는 센트럴플로리다대의 버넷오너스 단과대 부총장이며 정치학과 부교수. 사우스캘리포니아대에서 박사학위를, 아메리칸대에서 법학박사학위(JD)를 받았다.

케이스 보클먼은 웨스턴일리노이대 정치학과 부교수이며 지방문제연구소 선임연구원. 일리노이대(어바나)에서 박사학위를 받았다.

역자 최지영은 외국에서 근무하게 된 아버지를 따라 대만과 홍콩에서 중고등학교를 나왔다. 고려대 신문방송학과를 졸업한 후 중앙일보에 입사해 수도권부, 생활과학부, 정보과학부, 산업부 등을 거쳤다. 현재 국제부에서 근무하고 있다.

체인지! 그 담대한 희망 오바마論

지은이 / 마틴 더퓌 · 케이스 보클먼
옮긴이 / 최지영
기　획 / 강성복
편　집 / 이부섭
디자인 / 박준철

펴낸이 / 조유현
펴낸곳 / 늘봄
등록번호 / 제1-2070 1996년 8월 8일
주　소 / 서울시 종로구 충신동 189-11 동국빌딩 3층
전　화 / (02)743-7784
팩　스 / (02)743-7078
초판 1쇄 펴냄 2008년 3월 25일
ISBN 978-89-88151-86-0　93190

BARAK OBAMA / MARTIN DUPUIS & KEITH BOECKELMAN

● 잘못되거나 파손된 책은 구입하신 서점에서 교환해 드립니다.
● 가격은 표지에 있습니다.

체인지! 그 담대한 희망

오바마論

The New Face of American Politics

마틴 더퓌·케이스 보클먼 지음 / 최지영 옮김

늘봄

꿈을 좇으라고 영감을 주셨고,

버락 오바마의 말처럼

'담대한 희망'을 가지라고 해주신 부모님

돈과 잰 더뤼에게

*　*　*

어슴푸레한 해질녘,

새라에게

편집자 서문

　정치 분야의 여성과 소수 계층에 대한 책을 내기에 지금보다 더 좋은 시기는 없는 듯하다. 민주당 대통령 선거의 경선 주자 두 명이 바로 흑인인 버락 오바마와 여성인 힐러리 클린턴이다. 또 콘돌리자 라이스는 메들린 올브라이트에 이어 미국 역사상 두 번째 여성 국무장관으로 재직 중이다. 라이스는 흑인 여성으로는 최초로 국무장관이 되었다. 미국 내에선 이민 문제로 논쟁이 뜨겁다. 출생률 증가에 의한 것이든, 아니면 불법적 혹은 합법적 이민 때문이든, 늘어나는 소수 계층이 미국 사회의 정체성을 어떻게 바꿀 것인지에 대한 논쟁 말이다.

　소수 계층이 지금까지 정치 분야에서 성취한 일, 또는 아직 하지 못한 일에 집중하는 것은 미국 정치에 대한 흥미로운 분석틀을 제공한다. 이는 미국에 대한 이해의 폭과 깊이를 더해 주는 일이다. 이 저서는 간단하지만 매우 강력한 목표를 표방하고 있다. 바로 소수 계층이 미국 정치의 모든 분야에 끼친 영향을 보자는 것이다.

　이 저서는 정치인이나, 후보, 지역사회 지도자로 선출직 정치에 참여하고 있는 소수 계층 지도자들에게만 바치는 것은 아니다. 우리는 의도적으로 선출직 정치 뿐 아니라 사회 · 정치적 운동으로까지 분석의 범위를 넓히려고 한다. 각종 이익단체의 활동이나 미국 선거에 있어서의 주요 투표 계층의 역할까지 분석해보려 한다. 그리하여 제도적 권력에 진출한 사람들 뿐 아니라 그들을 뽑는데 기여한 지지 계층까지 폭넓게 바라보겠다는 것이다.

이 책은 깊은 인상을 남긴 특징 인물의 일생에 깊이 들어가는 전기(傳記)적 형식을 띄게 될 수도 있다. 하지만 특정 인물을 둘러싼 시민운동, 정치적 트렌드와 한때 정치적 아웃사이더로 불렸던 그룹이 어떻게 정치적으로 의미 있는 발전을 이루어 냈는지도 함께 알 수 있도록 구성하려고 한다.

소수 계층과 여성이 현재 미국 정치에 미치는 영향은 지대하다. 이는 미래에 더 커질 것이다. 일부 주 의회에선 이미 여성과 남성의 숫자가 비슷해지고 있고, 인종적 소수 계층이 정치 기관에서 과거보다 큰 목소리를 내고 있다. 이런 현상이 공공 정책과 리더십의 모델, 선거 정책을 엄청나게 바꾸고 있다. 미국 정치의 이런 달라진 모습을 관측해보자는 것이 이 책의 목표다.

버락 오바마 상원의원은 미국 정치 관찰자에게 매혹적인 사례 연구 기회를 제공하고 있다. 흑인으로 미국의 상원의원이 된 사람은 오바마 외에 단 네 명이다. 오바마는 또한 정의와 다양성이란 이슈에 관해 미국 사회에서 가장 강력한 호소력이 있는 리더중 하나다. 오바마 상원의원의 봉사, 리더십, 그리고 혜성 같은 정치 주 무대로의 등장을 살펴보는 일은 소수 계층이 미국 정치를 어떻게 변화시키는지를 알 수 있는 분석틀을 제공해준다.

흥미로운 정치 스토리는 언제나 복잡하다. 그리고 다양성이란 주제에 대해 살펴보고자 하면 그 복잡성을 들여다봐야 하는 것이 필수다. 이 책도 예외가 아니다. 더퓌와 보클먼은 오바마가 미국 문화에 있어서 하나의 아이콘이자 수수께끼라는 점을 보여주고 있다. 아마도 그래서 그가 그렇게 급부상할 수 있었을 것이다. 오바마는 위풍당당하고 지적이면서 동시에 겸손하고 자신감이 있다. 젊고 똑똑한 그는 그 동안 미국 정치를 규정지어 왔던 계층 범주로는 설명할 수 없는 인물이다. 이 저서는 예상을 쾌활하게 깨는 그의 권력으로의 부상을 다루면서 오바마를 공정하게 평가하고 있다.

이 흥미로운 정치 스타가 어떻게 떠오르게 됐는지를 다룬 저서들은 점점 늘어나 하나의 산업군이 되고 있다. 하지만 더퓌와 보클먼의 저서는 그 중에서도 돋보인다. 저자들은 매력 있는 문체로 오바마의 정치 초년병 시절과 상원의원 선거 레이스, 그리고 미디어와 대중이 그의 상원의원 활동을 어떻게 평가했는지를 살펴본다.

오바마가 어떻게 이토록 짧은 시간에 정치적 성공을 이뤘는지를 살펴보면 그가 각종 장벽을 깬다는 사실을 알 수 있다. 아버지가 흑인, 어머니가 백인인 그는 기존의 흑백 인종 규정에 도전한다. 그는 다수의 미국인들과 동일시되길 원하며 타인에 의해 규정받길 거부한다. 그의 정책은 전통 진보라 할 만하다. 하지만 오바마는 카리스마 넘치는 웅변력으로 인해 보수주의자들에게도 어필하고 있다.

선거를 대하는 오바마의 초기 행태를 살펴봄으로써 더퓌와 보클먼은 독자에게 오바마의 현재 대선 경선에 대해 결론을 내릴 수 있게 해준다. 저자들은 오바마 상원의원의 기부금 모금 방식과 새로운 매체를 적극적으로 활용하는 모습을 다룬다. 또 오바마 만의 독특한 웅변술과 지역 또는 주 단위 선거에서의 여론조사 결과를 보여준다. 이는 오바마가 대선에서 얼마만큼 가능성이 있는지를 나타내 준다.

정치판에 뛰어든 지 얼마 안 된 신인이 백악관 티켓을 거머쥐는 경우는 거의 없다. 유색 인종이 대통령 집무실을 차지한 적도 없었다.

그 사실 때문에 이 책이 매우 절묘한 시기에 나왔다고 해야겠다. 과거 어느 때보다 소수 계층이 미국 정치권력 최고의 자리에 오를 가능성이 높아졌기 때문이다. 『버락 오바마, 미국 정치의 새얼굴』(원제)은 선례를 찾기 힘든 속도로 열정적 시사와 어마어마한 정치 자금을 끌어 모으는 자석 같은 오바마의 매력을 다루고 있다. 그가 뛰어난 능력으로 팝 스타를 쫓듯 자신을 추종하는 지지 세력의 지원을 업고 최종적으로 민주당 대선 후보 자리를 거머쥘 수 있을지는 두고 봐야 한다. 하지만 그가 민주당 최종 후보가 될 가능성이 높은, 따라서 대통령이 될 가능성이 높은 첫 번째 흑인 후보란 사실만으로도 그가 주목받아야 할 이유는 충분하다.

– 멜로디 로즈 박사

편집 총책임자
오리건주 포틀랜드주립대 정치학과 과장
'뉴리더십' 과정 설립자 겸 소장

서문

이 저서를 위해 연구를 하고, 초록을 만들고, 교정을 보고, 또 연구를 하고, 다시 글을 쓰고, 또다시 이를 고치는 과정을 반복한 지난 1년 동안 내 곁에 있어준 가족과 친구들에게 감사한다. 특히 부모님인 잰과 돈 더퓌, 그리고 앨리슨과 마크, J. D., 사만사와 벤 클레멘스에게 감사를 표한다. 사랑과 격려를 해준 토머스네 가족에게도 고맙다는 말을 전한다. 마이크 다이블리, 톰과 지니 헴, 그리고 리사 로건의 지원에 다시 한 번 감사한다. 새라 보클먼의 연구와 집필 능력은 칭찬을 받아 마땅하며 7장에 대한 그녀의 기여는 특별한 언급을 받을 자격이 있다. 엘리사 라스무센의 편집 노력과 마이클 T 캘러핸의 컴퓨터 능력은 저서의 품질을 높이는 데 큰 도움이 됐다. 연구를 함께 한 대학교 학생들로부터 받은 도움도 컸다. 애슐리 에벌리, 제러미 로스, 그리고 제니 질너에게 특히 감사를 표한다. 마지막으로 센트럴 플로리다대학의 동료들에게도 고맙다는 말을 전하고 싶다. 배움과 학문에 대한 열정이 내게 많은 영감을 주었다.

– 마틴 더퓌

이 저서에 대한 지원과 관심을 아끼지 않은 가족들에게 감사한다. 특히 원고를 읽고 조언을 해줬을 뿐 아니라 격려와 사랑을 아끼지 않은 아내 새라에게 감사한다. 이 프로젝트를 지지해준 부모님 르로이와 제인 보클먼, 그리고 여동생과 처남 에이미와 팀 호훌린, 조카인 엠마와 엘리 호훌린에게도 고맙다는 말을 하고 싶다. 웨스턴일리노이대학에서는 전 정치학과 학과장인 찰스 헴 교수가 큰 도움이 됐다. 2006년 가을 안식년 휴가를 갈 수 있게 해 준 배려를 포함해서다. 정치학과 교수 동료들이 격려를 해준데 대해 매우 고맙게 느끼고 있다. 특히 현재 학과장인 리처드 하디 교수가 이 저서가 결실을 맺기까지 적절한 조언을 해 준데 대해 감사한다. 에린 테일러는 원고의 일부분을 읽어주었고, 재나 데이츠는 이 저서에 실린 이슈에 대해 아이디어를 주거나 토론에 참여해주었다. 학과 비서인 데비 윌리는 원고 준비를 원활히 하는데 도움을 주었고, 출판사와 효과적으로 의사소통을 할 수 있게 해 줬다.

조교인 루벤 퍼타는 모호한 사실과 데이터를 정확히 하는 데 큰 도움을 주었다. 바트 엘러프리츠는 오바마가 나오는 주요 행사에 내가 참여할 수 있도록 도와주었다. 나와 인터뷰를 해준 오바마 선거운동 본부 관계자들과 지지자들에게도 감사한다. 그들의 통찰력이 저서의 내용을 풍부하게 해주었음은 물론이다.

– 케이스 보클먼

목차

남부에서 주 전체로

오바마의 일대기

상원의원

2004년 초까지 버락 오바마는 대중에게 전혀 알려지지 않은 일리노이주 주의회 의원에 불과했다. 민주당 상원의원 경선에 출마했을 때 예상 득표율도 15% 수준이었다. 그의 앞에는 많은 정치적 어려움이 도사리고 있었다. 그중 하나는 그의 이름이 비록 오사마 빈 라덴과 비슷하지만 둘은 전혀 다른 사람이란 사실을 대중에게 인식시키는 것이었다. 하지만 1년이 채 지나지 않은 2004년 말, 그는 일리노이주 역사상 가장 큰 득표율 차이로 상원의원 선거에서 이겼을 뿐 아니라 유권자와 전국 언론의 관심을 집중적으로 받은 '록 스타' 상원의원이 되어 있었다. 그는 1년도 안 되어 무명의 신참 정치인에서 미국 최초의 흑인 대통령이 될 수도 있는 거물이 되었다. 2007년 2월 12일, 그는 일리노이주 스프링필드에 있는 주 의회 건물 앞에서 대통령에 출마하겠다는 뜻을 밝히면서 정치적 행부를 추가로 내딛었다.

이 저서는 버락 오바마의 급부상과 그것이 미국 정치에 어떤 의미를 주는지 분석한다. 그의 삶엔 미국 문화에 깊게 배어 있는 긍정적 믿음이 반영되어 있다. 유력한 패배자도 단호함으로 승리할 수 있고, 미국의 성공 신화는 열심히 일하는 이민자와 그 자손한테도 열려 있다는 믿음, 그리고 인종주의적 편견이 사라지고 있다는 믿음 말이다. 그는 또한 과도한 당파주의, 정치적 분파주의가 지배하고 있는 미국 사회에서 공동 기반을 찾으려는 미국인들에게 어필하고 있다. 부와 족벌주의, 네거티브 선거운동만이 현대 정치에서의 성공을 보장하는 것이 아니라는 희망도 주고 있다.

완벽한 사람은 없다. 한 사람이 미국 정치를 완전히 개혁할 수 있다고 믿는 것도 지나치게 순진한 생각이다. 사실 정치인을 바꾸는 것 보다는 제도를 바꾸어야만 정치판이 구제될 수 있다고 우리는 믿는다. 하지만 오바마의 선거운동 방식과 상원에서의 그의 활동, 그가 던지는 메시지들은 건강한 민주주의에 대한 신뢰와 희망을 주고 있다. 익숙한 인신공격이나 의미 없는 비판 보다는 긍정적이고 이슈에 집중하는 선거운동과 주장이 빈곤층과 소수 계층에 민주주의에 대한 믿음을 불러일으키고 있다.[1]

우리가 이 저서를 쓴 이유는 우리 자신도 오바마의 개성과 그가 던지는 메시지가 강력하다고 느꼈기 때문이다. 우리도 다른 많은 이들과 마찬가지로 현대 정치의 좀스러운 선거운동과 무가치한 논쟁에

환멸을 느껴왔다. 우리는 일부 언론이 오바마를 묘사하듯이 그를 정치적 메시아라고 믿진 않는다. 하지만 우리가 살았던 일리노이주에 있는 작은 대학 마을인 마컴을 오바마가 방문했을 때 우리가 얼마나 흥분했었는지 기억한다. 정치에 대해 평소 무관심했던 이들이 오바마 때문에 정치에 참여하고 있으며 이는 분명히 건강한 변화다.

우리의 분석은 오바마의 삶 중 공적 경력과 이를 둘러싼 사건에 초점을 맞추고 있다. 2004년 상원의원 선거운동 때부터 시작해 상원 활동, 그리고 2007년 대통령 출마 선언을 하기까지의 기간이다. 앞으로 대통령 선거운동도 유심히 지켜봐야 할 것이다. '내면의 오바마'를 찾고 싶은 사람들은 오바마가 직접 쓴 『내 아버지로부터의 꿈』과 『담대한 희망』을 읽어보면 좋다. 1장은 2004년 미국 상원의원 선거운동 전까지의 그의 인생을 간략하게 보여주려 한다. 2장은 오바마가 강력한 경쟁자들을 물리치고 민주당 상원의원 경선에서 이기게 된 과정을 보여준다. 3장에서는 민주당 후보로 확정된 그가 어떻게 공화당 후보들을 눌렀는지 분석한다. 오바마는 잭 라이언$^{Jack Ryan}$(전 부인인 배우 제리 라이언과의 섹스 스캔들 때문에 2004년 상원의원 선거에서 중도 하차한 공화당 일리노이주 상원의원 후보 : 역주)과 잠깐 대결했다가 독특한 개성으로 널리 알려진 앨런 키이스$^{Alan Keyes}$(유명 작가 겸 전직 외교관으로 1996년과 2000년, 2008년에 대선에 출마한 거물 정치인 : 역주)를 물리쳤다. 이 싸움은 미국 상원의원 선거 사상 최초의 흑-흑 대결이었다. 4장은 거액의 기부금을 모으는데 탁월한 재주가 있는 듯 보이는 오바마의 능력을 분석한다. 5장은 온라인 기술을 활용하는 오바마의 혁신적인 면모를 비롯해 그의 선거운동에서 언론이 하는 역할을 살펴본다. 6장은 오바마의 선거운동이 그의 정치적 경력에 어떤 영향을 미쳤는지를 분석한다. 7장은 오바마가 당선되고 난 후 상원의원 초기 2년간의 활동을 보여준다. 이 기간 동안 그는 일리노이 지역 지지자들의 이익을 대변하면서 동시에 민주당의 뜨는 스타로서 전국적 이해를 대변하는 면모를 선보였다. 8장은 그가 선거활동 때와 상원의원 시절 던졌던 메시지가 무엇이었는지를 분석한다. 특히 그가 아메리칸 드림에 대해 어떻게 생각하고 있는지, '초당파적'이라고 주창하는 정치적 입장은 무엇인지 살펴본다. 마지막 장은 오바마의 지금까지의 정치적 경력에서 얻을 수 있는 교훈은 무엇인지, 더 높은 직책에 선출될 가능성은 있는지 전망해본다.

오바마의 일대기

버락 오바마는 1961년 하와이에서 케냐인 아버지 버락(아들과 이름이 같다)과 미국 캔자스 출신 어머니 사이에서 태어났다. 두 사람은 당시 하와이대 학생이었다. 오바마가 두 살 때 아버지가 석사를 하러 하버드대로 떠났고 부모는 이혼했다. 1982년 아버지가 케냐에서 자동차 사고로 사망할 때까지 오바마는 아버지를 한 번밖에 더 만나지 못했다. 그의 어머니는 인도네시아 출신 남자와 재혼했고, 오바마는 인도네시아에서 여섯 살 때부터 열 살 때까지 살았다. 어린 나이였음에도 불구하고 당시 인도네시아에서 목격한 빈곤과 불평등은 그에게 깊은 인상을 남겼다. 먼 훗날 한 신문과의 인터뷰에서 그는 "사람들이 얼마나 가난해 질 수 있는 지를 봤다. 자동차를 24대 소유한 부자 장군의 바로 옆집에는 못 먹어서 배가 볼록 나온 아이들이 살고 있었다"[2]고 당시를 회고했다. 그는 이후 하와이로 다시 돌아와 유명 사립학교인 포나후 아카데미에 다녔다.

그는 자서전 『내 아버지로부터의 꿈』에서 고등학교 시절 자신의 인종적 정체성 때문에 혼란을 겪었다고 털어놓았다. 그는 백인 어머니, 백인 조부모와 살면서 백인 학생이 대부분인 학교에 다녔지만 자신의 피부색은 검었다. 학교 농구 코치로부터 인종적 멸시를 듣기도 했다. 그는 이에 대해 다음과 같은 결론을 내렸다.

> 우리는 항상 백인들의 경기장에서 백인들의 규칙으로 경기를 했다. 만약 교장이나 코치, 교사 또는 커트(동료 학생의 이름)가 내 얼굴에 침을 뱉고 싶다면 그렇게 할 수 있었다. 난 권력이 없고 그들은 권력이 있기 때문이다. 그들에게 선함과 악함에 대한 구분은 아무 의미가 없었다. 그리고 마지막으로 또 하나의 아이러니가 있었다. 이 패배에 승복하지 않고 이들에게 반항하면 그들은 내게 또 다른 굴레를 씌울 수 있었다. 피해망상, 호전적, 폭력적, 깜둥이란 별명으로 나를 규정하는 것이었다.[3]

설상가상으로 오바마의 흑인 친구들 역시 오바마를 "흑인이 되는 법을 책에서 배운다"고 놀리며 그를 진정한 흑인으로 대접해주지 않았다. 그는 방황 끝에 청소년기에 마약류에 손을 대기도 했다. "마리화나와 술은 도움이 됐다. 돈이 충분했다면 코카인도 구했을 것이다."[4] 동창들은 그러나 자서전에 나타난 그의 이런 방황이 당시 밖으로는 드러나지 않았다고 회고했다.[5]

1979년 하와이를 떠난 오바마는 옥시덴탈대학에 다니기 위해 로스앤젤레스로 왔다. 정체성의 문제로 고민은 계속 했지만 정치 활동에 활발하게 참여하기 시작했다. 그는 대학이 남아프리카공화국의 인종차별 정부와 비즈니스를 하는 기업들에 투자하고 있다며 이에 항의하는 시위에 참여했다. 이를 계기로 그가 매우 효과적인 대중 연설가라는 사실이 드러났다. 2년 뒤 그는 뉴욕의 컬럼비아대학으로 옮겨 정치학을 전공했다. 컬럼비아대에서는 친구들에게 '따분한 사람'이란 별명을 들을 정도로 학업에 집중했다.[6]

오바마는 컬럼비아대학을 1983년에 졸업했다. 뉴욕에 있는 다국적 컨설팅회사에 잠깐 다닌 후 그는 1985년 시카고로 옮겼다. 슬럼가의 지역사회개발 프로젝트에서 일하기 위해서다. 지역사회 운동에 참여하는 것은 그에게 자신의 신념을 실천하는 행동이었다. 그는 인권운동, 풀뿌리운동, 밑으로부터의 사회 개혁을 믿었다.[7] 현장을 직접 접하는 이때의 경험은 때론 좌절을 안겨줬지만 그에겐 정치의 실상에 대해 알게 해 준 매우 소중한 기회였다.

아마 가장 중요한 것은 그가 이때 '공동선'을 이룬다는 게 얼마나 헛된 목표인지를 깨달았다는 사실일 것이다. 일을 처음 시작했을 때 그는 '정치꾼들과 언론, 관료주의를 밀쳐 버리고 모든 사람이 똑같이 앉아 토론한다면 모든 문제를 해결할 수 있다'[8]는 포퓰리즘적 생각에 빠져 있었다. 당연히 그는 이런 걸림돌들을 없앤다는 것이 불가능하다는 사실을 깨달았다. 권력을 가진 이들은 그를 방해했고, 대부분의 시민들은 이런 문제에 대해 진지한 토론을 하길 원치 않았다. 그는 점점 자신의 진보적 비전을 방해하는 시스템적, 심리적 걸림돌에 대해 알게 되었다. 그는 시카고의 도심 슬럼에 대해 "이곳은 인생이 하루가 다르게 바닥으로 추락해가는 폐쇄형 시스템이며 슬픈 역사다. 올가미에 걸린 인생이다"[9]라고 적었다.

그는 '공포와 사소한 욕심'에 의해 좌우되는 소소한 개인들의 요구를 극복하는 것이 얼마나 어려운지 설명했다. 이런 예는 부지기수로 많았다. 공공주택 관리 책임자 한 명은 장래 입주자들이 겪을 수 있는 석면 위험에 관해 거짓말로 일관했다. 한 고등학교 교장은 자신의 부인과 딸을 취직시켜줘야만 자신의 학교를 오바마가 추진하는 프로그램에 참여시키겠다고 떼를 썼다. 한 공공주택 건설 담당 관리는 자기 시간의 대부분을 자신의 조그만 특권을 보호하는데 썼다. 연금 혜택과 연말파티 초대, 자기 딸에게 원하는 관직 얻어주기, 조카를 CHA(시카고공공주택청^{Chicago Housing Authority} : 역주)에 취직시켜 주기 같은 특권들이었다.[10]

이런 경험을 겪으며 오바마는 공공선이란 개념은 현실적으로 이루어질 수 없는 것이며, 분쟁이나 대립하는 가치관이 정치의 본질이라는 사실을 깨닫게 됐다. 어느 정도 체념한 상태로 그는 자서전에 이렇게 썼다. '종교와 마찬가지로 정치에서도 권력 관계는 명확하다. 한 사람이 권력을 쥐면 다른 이는 위협을 받는다.'[11] 한때 그는 너무 좌절한 나머지 자신이 '운명의 포로'로 전락했다고 생각했다. 하지만 결국에는 공원을 세우거나 일자리를 창출하는 등의 조그만 승리를 감사히 여길 줄 알게 되었다. 또 부패와 인종대립이 공공연했던 시카고의 정치판에 뛰어들면서 그는 정치에 대해 실용적으로 접근하는 태도를 배우게 되었다.[12]

객관적으로 평가했을 때 그는 지역사회개발 프로젝트를 혼자 다 일으켜 세운 것이나 진배없었다. 오바마가 오기 전, 예산 규모 7만 달러에 직원 한 명의 이 프로젝트를 예산 40만 달러에 직원 13명으로 늘려 놓은 것이다.[13]

1988년, 오바마는 시카고를 떠나 하버드대학 로스쿨에 진학했다. 이곳에서 그는 흑인 최초로 권위 있는 법률 학술지 「하버드 로 리뷰」^{Harvard Law Review}의 편집장으로 활약하기도 했다. 마치 앞으로의 그의 정치적 행보를 예언이라도 하듯 그는 진보·보수파들에게 골고루 지지를 얻어 편집장으로 뽑히는 데 성공했다.[14] 졸업 후 그는 인권법 변호사로 시카고로 돌아왔다. 이후 시카고대학에서 헌법을 가르치기도 했다. 1990년, 그는 여름방학 동안 시들리&오스틴 법률사무소의 인턴 시절에 만난 미셸 로빈슨과 결혼에 골인했다.

오바마는 계속 지역사회 활동에 활발히 참여했다. 공립학교를 개혁하는 것을 목표로 했던 아넨버그 재단과 함께 일한 것도 그 일환이었다. 1992년, 그는 15만 명의 흑인들이 새로 선거인 명부에 등록될 수 있게 한 유권자 운동 '프로젝트 한 표'Project Vote를 벌여 빌 클린턴이 일리노이주에서 승리할 수 있게 했다. 이 15만 명의 새 유권자는 일리노이주 사상 첫 흑인 주지사인 캐럴 모슬리-브론[15]도 탄생시켰다. 그는 이에 대해 "수백 명의 젊은 흑인들이 '블랙 파워'를 얘기하고 말콤-X(1925~1965년 미국 흑인 해방운동을 이끌었던 급진파 지도자 : 역주)의 T셔츠를 입고 다니지만 투표자로 등록하거나 한 표를 행사하진 못했다. 우리는 그들에게 말콤-X가 한때 '총알이 아니면 한 표를 달라'는 연설을 했고, 현재 우리에겐 총알은 넘치는 반면 표는 부족하다고 설득했다"고 말했다.[16]

상원의원

1996년, 그는 주 의회 상원의원에 출마하면서 선거 정치에 발을 들여놓았다. 그는 시카고 남부에 있는 13구역에서 선출되었다. 이 지역은 시카고대학 주변의 흑·백인이 골고루 사는 중산층 지역, 그리고 서쪽의 가난한 흑인 거주민들로 이루어진 곳이었다. 당시 현역 의원이었던 엘리스 파머Alice Palmer가 연방 하원의원직에 출마하기 위해 주 상원의원 선거에 불출마를 선언하며 버락 오바마를 자신의 후계자라고 선언하였다. 하지만 파머는 연방 의원 경선에 실패하자 주 상원의원 선거에 다시 출마하려고 했다. 오바마가 이를 비난하자 그는 출마를 포기했고, 오바마에 대한 지지도 거둬들였다.

비슷한 방식으로 그는 세 명의 다른 민주당 경쟁자들도 물리쳤다. 경쟁자들의 출마 자체의 정당성에 의문을 제기하는 이런 방식으로 인해 오바마는 '시카고식 맨주먹 정치 예술' 의 결정판을 구사한다는 소리를 듣기도 했다. 하지만 당시엔 오바마 자신도 이런 강경한 방식의 선거운동에 대해 불안감을 떨치지 못했다.[17]

민주당 경선에서 경쟁자를 물리치고 나서는 순탄했다. 본 선거에선 약한 상대 두 명만 꺾으면 되었다. 하지만 좌파 진영 일부에서 그를 두고 '흠잡을 곳 없는 자선 경력에, 공허하고 억압적인 정책만 갖고 있는 신자유주의적 후보' 라는 공격이 나왔다.[18] 동시에 오바마 또한 자신의 선거운동을 도와주는 주요 민주당 관계자들이 선거의 '비즈니스적 측면' 에만 너무 신경을 쓴다고 불평했다. 오바마가 어떤 이슈를 대변하는지 보다 그가 선거 자금을 끌어 모을 수 있는지만 고려한다는 얘기였다.[19] 그는 1998년 손쉽게 재선에 성공하고 2002년엔 단독 출마해 당선되면서 2004년까지 일리노이주 상원에서 일했다.

중앙무대는 아니었지만 주 상원은 그가 빈곤층을 위한 건강보험 혜택 같은 평소 마음 쓰는 분야에 대해 구체적인 결과를 얻을 수 있는 곳이었다. 그는 나중에 '산업화된 주의 주 의회 건물에서는 하루하루 대화하는 미국의 참모습을 만날 수 있다. 하루 벌어 하루 먹고 사는 이민자들에서 매끈한 투자은행 종사자까지 모두가 자신의 목소리를 내고 싶어 했고 누군가 이를 들어주길 바랐다.' [20] 주 상원의원 초기에 그는 장래성은 있지만 주 상원의원으로서의 느린 일처리와 타협을 감내하기 어려워하는 정치인으로 비춰졌다.[21] 공화당 의원들도 그의 가능성을 인정했다. 동료였던 공화당 소속 상원의원인 커크 딜라드 ^{Kirk Dilard}는 '그가 의사당에 발을 디딘 순간부터 더 큰 일을 할 인물이란 사실을 알 수 있었다. 그는 똑똑하고 카리스마를 지닌 비범한 정치인이며 공화당과도 잘 협력할 수 있는 인물’이라고 말했다.[22] 오바마는 입법 절차의 디테일을 잘 알고, 뛰어난 기억력을 가진 징치인으로 소문났다. 좋은 기억력 덕분에 그는 과거 처리된 비슷한 법안들이 어떤 문제에 봉착했는지를 미리 알아 이에 대비할 수 있었다.[23] 그는 당시 민주당 원내총무를 맡았던 자신의 정신적 지주, 에밀 존스(후에 상원의장이 된다)로부터 많은 혜택을 입었다. 존스는 자신의 유능한 보좌관에게 오바마를 위해 일하도록 해 오바마의 대언론 활동을 도왔다.[24]

오바마의 정치적 경력의 전환점은 1999년 찾아왔다. 가을 회기 때 그는 언론의 높은 관심을 받았던 반(反)범죄 법안의 처리 때 자리를 비웠다. 이 법안은 당시 주지사 조지 라이언^{Geoge Ryan}과 시카고 시장 리처드 M. 댈리^{Ricard M. Daley}가 모두 지지하는 것으로, 총기를 불법으로 소지하고 있다는 것만으로도 소지자를 중죄로 기소할 있게 하는 법안이었다. 그는 하와이 가족 휴가도중 딸이 독감에 걸리자 휴가를 연장했으며, 주가 제공하는 비행기를 보내 줄 테니 타고 돌아와 법안 찬성에 표를 던져 달라는 주지사의 요구를 거절했다. 이 법안은 간발의 차이로 통과되지 못했고 그에겐 언론의 비판이 집중됐다. 그 후 그는 새롭게 일 잘하는 상원의원이 되기로 노력하려고 마음을 먹은 듯했다. 2003년 민주당이 상원의 다수당이 됐기 때문에 기회도 좋았다.[25] 그는 사형 제도를 개혁했고, 살인사건 용의자를 심문할 때 의무적으로 심문을 녹화하도록 검찰과 경찰을 설득하는데 성공해 언론의 호평을 받았다.[26]

오바마는 일리노이주 상원에서 공공보건복지위원회와 사법위원회에 소속돼 일했다. 주 상원의원이었던 마지막 2년간은 공공보건복지위원회 위원장을 맡기도 했다. 그 기간 그는 공화당 소속 의원들을 포함한 모든 의원들의 생각을 개방적으로 받아들이는 정치인이란 평을 들었다.[27] 한 예로 그는 빈곤층을 지원하기 위해 기부자들에게 세금 감면 혜택을 주는 것에 찬성했다. 2000년 그는 공공주택을 짓거나 보수하는 기부금을 내는 사람들에게 세금감면 혜택을 주는 법안을 공동 발의했다.

그가 기안한 대부분의 법안은 이 두 위원회에 관련된 것이었다. 보건 부문에서 그는 조세프 버나딘Joseph Bernadin(시카고 지역의 유명한 추기경1928~1996으로 활발한 에이즈 구제활동과 사회개혁 활동을 벌인 인물 : 역주) 추기경 이름을 딴 '버나딘 법안' 수정안을 발의했지만 통과시키는 데는 실패했다. 버나딘 수정안은 일리노이주 거주자들에게 의료보험을 법적으로 보장하는 내용을 담고 있었다. 복지에 관련해서는 소득세 감면안을 제정했다. 범죄 정의 부문에선 사형제도 개혁 외에 경찰의 피의자 조사 때 흑인이나 유색인종을 차별하는 관행을 모니터할 수 있는 법안도 마련하였다.

오바마가 집중한 또 다른 분야는 정치 개혁이었다. 첫 번째 임기 중 그는 의회 회기 중에 기부금 모금을 하는 행위와 주 정부 재산을 이용한 정치 기부금 모금을 금지하고, 선거 자금을 사적 용도로 쓸 수 없게 한 법안을 제정하는데 성공했다. 이 안은 전 연방 상원의원 폴 사이먼Paul Simon이 내놓은 것이었다. 2000년 선거 직후엔 유권자들이 무효표에 대해 다시 투표를 할 수 있게 하는 법안과 전자투표 법을 내냈지만 이를 통과시키는 데는 실패했다. 하지만 주정부로 하여금 비공개 회의를 모두 의무적으로 녹화하게 하는 법안을 내놓아 통과시키는데 성공하였다.[28]

그가 찬성한 법안들을 살펴보면 그의 정치적 입장이 다분히 진보적이란 것을 알 수 있다. 이런 그의 성향은 자신의 이데올로기 뿐 아니라 자신의 선거구 성향을 반영한 것이었다.[29]

예를 들면 초기 2년간 그는 전미자유인권협회^{American Civil Liberties Union}(헌법에 보장된 개인의 자유와 권리를 수호하는 것을 목표로 1920년 만들어진 로비 단체로 미국 전역에 50여만 명의 회원이 있다 : 역주)와 가족계획협회^{Planned Parenthood}(모성 보호와 낙태를 지지하는 로비 단체 : 역주)가 지지하는 법안에 대해 100% 찬성표를 던졌다. 같은 기간 그는 당론에 따라 투표하는 법안에서도 100% 민주당 입장을 대변하였다.[30] 하지만 오바마는 가끔 무당파적 투표 성향을 보이기도 했다. 예를 들어 그는 도박장을 늘리는 법안에는 반대표를 던졌다. 몇몇 도매업자들에게만 혜택을 주는 주류 판매 독점을 허용하는 법안도 반대했고, 이 법안은 후에 법원에서 위헌판결을 받아 없어졌다.[31] 사실 이런 입장을 취하는 것이 오바마에겐 다른 후보들보다 좀 쉬웠다. 상대적으로 경쟁이 약한 선거구 출신이어서 돈을 적게 썼기 때문에 큰 액수의 기부금을 내는 이익 단체들에게 기댈 필요가 없었기 때문이다. 1996년 선거 때만해도 그는 주 상원의원 선거에 처음 출마한 다른 네 명의 후보들이 쓴 평균 40만 달러 이상의 선거 비용에 비해 크게 적은 2만 3,493달러를 쓰는데 그쳤다.[32]

오바마는 한 회사나 한 업계에 보조금을 지급하는 법안은 반대했지만 그의 전체적인 투표 성향을 살펴보면 뜻밖에도 친 기업적이라고 할만 했다. 그는 자신들을 얼마나 지지해주는지 여부에 대해 일리노이 농민회로부터 91%의 평가를, 일리노이 상공회의소로부터는 75%의 평가를 받았다.[33] 이는 시카고 지역에서 뽑힌 다른 13명의 의원들이 농민회와 상의로부터 받은 지지도 평점인 평균 67%와 61%를 넘어선 것이다. 사실 도시에 기반을 둔 주 상원의원 중 오바마보다 상의를 더 자주 지지한 의원은 한 명뿐이었고, 농민회를 더 자주 지지한 의원은 아예 없었다.

다른 여섯 명의 흑인 주 상원의원들은 평균적으로 71%의 경우 농민회를 위한 법안을 지지했고, 56%의 경우 상의를 지지했다. 비교적 친기업적인 오바마의 성향은 임기 내내 계속되었다. 2003~2004년 그의 주 상원의원 임기 마지막 2년 동안 그는 공화당 의원 보다는 적었지만 시카고시의 어느 민주당 의원보다 더 많이 상의를 지지했다.[34] 이 기간 동안 상의를 위한 법안에 지지한 경우는 20%에 불과했지만 주 전체 민주당 상원의원 33명 중 오바마보다 상의를 더 위해준 의원은 두 명밖에 없었다.

오바마는 또한 낙태나 총기 규제 등 몇 가지 논쟁적인 사회 이슈에 대해서는 '참석'이라고만 하고 찬성 내지는 반대표를 던지지 않았다. 이를 두고 동료 주 상원의원들은 오바마가 초기부터 매우 계산적인 면모가 있었고, 더 높은 자리로 가려는 야망이 있었다는 증거라고 봤다.[35] 이런 투표 방식은 거부권을 행사하는 것과 같은 효과가 있었지만 동시에 '정치적 가리개'를 제공했다. 그가 두 번째 임기 때, 낙태할 때 의무적으로 부모에게 통지해야 한다는 법안에 대해 '참석' 표를 던진 사안은 이후 그가 연방 상원의원 선거에 출마했을 때 이슈가 되었다.

주 상원의원 초기 시절부터 오바마는 더 높은 직책을 목표로 했다. 주 상원의원 첫해를 마치고 난 뒤 그는 일리노이주 연방 선출직에 출마해도 좋을지 분위기를 탐색해보기 위해 일리노이주 남부 시찰에 나섰다. 2000년 그는 일리노이주의 '퍼스트 콩그레셔널' 지역을 대표하는 현역 하원의원 바비 러시Bobby Rush의 자리에 도전했다. 이 지역은 1929년 오스카 드프리스트가 당선된 이래 한 번도 빼놓지 않고 흑인을 하원의원으로 뽑아준 지역이었다. 이는 전 미국에서 최다 회연속 흑인 하원의원 배출 기록이었다.[36] 시카고 지역 흑인들의 영웅이자 시카고 최초의 흑인 시장이었던 헤럴드 워싱턴^{Herald Washington} 도 이 지역에서 하원의원 생활을 시작했었다. 시카고 남쪽에 있는 이 지역은 남서쪽 일부 교외지역도 포함하고 있었고 인구 중 30% 가량은 백인이었다.

오바마는 현역의원 러시와 정책에 있어서는 별 차이점이 없었지만 러시가 이 지역 하원의원으로 진정한 리더십을 행사하지 못했다고 공격했다. 그리고 정부의 여러 지원책을 효과적으로 지역 주민에게 배포하지 못했고, 시대에 뒤떨어졌다고도 했다. 오바마는 자신이 반대 대신 발전에 집중하는 신세대 흑인 정치지도자를 대표한다고 은근히 강조했다.[37] 반면 전직 흑표범단원^{Black Panther}(미국의 극좌익흑인 과격파를 이르는 말 : 역주) 출신인 러시는 오바마가 '하버드에서 교육받은 뜨내기 정치가'로 흑인이 대부분인 이 지역을 대표할 만한 진짜 흑인이 아니라고 공격했다.[38] 이런 비난은 먹혀드는 듯했다. 일부 유권자는 오바마를 이 지역 의원으로 뽑기엔 지나치게 '이국적'이며 가난한 출신 배경을 가진 러시가 이 지역과 좀 더 어울린다고 생각했다.[39] 오바마는 흑인 주장관들과 부유한 교외 지역에서 선출된 백인 지자체 관리들의 지지를 얻어냈다. 시카고 트리뷴의 지지도 이끌어냈다. 이에 반해 러시는 제시 잭슨 목사와 빌 클린턴 당시 대통령 같은 거물 정치인들의 지지를 받았다.

흑인 언론인 시카고 디펜더도 러시를 지지한다고 선언했다. 신문은 "러시 의원이 그의 공약을 이행하기 위해 한 번 더 재선될 만한 충분한 이유가 있다. 그의 영향력은 워싱턴 DC에서 이제 막 만발하고 있다. 경쟁자 버락 오바마와 돈 E. 트로터도 자격은 충분하지만 다음 기회를 노리면 좋겠다"고 밝혔다.[40] 유권자 대부분이 민주당 지지자인 터라 3월 당내 경선이 당선의 분수령이었다. 러시는 오바마를 61대 30으로 대파했다. 오바마는 교외 지역에선 투표수의 3분의 2를, 남서부 '나인틴스 워드' 지역에선 투표수의 4분의 3을 득표하며 선전했다. 이는 이후 백인 유권자들을 끌어 모으는 그의 능력의 예고편이었다.[41]

초라한 패배에도 불구하고 오바마는 일리노이주 연방 하원이나 상원의원, 또는 시카고 시장 선거에 출마할 만한 인물, 떠오르는 정치 스타란 평을 얻었다. 그는 흑인, 진보계층, 무당파에게 골고루 지지를 얻어 막강한 정치적 연합 전선의 기반을 마련했다.[42] 동시에 일자리, 보건정책, 국가 안보 등 국가적 이슈를 다루지 못하는 주 상원의원 자리에 만족하지 못하게 되었다.[43] 그래서 이후 오바마는 연방 상원의원 선거에 출마하면서 '당선되지 않으면 정치를 그만두겠다'는 전략을 세우게 된다. 만약 연방 의원에 선출되지 못하면 좀 더 가족을 위할 수 있는 다른 일을 찾겠다는 것이었다.[44]

2

피오리나에서 전략이
먹혀들 것인가? 경선 선거운동

배경 설명, 후보와 선거 이슈

경선 레이스, 경선 결과

경선 선거운동 기간 동
안 버락 오바마는 '주 남부에서 온 우스운 이름을 가진 깡마른 남자' 로
알려진 약자의 신세였다. 그가 더 유명하고 자금도 풍부한 상대들을
맞아 힘겨운 싸움을 벌였다는 것은 의문의 여지가 없다. 이 장은 오바
마가 어떻게 뛰어난 카리스마와 효과적인 선거 전략으로 어려움을 뚫
고 별 볼일 없는 주 상원의원에서 연방 상원의원의 민주당 경선 선거
승자로 등극했는지 살펴본다. 여기엔 운도 따랐다. 일리노이 정치에
대한 배경을 설명한 뒤 우리는 주요 경선 후보들을 살펴볼 것이다. 그

리고 그 후 경선이 어떻게 진행됐으며 오바마가 승리할 수 있었던 요인은 무엇인지 분석해 볼 것이다.

배경 설명

버락 오바마는 실용주의, 개인주의와 부패가 관행화돼 있던 주에서 승리를 거뒀다. 위스콘신, 미네소타 또는 아이오와 같은 다른 중서부 주와 마찬가지로 일리노이엔 주로 추상적인 공공이익 보다는 자신의 개인 이득을 위해 정치를 하는 '전문 정치꾼' 들이 많다.[1] 일리노이 선거 문화의 전문가인 켄트 레드필드 Kent Redfield 는 선거운동 기간 중 다음과 같이 말했다. "우리 정치는 매우 실용적인 경향이 있다. 도로나 다리를 위해 투쟁할지언정 동성 결혼을 위해 투쟁하진 않는다."[2] 이런 실용주의는 종종 부패로 연결된다. 현직을 제외한 여섯 명의 주지사 중 절반이 임기가 끝난 후 사법 처벌을 받았다. 가장 최근엔 조지 라이언(1999~2003년)이 주 계약을 주는 대가로 휴가 비용과 여러 금전적 혜택을 받았다가 2006년 기소됐다.

지역주의적 성향도 매우 강하다. 농촌의 성격이 강한 주 '남부' 지역과 시카고 지역이 대립했다. 문화적으로나 지리적으로 일리노이 남쪽은 시카고 보다는 농촌 남부지역에 가깝다. 최근엔 시카고 교외 지역도 새로운 정치 세력으로 등장했다. 이 지역은 일리노이주 인구의 42~44%를 차지한다. 반면 남부지역의 인구 비중은 약 30% 정도다.[3] 여기에다, 여론조사에 의하면 한 지역 사람들은 다른 지역에서 선출된 정치인들을 불신한다.[4] 이런 지역적 구분 때문에 차이가 큰 두 지역을 아우르는 정치 스타일이나 이슈를 개발하는 것이 매우 힘들다. 주 전역에서 다수에게 고른 지지를 얻는 정치인이 나오기 어렵게 돼 있다.

일리노이 인구의 40%는 쿡카운티에 거주한다. 이 중 절반 이상은 시카고 주민이다. 시카고는 매우 다채로운 정치적 역사를 갖고 있다. 시카고의 정치 조직에는 미국 주요 도시 가운데서도 몇 남지 않은 독특한 특징이 있다. 민주당 지구당은 자신들이 미는 후보를 찍어줄 경우 주민들에게 일자리나 여러 혜택을 줘 왔다. 그래서 주나 시 선거 때 영향력도 매우 크다. 이는 1955~1976년 재직했던 시카고의 리처드J. 댈리 시장 시절 최고조에 달했다. 민주당 지구당은 자신들이 원하는 후보를 지명해 경선에 세웠고 이 후보를 위한 표를 모아줄 수 있었다.

그러나 민주당과 흑인 유권자들 간의 관계는 다소 불편했다. 약속했던 공공 서비스는 종종 흑인 거주 지역까지 도달하지 못했다. 흑인 거주지에서 민주당 후보들을 위해 몰표를 몰아주는 경우가 꽤 있었지만 흑인 정치인들이 올라갈 수 있는 위치엔 한계가 있었다. 헤럴드 워싱턴(1983~1987년)이 시카고 최초의 흑인 시장이 될 때만 해도 민주당은 경선에서 그의 반대편을 지원했고 최종 선거에서도 오히려 공화당 후보를 밀었다.

댈리 시장 이후 민주당의 영향력은 줄었다. 당이 공공연히 특정 후보를 후원한다고 할 수 없었을 뿐 아니라 현역 시장인 댈리가 스스로 경선에서 후보를 지지하거나 반대하는 등 개입하길 원치 않았기 때문이다. 하지만 아직 민주당은 시카고 백인들과 히스패닉 거주 지역에선 표를 동원할 수 있는 능력이 있었다. 시카고가 주 전체 투표 중 30%를 넘게 차지했기 때문에 이는 무시 못할 능력이었다.

이런 환경에도 불구하고 일리노이는 이상주의적 진보주의자들을 상원의원으로 뽑아주는 일이 종종 있었다. 폴 더글러스(1949~1967

년)[Paul Douglas]와 폴 사이먼(1985~1997년)이 그런 경우다. 두 사람 모두 자신의 이상주의와 상원의 현실적 타협주의 사이에서 고민했다. 더글러스는 '원칙은 많지만 법 제정 때 투표는 별로 안하는 인물' '누구도 추종하지 않고 몇 명의 진보주의자들만 이끄는 사람'[5]으로 묘사됐다. 사이먼은 덜 완고했지만 상원에서 실세로 받아들여진 적은 없었다.[6] 하지만 두 사람 중에선 아무래도 사이먼 쪽이 더 오바마와 가깝게 여겨진 이유는 사이먼이 오바마와 마찬가지로 좀 더 보수적인 유권자들로부터도 신뢰를 받는 능력을 가졌기 때문이었다.[7] 6장에서 좀 더 자세히 논의하겠지만 일리노이주는 주 전체를 대표하는 선출직에 흑인을 다수 뽑아준 경력이 있다. 캐럴 모슬리-브론[Carol Moseley-Braun]이 1992년 연방 상원의원에 당선됐고, 롤랜드 버리스[Rolland Burris]는 주 법무장관과 감사관을 겸했다. 제시 화이트[Jesse White]는 주 국무장관에 뽑혔다. 흑인 정치의 전문가인 데이비드 보시티스[David Bositis]는 "일리노이는 주를 대표하는 선출직에 다른 어느 주보다 흑인을 더 많이 뽑아줬을 것"이라고 말했다.[8]

1980년대까지 민주당과 공화당이 팽팽하게 맞서면서 정치적 선구자로 평가받았던 일리노이는 최근 들어서는 민주당에게 쏠리는 모습을 보이고 있다. 이런 경향은 보수파와 중도파로 분열된 공화당의 대립상을 반영하고 있다. 여기에 전 주지사인 조지 라이언을 둘러싼 스캔들도 공화당에게 타격을 입혔다. 라이언이 일리노이주 국무장관이었을 때 국무장관실이 자격 요건이 되지 않는 사람들에게 상업적으로 운전면허를 팔아 선거 자금을 마련했다는 혐의가 그중 가장 심한 것이었다. 이렇게 운전면허를 받은 사람들 중 한 트럭 운전사가 사고를 내면서 어린이 여섯 명이 사망하자 이는 주 전체를 들썩이게 하는 스캔들로 비화됐다. 전국 단위의 공화당 정치인들도 일리노이에선 최근 들어 성적이 좋지 못했다. 레이건 전 대통령은 일리노이에서 두 번 승리했고, 조지 H.W. 부시 전 대통령도 1992년 일리노이주에서 이겼지만 조지 W. 부시는 2000년 앨 고어[Al Gore]에게 일리노이에서 득표율 12% 차이로 졌다. 조지 W. 부시는 2004년 존 케리[John Kerry]에게도 10% 뒤졌다.

1940년부터 대부분의 일리노이 출신 상원의원들은 다선을 누렸다.[9] 민주당 앨런 딕슨은 1981년부터 1993년까지 상원의원을 연속으로 했지만 2004년 이후엔 두 명의 단임 상원의원이 나왔다. 1992년 전직 주 상원의원이자 호적기록 담당 장관[Recorder of Deeds](각종 부동산이나 토지 관련 재산 현황을 기록하는 업무를 총괄하는 장관 : 역주)이었던 흑인 정치인 캐럴 모슬리-브론은 1992년 흑인들과 백인 진보층, 그리고 교외 주택가에 사는 여성들의 지지에 힘입어 세 명이 맞섰던 선거에서 38%의 지지율로 딕슨을 어렵게 물리쳤다. 모슬리-브론은 흑인들로부터 82%의 지지를 얻었다. 그는 예상보다 많은 흑인들이 투표장에 나온 덕을 봤지만 백인들로부터는 26%의 지지밖에 얻지 못했다.[10] 모슬리-브론은 경쟁 후보였던 알 호펠드[Al Hofeld]가 당시 현역 의원이었던 앨런 딕슨을 공격하는 500만 달러짜리 네거티브 정치 광고 덕도 봤다. 광고는 딕슨 뿐 아니라 호펠드에게도 타격을 입혔다. 설상가상으로 딕슨이 연방대법원 판사 임용 때 클레런스 토머스의 임명을 찬성하는 한 표를 던진 데 대한 역풍이 불었다.[11] 경선 후본 선거는 상대적으로 쉬웠다. 모슬리-브론은 약체인 정치 신인이었던 공화당 후보 리처드 윌리엄슨을 물리쳤다.

모슬리-브론의 상원의원 시절 거센 논쟁이 일어 그는 재선에 도전할 수 있는 가능성이 낮아졌다. 임기 초기에 그는 '남부군 깃발'[Confederate Flag](남북전쟁 당시 남부군 깃발은 노예 해방 철폐나 연방정부 유지에 반대하는 뜻을 지닌 것으로 해석 됨 : 역주)을 놓고 노스캐롤라이나의 보수적 상원의원 제시 헬름스[Jesse Helms]와 뜨거운 논쟁에 휩싸였다. 모슬리-브론은 이 결과 점점 일리노이 전체의 문제를 해결할 수 있는 상원의원이라기 보다는 흑인들의 상징으로 받아들여지게 됐다.[12] 1996년 모슬리-브론이 아프리카의 나이지리아를 방문하고 독재자 사니 아바차를 칭찬한 일은 유권자들로부터 신뢰를 잃는 사건이었다. 여기에 주 공무원인 자신의 동생이 직위를 이용해 모슬리-브론의 기부금 모금을 도왔다는 혐의는 정직함이 무기인 그녀의 이미지를 손상했다. 이런 여러 가지 이유로 그녀는 1998년 주 상원의원 출신인 피터 피츠제럴드[Peter Fitzgerald]에게 패했다.[13]

피츠제럴드는 일리노이의 부패 정치를 개혁하려고 했고 오헤어 공항 확장도 반대하는 등 의욕적으로 일했지만 유권자 심지어는 자신이 소속된 당으로부터도 폭넓은 지지를 받지 못했다. 그는 2004년 선거 때 가장 패배할 가능성이 높은 공화당 현역 의원이란 평가를 받았다. 그는 하원의장인 데니스 해스터트[Dennis Hasteat]를 비롯해 저명한 공화당 지도자들과 사이가 나빴다. 2003년 4월 해스터트가 경선에 출마하자 피츠제랄드는 집안 사정 때문이라며 경선을 포기했다.[14]

후보와 선거 이슈

이렇게 약한 현역 의원이 있다가 그마저 선거 출마를 포기하자 양당에서 매우 많은 후보들이 도전에 나섰다. 모두 열다섯 명이 출사표를 냈는데 그중 일곱 명이 백만장자였다. 민주당 쪽에선 다섯 명이 현실적으로 승리할 가능성이 있는 후보로 평가됐다. 댄 하인스[Dan Hynes], 블레어 헐[Blair Hull], 마리아 파파스[Maria Pappas], 게리 치코[Gerry Chico]와 버락 오바마였다. 그들 대부분의 전략은 전체 주의 모든 계층에 어필하려고 하기 보다는 자신이 강점을 가진 계층과 다른 계층의 연대를 통해 우위를 점하고자 하는 것이었다.[15] 주요 후보들의 면면은 다음과 같았다.

주 감사관인 댄 하인스는 민주당과 대형 노조의 지지를 받고 있었다. 그는 1998년 주 단위 선거로는 민주당에서 가장 많은 득표를 한 인물이었다. 1940년대 이후 가장 젊은 나이인 서른 살에 감사관에 당선됐다.

상원의원 선거운동을 위해 그는 많은 기득권 정치인들의 지지를 획득했다. 그 중엔 일리노이주 하원의장과 주 민주당 원내총무를 맡고 있던 마이클 매디건[Michal Madigan]과 나머지 시카고 민주당 지구당 관계자 다수가 포함돼 있었다.[16] 그의 아버지 토머스 하인스는 전직 주 상원의장 등 주에서 요직을 거친 인물이었다. 시카고의 50개 구 구의원 중 스물세 명이 그를 지지했고 지지자들은 대부분 백인이나 히스패닉계였다.[17]

쿡카운티 평의회 의장이자 8개 구의 지도자였던 흑인 정치인 존 스트로거는 지구당과 하인스 아버지와의 유대 때문에 댄 하인스를 지지했다. 이에 더해 댄 하인스는 일리노이 최대의 노조인 AFL-CIO의 지지는 물론 민주당 카운티 의장 다수의 지지도 확보했다. 이런 조직적 이점에 더해 그는 다수의 변호사로 네트워크를 구성해 선거 자금을 모았다.[18] 하인스는 능력 있는 공직자라는 호평을 받고 있었다. 하지만 조용하고 꾸준히, 그리고 조심스럽게 일하는 타입이었던 그는 설득력 있는 정치적인 개성을 발휘하진 못했다. 그는 개인적 카리스마 보다는 조직이 더 중요하다고 믿는, 과거 당 지도자들과 비슷한 캐릭터였다.

블레어 헐은 옵션거래로 큰돈을 벌어 백만장자가 돼 정치에 처음 뛰어든 인물이었다. 그는 2002년 대선 때를 비롯해 자주 투표권을 행사하지 않은 경력 때문에 비판을 받았다. 개인 재산이 많은 덕에 그는 다른 사람보다 훨씬 많은 2,900만 달러를 선거 자금으로 투입했다. 다른 모든 후보들은 시카고 출신인데 반해 혼자 지역 기반이 없었던 그는 TV 정치 광고를 내보내고, 남부지역에서 조직을 만드는데 돈을 쏟아 부었다. 이 전략은 2002년 민주당 주지사 경선 때 로드 블래고예비치^{Rod Blagojevich}가 시카고에서 지고도 남부지역서 표를 모아 이길 수 있었던 사례에서 영감을 받은 것이었다. 헐은 또한 여성과 흑인 유권자들을 공략했다. 여성들을 위해 그는 전미낙태권리수호연맹 같은 낙태 허용 단체에 자신이 이사회 멤버로 참여하고 있다는 점을 강조했다. 또 타이틀 IX 같은 여학생 중고등 · 대학교 운동 후원단체도 지지하고 있다고 덧붙였다.[19] 바비 러시 하원의원 같은 저명 흑인 정치인의 지지도 얻으면서(러시는 그를 위해 흑인 라디오 채널에 방영되는 정치 광고에 출연했다) 그는 버락 오바마의 지지층 뺏기에도 나섰다.[20]

헐은 전국적인 의료보장 제도를 주요 공약으로 내세웠다. 또 노인들을 위해 처방약을 좀 더 싸게 구매할 수 있도록 캐나다행 여행을 지원하기도 했다. 정치운동단체나 특수이익단체로부터 기부금을 받지 않고, 상원의원이 되면 의원 월급도 내놓겠다는 포퓰리스트적인 공약도 냈다. 하지만 그는 보통 유권자에게 가까이 가기 힘든 인물이란 평을 얻었고, 정치 전략도 주로 양적인 측정을 선호하는 방식을 고집했다. 기자들에게 다가가는 전략에 관해서는 다음과 같이 말하기도 했다. "기자들에게 설득 모델을 제시하는 거다. '유권자들이 헐에게 투표할 가능성은 이래서 이만큼이다 …' 또 인종적인 고려사항도 제시한다. 긍정적으로 작용하는 동인은 나이 요소이며, 부정적으로 작용하는 동인은 부(富)라는 점, 그래서 플러스마이너스 방정식이 성립한다는 점을 강조한다."[21]

민주당 상원의원 경선에 출마한 세 명의 여자 중 한 명이었던 마리아 파파스. 그녀는 이길 가능성이 그나마 높은 유일한 후보로 꼽혔다. 심리학자에 변호사 출신이었던 그녀는 1990년 쿡카운티 의회 이사회에 선출되면서 정치에 진출했다. 후에 그는 쿡카운티 재무장관을 역임했다. 그녀의 정치적 지지 세력은 시카고 지역 백인과 쿡카운티 부유층 주택가 지역 거주민이었다. 그는 쿡 카운티 재무장관 시절, 재산세를 일부 민간 은행에 낼 수 있게 제도를 간소화하는 등 개혁을 했고, 쿡카운티 의회에서도 카운티 재정 낭비를 막는 역할을 해 인기를 끌었다.

그녀는 가방에 자신의 애완견을 넣고 유세를 다니거나 필적 분석을 통해 어떤 유권자에게 답장을 보낼 지를 결정하는 등 각종 기행을 하는 것으로도 알려져 있었다.[22] 선거운동 스타일도 무척 자유로워 허머Hummer(걸프전쟁을 통해 유명해진 군용차량 험비의 민간용 버전인 사륜구동 오프로더 : 역주)를 타고 후터스 레스토랑Hooters(젊은 여성들이 딱 붙은 옷을 입고 서빙하는 것으로 유명한 캐주얼 레스토랑 : 역주) 앞에서 의회의 다른 선거구 보조금 지급 정책에 항의하기도 했다.[23] 오바마나 게리 치코와 마찬가지로 그녀는 주 남부 시골지역에선 거의 알려지지 않은 인물이었고, 블레어 헐의 정치 광고에 맞설 만큼 돈도 충분치 않았다. 늦게 시작한 선거운동을 끌어올릴 만한 모멘텀이 부족했고, 시간이 갈수록 지지율도 추락해갔다.

게리 치코는 선거에 가장 먼저 뛰어든 후보였다. 하지만 지지율은 선거운동 기간 내내 한 자릿수에 머물렀다. 그는 리처드 M 멜리 시카

고 시장의 수석 보좌관, 그리고 시카고 교육위원회 의장을 맡아 시장
의 교육 개혁을 진두지휘한 경력을 갖고 있었다. 그는 멕시코 이민 3
세로 히스패닉 유권자들에게 어필하려고 일부 연설에서 스페인어로
연설하기로 했다. 그는 시카고 히스패닉계 밀집 거주 지역 지도자들
의 지지를 받았다. 그는 부시의 '낙오아동방지법'^{No Child Left Behind Law}
을 개혁하고, 미래 교사들에게 대학 등록금을 지원하게끔 하는 등 교
육관련 공약에 집중했다. 그는 또한 동성 결혼에 찬성하는 유일한 후
보였다. 사회 문제에 대한 장악력, 토론에 임하는 능력에도 불구하고
그는 카리스마 있는 후보라는 평가는 듣지 못했다.[24] 과거 그가 경영
했던 법무법인이 망해서 파산했다는 사실도 선거운동 기간 내내 그
의 능력에 관한 의문을 제기했다.

버락 오바마는 경선 레이스에 두 번째로 뛰어든 후보였다. 초기 그
는 1992년 캐럴 모슬리-브론을 상원 경선에서 이기게끔 했던 각기
다른 정치세력 간의 연대 전략을 의도적으로 따라했다. 물론 1992년
엔 2004년의 일곱 명과는 달리 세 명의 경선 후보밖에 없었다. 하지
만 모슬리-브론의 유일한 경쟁자는 당시 현역 상원의원으로 민주당
조직의 지지를 받던 앨런 딕슨이었다. 다른 한 명인 알 호펠드는 억만
장자로 자신의 풍부한 자금을 이용해 선거운동을 했지만 '아웃사이
더'로 평가받았다. 경선 실시 약 한 달 전 한 전문가가 1992년과 2004
년 레이스 사이의 명백한 공통점을 발견해냈다. "블레어 헐은 알 호
펠드와 매우 흡사하며, 댄 하인스는 딕슨과 그리고 오바마는 캐럴과
매우 비슷하다. 오바마와 캐럴의 차이점은 캐럴이 선거를 심각하게
생각하는 인물이 아니었고, 한 번 재미로 출마해보겠다고 생각한 반
면 오바마는 그렇지 않다는 것이다. 캐럴은 자신이 이길 수 있다는 생
각을 한 번도 해본 적이 없있을 것이다."[25] 딕슨과 호펠드는 선거 자

금의 대부분을 서로를 공격하는데 써버렸고, 캐럴은 이 와중에 간발의 차이로 이길 수 있었다.

초기에 오바마는 흑인들과 부유층 주택가 거주 진보계층을 묶어 연합 전선을 형성하는데 힘을 쏟았다. 특히 시카고 북쪽의 주택가와 남부의 대학가가 그의 공략 지역이었다. 선거운동 초기에 그는 시카고의 유력 흑인 지도자들의 지지를 얻기 위해 노력했다. 토니 프렉윈클 Toni Preckwinkle과 레슬리 헤어스턴 Leslie Hairston 등이 대표적 인물이었다. 또 지역의 흑인교회 목사들의 지지도 확보코자 했다.[26] 2002년과 2003년 했던 이라크 개입에 반대하는 오바마의 뛰어난 연설에 감동받은 반전 운동가들도 오바마 지지 운동을 펼쳤다.[27] 하인스가 민주당 조직의 도움을 받은 반면 오바마는 스스로 흑인 공직자 층을 중심으로 네트워크를 구성했고, 당의 진보계층 인사들도 조직화해냈다. 그중 일부는 이전의 선거에서 그가 지지했던 사람들이었다. 그는 또한 제시 잭슨 주니어 Jesse Jackson Jr.(유명 흑인 인권운동가 제시 잭슨 목사의 아들로 일리노이주 하원의원 : 역주), 대니 데이비스 Danny Davis, 레인 에반스 Lane Evans, 잰 샤코스키 Jan Schakowsky 같은 일리노이주 출신 연방의회 의원들의 지지도 얻어냈다. 그는 경선 출마자 중 가장 많은 정치 지도자의 지지를 확보했다. 특히 에반스의 오바마 지지 선언은 남부 유권자들의 신뢰를 확보하는데 매우 중요한 역할을 했다.[28]

선거운동이 진행될수록 그의 지지계층은 초기 목표로 했던 흑인 층과 진보 계층보다 넓어져 갔다. 중도파 백인 민주당원들도 그를 지지하기 시작했다. 또한 댄 하인스를 지지하지 않던 노동조합의 지지도 얻어냈다. 특히 그는 공공서비스 노조의 지지를 얻어내는데 탁월했다. 미국 주, 카운티, 지자체 공무원연맹노조와 일리노이 교직원노조의 지지도 그중 일부였다.[29] 시에라 클럽이나 자연보호를 위한 유권자연맹 같은 주요 환경단체의 지지선언도 이끌어냈다.

　다른 후보들처럼 오바마도 약점과 장점을 모두 지니고 있었다. 약점은 그가 한 번도 고위직에 걸맞은 후보임을 증명한 사실이 없다는 점이었다. 그는 1장에서 다룬 데로 하원의원 바비 러시와의 선거에서도 졌다. 그리고 그가 흑인들에게 어필할 만큼 충분히 '흑인인가'에 대해 의문을 제기하는 목소리도 있었다. 시카고 선 타임스의 칼럼니스트가 경선을 6개월 앞둔 시점, 오바마를 둘러싼 어려움에 대해 다음과 같이 평가했다.

> 저소득 노동계층 흑인들은 오바마에 대해 '남부스럽지(흑인스럽지) 않다'고 생각한다. 이는 문화적 현상이고, 불행히도 반인텔리주의와 백인 권력구조와 가까이 있는 흑인에 대한 불신에서 파생된 것이다 … 흑인 민족주의자 일부는 오바마가 '완전한 흑인이 아니다' 라고 수군댄다. 그는 어머니가 백인, 아버지가 흑인이다. 그는 하이드 파크에서 여유 시간을 보내며, 백인 진보층의 귀여움을 받는 후보다, 그를 믿으면 안 된다 … 이렇게 수군댄다. 그리고 전통 흑인 기득권 당 세력들이 버티고 있다. 그들은 마치 통 속에 든 게처럼 끊임없이 위로 올라가려고 하는 사람들이며, 오바마가 먼저 높이 올라가는 것을 원하지 않는다.[30]

　거기에 더해 버락 오바마의 이름 또한 도움이 되지 못했다. 성과 이름이 모두 희한한데다가 성은 9·11 테러의 총지휘자였던 테러리스트 오사마 빈 라덴과 한 글자 차이였다. 잠깐 동안 공화당 측이 오바마의 얼굴을 빈 라덴의 몸에 붙인 이미지를 올린 웹사이트를 만들었다가 사과하고 이를 내린 일도 있었다.[31] 부시 대통령이 하원의원 잰 샤코스키가 달고 있는 오바마 지지 배지를 테러리스트 빈 라덴을 지지하는 배지로 오인하는 소동을 일으켜 떠들썩하게 언론에 보도된 일도 있다.

오바마에겐 몇 가지 다른 후보가 갖추지 못한 장점도 있었다. '자신의 문제에 램프를 비춰 밝게 하라.' 즉 약점을 강점으로 바꾸라는 정치평론가 크리스 매튜의 조언대로 오바마는 그의 이름을 강점으로 만들었다.[32] 유세 중에 그는 사람들이 종종 자신을 '알라바마' 나 '요마마' 로 부른다며 자신의 이름을 농담의 주제로 삼았다. 좀 더 심각하게는 정치 전략가들이 자신에게 좀 더 주류적인 베리(베리는 어릴 때 오바마의 별명이었다) 같은 이름으로 바꾸라고 조언했지만 이를 받아들이지 않았다는 에피소드를 공개하며 자신이 신뢰 있는 인물이란 점을 부각하려 애썼다. 여기에 그의 이름은 미국에서 태어난 흑인들 보다는 아프리카 이민자 출신들에게 더 우호적인 감정을 가지고 있던 일부 유권자들에게 어필하는 효과도 발휘했다.[33] 「하버드 로 리뷰」 최초의 흑인 편집장을 했다는 성취적 이력을 강조하는 선거운동을 펼치면서 이름이 알려지자 오바마는 다른 흑인 후보들과는 달리 흑인들과 중산층, 노동자층 백인들에게 동시에 점점 인기를 끌 수 있게 됐다. 노암 시버가 뉴리퍼블릭 잡지에 기고한 바에 따르면 "오바마는 문화적으로 중도계층 백인들에게 그가 위협적인 존재가 아니란 사실을 반복적으로 강조할 필요가 없었다. 그는 대신 그들의 경제 문제를 다뤘고, 진보적 백인계층과 흑인층도 흥분시켰다."[34]

헐은 돈이 풍부했고, 하인스는 민주당 조직의 지원을 받았지만 오바마는 개인적 카리스마와 연설 능력의 덕을 봤다. 시카고 트리뷴의 기자는 오바마의 매력에 관해 이렇게 적었다.

체육관에 쩡쩡 울려퍼지는 목소리로 오바마는 미국인이 태생적으로 높은 도덕적 기준에 희망을 갖고 있다고 강조했다. 다른 경쟁 후보의 보좌관은 이를 보면서 어깨를 쓱 올렸다. 오바마에 대해 이 보좌관은 "의심스러울 여지없이 오늘 나온 후보들 중 가장 역동적인 연설을 하는 인물"이라고 평가했다. 오바마 이외에 경선에 출마한 여섯 명이 그날 함께 연설대에 올랐었다. "우리 후보가 저 능력의 반만 갖고 있다면 좋았을 뻔했는데 말이죠." 후보들의 연설이 끝나자 그날 모인 유권자들 중 한 무리가 오바마를 둘러싸고 그에게 사인을 해달라고 졸랐다. 반면 다른 후보들은 말을 걸어주는 유권자들이 없어 심심해하는 모습이었다.[35]

오바마의 개인적 매력은 애초에 정치에 별로 관심이 없던 층을 열성적 지지자로 바꿔 놓았다.[36] 사실 후보들 간 정책이나 이슈에 있어서는 그다지 큰 차이가 없었다. 한 기자는 각 후보 간 이슈 내용 차이에 대해 "인기 드라마 '사인필드'의 정치 버전과도 같다"고 평했다. 각 에피소드 간에 별 차이가 없는 사인필드에 빗대 후보들의 공약이 대동소이하다고 한 것이었다.[37] 사실 대부분의 토론에서, 특히 초기엔 후보들이 서로에 대한 공격을 의도적으로 피하면서 부시 행정부의 정책에 비판을 집중했다.[38] 다섯 명의 후보들 모두 대통령의 감세 정책을 비판하면서 중산층 근로자들을 위한 세금감면을 약속했다.[39] 또한 다섯 명 모두 부시 행정부가 '낙오아동방지법'에 대해 충분한 예산 지원을 하지 않고 있다고 공격했다. 오바마가 다른 후보들 보다 약간 총기 규제에 찬성하는 듯한 입장, 그리고 이라크전에 반대하는 입장을 강조하긴 했다. 이라크전에 대해서는 대부분의 후보가 반대한다는 얘길 했지만 오바마와 치코 만이 이라크 재건 사업을 위한 870억 달러의 예산 지원에 반대한다는 입장을 밝혔다.[40] 남부 흑인 거주 밀집지역에선 오바마는 주로 미국인의 일자리 창출 같은 민생 문제에 집중했다.[41] 이 지역에서 특히 그는 일반 유권자들이 한 번에 알아들을 수 있는 짧은 문장에 열중했다. '낙오아동방지법의 문제는 부시 행정부가 예산 지원을 낙오시킨 것'이라든지, '대통령은 경제가 회복하고 있고 이것이 일자리 창출로 연결되려면 좀 기다려야 한다고 하지만 일자리 창출이 없는 경제 회복은 경제 회복이 아니다' 같은 문장들이 대표적이었다.[42]

경선 레이스

상원의원 경선 레이스는 세 단계로 진행됐다. 1단계에선 하인스가 앞서 나갔고, 2단계에선 헐이, 3단계에선 오바마가 치고 올라왔다. 2004년 1월 중순까지 진행된 1단계 경선 레이스에서 하인스가 앞설 수 있었던 요인은 지명도와 조직이었다.[43] 오바마가 경선 레이스에 뛰어든 것은 2003년 1월이었는데 이는 하인스, 헐, 파파스가 경선 출마를 공식 선언하기 이전이었다. 후보가 많은 경선에서는 전체 득표 수의 3분의 1 정도만 얻으면 승산이 있었기 때문에 오바마의 선거운동본부는 처음에 위에서 언급했던 바와 같이 캐럴 모슬리−브론의 전략을 따라 흑인들과 백인 진보계층을 공략하는 것으로 시작했다. 저명 흑인 정치인인 일리노이주 상원의장 에밀 존스와 제시 잭슨 주니어, 대니 데이비스 등이 오바마의 공식 출마 선언장에서 그를 지지한다는 의사를 밝히며 함께 스포트라이트를 받았다. 오바마는 또한 경선 레이스를 포기한 모슬리−브론의 결정이 그가 선거운동에 뛰어든 중요한 이유 중 하나라고 공공연히 말하기도 했다.[44] 경선 선거운동 시작 연설에서 그는 마틴 루터 킹 박사의 영향을 반복적으로 언급했다. 이와 함께 진보계층에게 어필하기 위해 부자들에게만 혜택이 돌

아가는 감세정책이 미국적 가치인 공평함을 손상시키고 있다고 강조했다.[45]

1단계 선거운동 기간에서 오바마는 자신의 이름을 알리는데 선거 전략을 집중했다. 출마 선언을 한 후 그는 카운티를 돌아다니며 민주당 지역구 관계자들과 만났고, 남부지역 출신 의원인 레인 에반스 같은 저명인사들과 함께 주 전역을 순회했고, 연설 모임을 열었다. 하지만 그가 많은 시간을 보낸 곳은 시카고 지역이었다. 이 지역의 민주당 유권자가 다른 어떤 지역보다 많다는 판단에서였다.[46] 장래 자신의 장점을 예고라도 하듯 그는 2003년 10월 개최된 첫 번째 TV 토론에서 '장악력'과 '존재감'을 선보였다.[47]

2003년 여름쯤 오바마는 14% 지지율로 파파스와 함께 동률 2위 자리를 꿰차고 있었다. 1위는 하인스로 21%였지만 아직 전체 중 41%는 누굴 찍을지 결정하지 못했다고 응답한 상태였다. '후보를 알고 있느냐'는 질문에 오바마는 30%의 응답자로부터 '그렇다'는 응답을 받았다. 반면 하인스와 파파스에 대해서는 각각 50%의 응답자가 이름을 알고 있다고 답했다. 하지만 오바마는 좋아하는 정도를 1~10사이 점수로 나타내보란 질문에선 가장 높은 평가를 받았고, 후보와 선거에 대해 많이 알고 있는 계층에게도 가장 좋은 평가를 받았다.[48] 이 기간 그는 하인스에 이어 정치 기부금 모금에서도 2위를 차지하면서 다른 많은 이들을 놀라게 했다.

2004년 1월 중순 경선 레이스가 2단계에 진입하자, 블레어 헐이 선두주자로 나서기 시작했다. 1,900만 달러를 쏟아 부은 정치 광고가 위력을 발휘한 덕분이었다. 2월 11일~17일 진행된 시카고 트리뷴/WGN의 여론조사 결과 헐은 24%의 지지를 얻는 것으로 나타났다. 오바마(15%)가 2위, 하인스(11%)가 3위, 파파스(9%)가 4위, 그리고 치코(5%)가 5위였다. 헐의 지지율이 한 달 만에 14%포인트나 올라간 것은 시카고 지역과 남부 흑인 밀집지역에 헐의 정치 광고가 집중됐기 때문이었다. 헐은 다른 후보들의 지지계층을 모두 깎아 먹었지만 오바마만은 예외였다. 하지만 민주당 경선에 참여할 가능성이 많은 유권자중 40%가 헐이 지지율에서 우위를 누리는 것이 그가 돈이 많기 때문이며 이는 공평하지 않다고 응답해 그의 수위 고수는 불안해 보였다.[49]

이 단계에서 오바마는 아직 그의 이름을 널리 알리는데 어려움을 겪고 있었다. 또 흑인 유권자들의 지지를 공고히 하는 것도 아직 힘든 단계였다. 지명도에서 그는 헐의 60%, 하인스와 파파스의 50%보다 크게 낮은 30%의 응답을 얻고 있었다.[50] 다른 후보들보다는 흑인 유권자들의 지지가 많았지만 이 역시 과반이 못되는 38%에 불과했다. 하지만 캐럴 모슬리-브론이 1992년 겪었던 것과 마찬가지로 이전 여론조사에서 성적이 신통치 않았다는 것이 오히려 오바마에게는 이득으로 작용했다. 헐은 댄 하인스가 자신의 주 경쟁자가 될 것이라고 생각해 그에게 공격을 집중했고 하인스 역시 헐을 물고 늘어졌다. 이 덕에 오바마는 공격을 별로 받지 않고 지지 계층을 넓혀 나갈 수 있었다.[51]

헐의 1위 고수는 별로 오래 가지 않았다. 그의 선거운동본부는 내홍을 겪었고 오바마가 급부상하기 시작했다. 2월 중순 시카고 트리뷴은 헐의 전 부인이 1998년 헐에 대해 접근금지 명령을 신청한 사실을 폭로했다. 헐은 초기에 이 사건에 대해 자신이 상원의원 직을 잘 수행할 수 있는 지와 전혀 관련 없는 사안이라며 해명을 거부했다. 하지만 이런 전략으로 말미암아 전미여성기구 일리노이지부 같은 단체는 공식적으로 헐의 태도를 비난하기도 했고, 헐은 여성 표를 끌어 모

으는데 타격을 입었다.[52]

언론도 이 문제를 집중적으로 물고 늘어졌다. 여론의 비난이 높아지자 헐의 전 부인과 헐은 비공개였던 이혼 기록을 공개하기에 이른다. 기록에 의하면 경찰은 그가 전 부인과의 언쟁와중 부인을 때렸다고 추궁한 것으로 나타났다. 또한 헐이 상스럽고 모욕적인 언사를 했으며, 전 부인에게 죽이겠다고 협박한 것이 드러났다.[53]

당연히 경쟁 후보들은 헐의 이혼 스캔들에 더욱 불을 지피기 위해 모든 노력을 다했다. 한 신문 칼럼니스트는 이 스캔들 폭로가 하인스에 의해 지휘됐을 것이란 추정을 내놓기도 했다. 유권자들이 폭로전에 신물이 나서 투표율이 떨어지면 하인스에게 유리하다고 판단됐기 때문이었다.[54] 2월 23일 주 전역에 방송된 라디오 토론회에서 하인스와 마리아 파파스는 이 문제에 대해 헐을 집중적으로 물고 늘어졌다. 파파스는 심지어 자신의 심리학자 경력을 내세우며 헐과 전 부인, 그리고 자녀들이 심리학 상담을 받아야 할 것이라고 말하기도 했다.[55] 헐 자신도 전략을 잘못 세운 것을 직감했다. 수그러들었어야 할 스캔들이 예상보다 오래 갔다. 헐은 전 부인이 위자료를 더 받기 위해 상황을 과장하고 있다며 부인을 계속 비난해 언론의 주목을 초래했다. 또 TV 광고를 통해 이혼 스캔들 공격이 불공정하며 자신의 가정 폭력 혐의는 판사에 의해 무혐의 처리됐다고 방어했다. 하지만 이는 오히려 정책적 이슈 대신 스캔들을 유권자들에게 더 강하게 각인시키는 결과만 불러왔다.[56]

2월 말 이혼 스캔들이 헐에게 치명적인 타격을 줬다는 사실이 자명해졌다. 오바마가 헐을 꺾고 1위로 나선 것이었다.[57] 경선 일주일 전 시카고 트리뷴의 여론조사에 의하면 오바마는 33%로 크게 앞섰고, 헐의 지지율은 16%로 크게 추락했다. 하인스도 지지율이 8%포인트 올라 19%를 기록했다.[58] 특히 오바마는 흑인 유권자들의 지지가 크게 늘었다. 이전 2월 중순 여론 조사의 38%에서 63%로 수직 상승했다. 이 여론조사에서 민주당 유권자 중 50%가 헐의 이혼으로 인해 그가 이길 수 있는 확률이 떨어졌다고 응답했다.

오바마도 마지막 3주 동안 TV 광고를 시작했다. 처음 시카고 지역에서 내보내기 시작해 마지막 주에는 남부 흑인 밀집지역에 집중했다.[59] 오바마의 정치 광고는 오바마의 피부색과 그가 사회 기득권층에 속하는 성공한 사람이라는 점을 보여주며 흑인 진보계층과 중도파 백인들 모두를 공략했다. 한 정치 광고에서 오바마는 이렇게 말했다. "그들은 흑인이 「하버드 로 리뷰」를 이끈 적은 한 번도 없었다고 말했습니다. 내가 이를 바꾸기 전까진 말이죠. 지금 그들은 워싱턴 DC는 바꿀 수 없다고 말합니다. 내가 '아니 우리는 바꿀 수 있어요'라는 메시지를 전하려고 합니다."[60] 남부 쪽에 방영한 또 다른 TV 광고에서는 고인이 된 저명한 상원의원 폴 사이먼의 딸이 나와 '아버지와 오바마는 너무도 빼다 박은 비슷한 사람들'이라며 오바마 지지 선언을 했다. 다른 광고들과 우편물은 오바마가 일리노이 의료보장제도를 위해 한 일을 열거하며 여성과 노인층을 공략했다.[61]

레이스 마지막 며칠 동안 하인스와 헐은 오바마 공격에 나섰다. 하인스는 오바마가 전 주지사 조지 라이언이 예산을 쏟아 부어 자신의 선거구만 챙기는 일을 막지 못했다고 비판했다. 3월 10일 열린 마지막 후보 간 토론에서 하인스는 "조지 라이언이 우리 주를 재정 파탄 상태로 몰고 갈 때 나는 그에 맞섰지만 버락 오바마는 다른 길을 걸었다. 그는 침묵을 지켰고, 아무 일도 하지 않았다"며 목소리를 높였다.[62] 헐은 청소년 낙태 때 부모에게 통지하는 것을 의무화한 법안을 만들 때 '참석'이라고만 하고 찬성 내지는 반대표를 던지지 않은 오

바마의 전력을 공개하며 오바마가 말로만 낙태를 찬성하는 인물이라
고 공격했다. 헐이 유권자들에 보낸 우편물 중 하나에는 오바마를 상
징하는 오리가 그려져 있었고 그 위에 '그는 오리가 물에 고개를 처
박듯이 책임을 회피했다'는 글이 쓰여 있었다.[63] 이에 대한 대응으로
오바마의 보좌진들은 헐이 과거 법안을 만들 때 거의 투표를 하지 않
고 자리를 비웠다는 점을 공략했다. 낙태 찬성 단체들도 '참석' 표가
반대표를 던진 것과 똑같은 효과가 있으며 헐이 입법 절차를 모르고
있다며 오바마 옹호에 나섰다.[64] 오바마가 젊었을 때 한때 마약을 사
용했다는 사실을 실토한 것도 주요 논쟁거리로 떠올랐다. 오바마 자
신은 "선거운동이 '마약과 이혼'에만 집중되는 게 슬프다"는 말로 난
투극에 발을 담그지 않으려 애썼다.[65]

경선 결과

오바마는 경선에서 거의 53%의 지지율로 승리했다. 2위는 댄 하인
스가 24%로 차지했고, 헐은 11%, 파파스는 6%, 치코는 4%를 득표했
다. 하인스는 오바마(14개)와 헐(7개)보다 훨씬 많은 81개의 카운티
에서 득표율 1위를 차지했지만 오바마는 유권자가 가장 많은 시카고
지역에서 표를 끌어 모으며 승리를 확정지었다. 시카고시를 포함하
는 쿡카운티는 일리노이주 민주당 유권자의 60%가 거주하는 지역이
었는데 여기서 오바마는 64%대 17%로 하인스를 압도적인 표차이로
눌렀다. 하인스는 당 조직이 굳건하게 활동하고 있는 시카고의 백인
과 히스패닉 거주지에서 예상보다 저조했다.[66] 민주당 조직이 활동적
인 12개의 백인 다수 거주 지역 중 오바마는 8곳에서 승리했다. 이들
지역은 전통적으로 흑인 후보에게 매우 적대적인 곳이었다.[67] 하인스

는 자신의 아버지가 지구당 위원장인 19구에서도 2,000표가 안 되는 근소한 차이로 겨우 이겼다. 전문가들은 이런 현상에 대해 후견인을 집중적으로 키워주는 풍토가 약해지면서 민주당 조직이 제대로 기능하지 못했고, 댈리 시장이 선거에 본격적으로 개입하지 않았으며, 오바마가 워낙 뛰어난 후보여서 가능했다는 분석을 내렸다.[68] 경선 후 한 인터뷰에서 댄 하인스는 "경선 3일 전 신문을 펼쳤더니 성 패트릭의 날 행진사진이 실려 있었다. 하지만 오바마가 아일랜드계 정치인들에게 둘러싸여 있는 모습만 나왔을 뿐 그 자리에 있었던 나는 사진에서 잘려나가 있었다. 나는 '이거 안 좋은데' 라고 생각했다"라고 회고했다.[69]

오바마는 시카고 교외를 둘러싸고 있는 5개의 카운티, 즉 듀페이지, 케인, 레이크, 맥헨리, 윌에서 모두 승리했다. 그는 또 일리노이 주립대학이 있는 샴페인카운티, 노던 일리노이대가 있는 드칼브, 서던 일리노이대가 있는 잭슨, 웨스턴 일리노이대가 있는 맥더너카운티 같은 대학가에서도 선전했다. 주도(州都)인 스프링필드가 있는 생가몬카운티에서도 오바마는 이겼다. 대부분의 남부지역에서는 오바마가 댄 하인스와 블레어 헐에 이어 3위에 그쳤다. 매콘이나 세인트 클레어지역 같은 상대적 부촌에선 오바마가 2위를 차지했다. 일부에선 오바마가 흑인들로부터 캐럴 모슬리-브론보다 훨씬 높은 90%의 지지를 얻은 것으로 봤다. 거기에다 시카고 지역 흑인 거주자들이 투표장에 나와 투표한 비율도 최근 다른 선거에 비해 30% 높아진 것으로 나타났다.[70]

〈표 2-1〉은 오바마의 득표율을 지역별로 보여준다. 비교를 위해 1984년 다섯 명의 경선 출마자 중 당선된 폴 사이먼의 득표율과 캐럴 모슬리-브론의 1992년 득표율도 함께 표시했다. 시카고시, 쿡카운

〈표 2-1〉 일리노이 지역의 오바마(2004), 모슬리-브론(1992), 사이먼(1984)의 투표율

	오바마	모슬리-브론	사이먼
시카고시	67% (1위)	51% (1위)	21% (3위)
쿡카운티 교외	61% (1위)	39% (1위)	36% (1위)
쿡카운티 외곽 5개 카운티	56% (1위)	38% (1위)	41% (1위)
세이트 루이스 도심	28% (3위)	13% (3위)	71% (1위)
락포드 도심	30% (3위)	35% (2위)	38% (1위)
피오리아 도심	27% (3위)	20% (3위)	36% (2위)
퀘이드 시티즈 도심	15% (3위)	21% (3위)	39% (1위)
스프링필드 도심	40% (1위)	26% (2위)	55% (1위)
블루밍턴 도심	35% (2위)	44% (1위)	54% (1위)
샴페인 도심	63% (1위)	49% (1위)	64% (1위)
디케이터 도심	29% (2위)	24% (3위)	50% (1위)
지방 주립대 카운티	47% (1위)	32% (2위)	67% (1위)
일리노이 농촌	18% (3위)	16% (3위)	36% (1위)
주 전체	53% (1위)	38% (1위)	36% (1위)

출처 : 주 선거관리위원회 공식 경선 결과(2004. 3. 16)를 기반으로 저자가 계산.

티, 그리고 쿡카운티를 둘러싸고 있는 교외 지역이라 할 수 있는 듀페이지, 케인, 레이크, 맥헨리, 윌카운티 여기에 7곳의 도심 카운티의 득표율을 뽑아봤다. 남부지역에 속해 있지만 대학이 있는 콜스, 드칼브, 잭슨, 맥더너도 함께 표시했다. 이들 지역은 남부에선 유일하게 오바마의 강세 지역이었다. 마지막 지역은 '농촌 일리노이' 라 구분될 만한 지역이다. 표에는 후보들의 득표율과 득표 순위를 함께 표시했다.

〈표 2-1〉을 보면 오바마가 캐럴 모슬리-브론이 강세를 보였던 지역에서 선전했다는 것을 알 수 있다. 모슬리-브론의 선거 전략을 일정 정도 따랐기 때문이다. 하지만 시카고와 교외 지역 등 모슬리-브론이 잘 하지 못한 지역에서도 오바마는 표를 끌어 모았다. 백인 유권자들에게 어필할 수 있는 능력 덕분이었다. 오바마는 남부지역에서

폴 사이먼보다 적은 표를 얻었지만 시카고 지역에서는 사이먼의 득표율을 능가했다. 표는 또한 오바마가 남부의 활기 있는 탈공업화 지역, 예를 들면 블루밍턴, 샴페인, 스프링필드 같은 곳에서 공업지역인 락포드·피오리아·쾨드시티·디케이터보다 선전한 것을 보여준다. 마지막으로 과거와의 비교를 통해 오바마가 얼마나 압도적인 승리를 거뒀는지를 한눈에 알 수 있다. 과거보다 더 많은 수의 후보가 출마했음에도 불구하고 훨씬 더 많은 표를 얻은 것이다.

당연히 헐의 이혼 스캔들이 없었어도 오바마가 승리할 수 있었을까에 대해 의문을 품을 수 있다. 이혼 스캔들은 많은 유권자들이 자신이 지지하는 후보를 다시 한 번 돌아보고 자신의 선택을 다시 고민하게 만들었다.[71] 오바마가 이혼 스캔들의 혜택을 입었다는 것은 명확하다. 하지만 그 일이 없었다면 사태가 어떻게 됐을지 추측해보는 것은 불가능하다. 스캔들이 터진 후 압도적인 승리를 거둔 점으로 볼 때 그 사건이 없었더라도 간발의 차이로 이길 수 있지 않았을까 짐작한다. 다음과 같은 이유에서 그렇다. 헐은 열정적인 지지자들이 별로 없는 경쟁력 없는 후보였다. 다른 후보들은 그에게 네거티브 공세를 퍼부을 작정을 하고 있었고 이혼 스캔들이 아니더라도 다른 건을 만들어 헐을 공격했을 것이다. 그가 목표로 했던 남부지역에선 이혼 스캔들이 대대적으로 다뤄지지 않았음에도 불구하고 헐이 하인스에게 졌다. 헐은 가장 지지율이 높았을 때도 24%의 지지를 받는데 그쳤고, 3분의 1은 아직 미정이라고 대답했으며 55%는 선거에 관심이 없었다.[72] 오바마와 다른 후보들이 모두 막판 TV 광고 공세를 펴는 와중에서도 유권자들이 헐을 선택했을지는 불분명하다. 마지막으로 오바마의 '나가서 투표하라'는 구호를 내건 선거운동은 매우 효과적이었다. 공무원노조가 이 운동을 체계적으로 지원했고, 열정적인 자원봉

사자들은 선거운동에 참여하는 것을 일종의 성전(聖戰)으로 여겼
다.[73]

　승리가 확정된 직후의 연설에서 오바마는 자신이 선거 초기 던졌던
후발주자, 패배자의 테마를 다시 언급했다. 아마 그가 현실적으로 그
렇게 할 수 있는 마지막 기회였을 것이다. 오바마는 "일반인의 상식으
로 우리는 이길 수 없었다. 남부에서 온 깡마른 남자, 버락 오바마라
는 희한한 이름을 가진 남자가 상원 선거에서 이길 가능성은 없었다.
하지만 16개월 뒤 일리노이 민주당원 전체, 흑인이든 백인이든 히스
패닉계이건 아시아인종이건 상관없이 우리는 함께 서서 '우리는 할
수 있다, 우리는 할 수 있다' 고 큰 소리로 선언할 수 있게 됐다."[74]

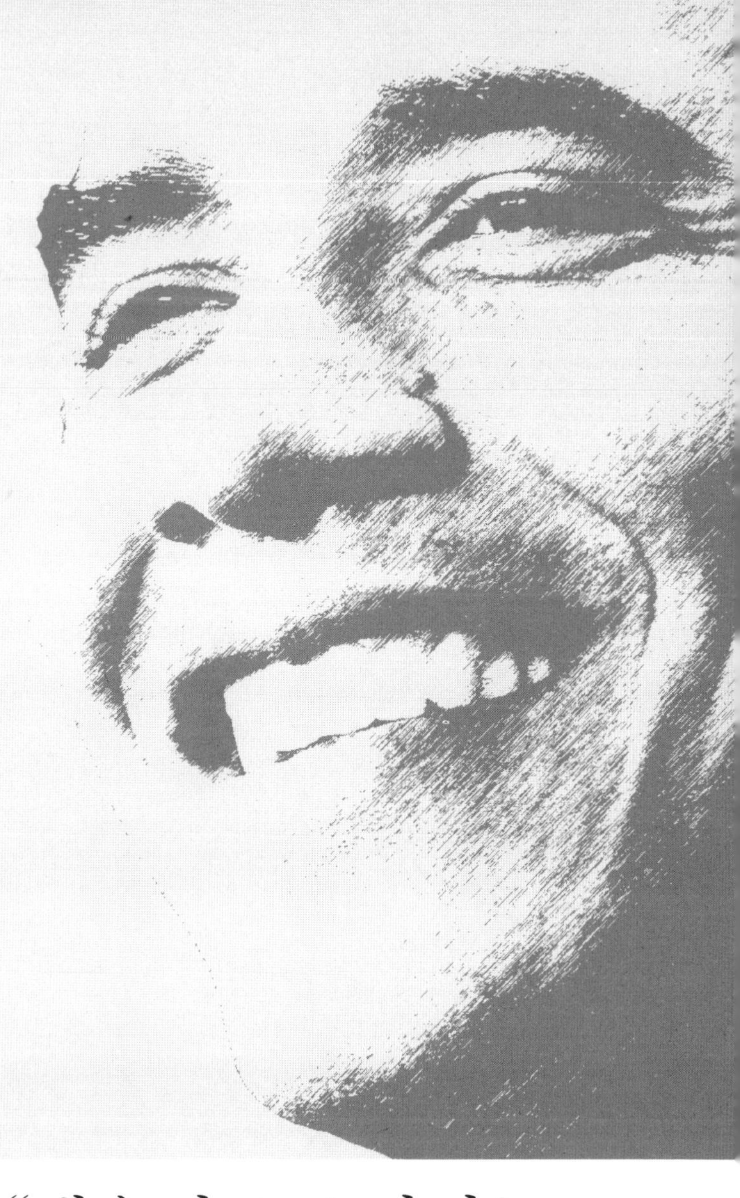

3

"예수님도 오바마는 찍지 않을 것이다"

– 앨런 키이스 : 상원의원 본 선거에서

오바마 대 잭 라이언, 오바마 대 무후보

오바마 대 키이스, 결과 분석

경선 이후, 시카고 트리뷴은 '일리노이주가 한 세대에 한 번 볼까 말까한 상원의원 선거를 목전에 두고 있다'고 사설에 썼다. '평범하지 않은 후보들이 평범하지 않은 선물을 가져다 줄 것'이라고 신문은 덧붙였다.[1] 평범하지 않다는 말은 선거에 대한 충분한 설명이 못되는 것으로 추후 나타났다. '기괴하다'거나 '별나다'는 설명이 아마도 더 합당했을 것이다. '선물'에 해당하는 부분도 유권자들에게 많은 혜택이 돌아가기는커녕 돈만 낭비한 선거가 되고 말았다. 오바마와 맞선 후보들이 문제가 있거나 그와 맞설만한 후보가 아예 없었기 때문에 그가 싱겁게 승리할 것이란 결론이 나왔고, 따라서 정책에 관한 뜨거운 토론도 이뤄지지 않았다.

3월 경선 이후, 공화당의 유망한 경선 승리자였던 잭 라이언^{Jack Ryan}은 상원의원 선거에 나가기엔 준비가 다소 덜 된 것으로 확인됐다. 비공개였던 이혼 기록이 공개되자 그는 아예 출마를 포기해 버렸다. 그가 갑자기 그만두자 일리노이 공화당은 매우 당황하며 TV 시트콤이나 쇼를 방불케 하는 과정을 거쳐 새로운 후보를 뽑고자 했다. 잠재적 후보들이 등장했다가 잠시 뒤 사라지기를 반복해 유권자들은 누가 출마자할 것인지 따라잡는데 혼란을 느꼈다. 경쟁력 있는 후보들에게 선거에 참여해줄 것을 권유하다 여러 차례 거절당한 공화당은 보수적 흑인 대중 정치인이자 작가인 앨런 키이스를 설득하는 데 성공했다. 자멸적 선거운동을 펼친 끝에 키이스는 11월 오바마에게 기록적인 득표율 차이로 졌다.

3장은 상원의원 본 선거에서 오바마가 승리를 거두게 되는 과정을 살펴본다. 이 장은 선거운동 기간을 3단계로 나눠 분석한다. 오바마 대 잭 라이언이 1단계, 오바마 대 무후보가 2단계, 그리고 오바마 대 앨런 키이스가 3단계다. 본 선거의 결과와 오바마가 승리할 수 있었던 요인을 따져보도록 하겠다.

오바마 대 잭 라이언

공화당 경선에는 여덟 명의 후보가 출마했다. 부유한 기업가 제임스 오버와이스^{James Oberweis}와 앤드류 맥케나^{Andrew McKenna}, 주 상원의원 스티브 로쉔버거^{Steve Rauschenberger}, 퇴역 공군장군 존 볼링^{John Borling} 등

이었다. 볼링을 제외하곤 사상적 기반이 보수파였다.[2] 이중 승리자는 잭 라이언. 그는 시카고 교외 부유층 지역인 윌메트에서 여섯 형제 중한 명으로 태어나 자랐다. 다트머스대에서 미식축구 선수로 뛰기도했고, 하버드 법과대학원과 경영대학원을 졸업했다. 투자은행에서거액의 연봉을 받다가 2000년 시카고 남부에 있는 흑인 학생이 대부분이었던 헤일스 프랜시스칸 가톨릭학교의 교사로 변신한 특이한 경력의 소유자였다. 라이언은 35%를 득표해 24%를 얻은 오버와이스와 20%를 얻은 로쉔버거, 그리고 15%를 얻은 맥케나를 꺾었다. 오바마처럼 압도적인 표 차이로 이기진 못했지만 그는 주 전역에서 다른후보들보다 고른 지지를 받았다. 일리노이주 102개 카운티 가운데83개에서 승리했고, 인구 10만 명이 넘는 카운티에서는 케인과 세인트 클레어 두 곳을 제외하곤 모두 1위를 차지했다. 다른 후보들에 앞서 TV 정치 광고를 일찍 방영하기 시작한 것이 그의 승인이었다.[3]

그가 공화당 경선에서 승리하자 전국 언론들이 '하버드대 출신의젊고 카리스마 있는 두 후보의 경쟁'이라며 일리노이주 상원의원 선거에 관심을 보였다.[4] 도심 빈곤지역에서 교사를 맡았던 경력 때문인지 그의 선거 전략은 소수민족 유권자와 중도파 유권자들에게 어필하는 것이었다. 경선 직후 라이언은 "경선 와중에 민주당이 자신들의텃밭이라 여기는 시카고 남부 교외나 남부 피오리아 지역에서 유세를 벌인 일이 많았다. 우리의 기본 전제는 유권자가 가난하건 부자이건 그리고 민주당원이건 공화당원이건 상관없이 모두에게 미국이 더좋은 나라가 될 수 있는 아이디어와 계획을 갖고 있다는 것이었다"고말했다.[5]

경선 때는 공화당 각 후보 간 공약 차이가 하찮은 정도였지만 본 선거에서는 잭 라이언은 민주당 오바마와 극명하게 대조되는 이데올로

기적 배경을 지니고 있었다. 그의 선거 공약은 감세, 탈규제, 학교바
우처제도^{School Voucher System}(공·사립을 불문하고 학생이 지원하는 학
교에 재정이 투입되는 제도. 만약 학생이 사립학교에 지원하는 경우
공립학교에 다녔으면 지원 받았을 만큼의 돈을 학생이 다니는 사립
학교에 지원하게 돼 학교간의 경쟁을 촉진하다 : 역주) 등 자유 시장
경제에 기반을 둔 것이었다. 그는 또한 부시의 이라크전 참전도 지지
했다. 그는 또한 오바마의 주 상원의원 시절 투표 성향을 들어 그가
일리노이주에 너무 진보적이라고 비판했다. 그는 오바마가 전체 주
민에게 의료보장 혜택을 주는 '버나딘 수정안'을 제정하려고 한 사실
을 한 예로 들었다. 라이언은 이 계획을 실행에 옮기려면 40억 달러
가 든다며 이를 클린턴 정부의 1990년대 초반 실패한 의료보장정책
과 비교했다. 이런 오바마의 아이디어들이 "주류에서 벗어나는 것"
이라고 공격했다.[6] 라이언은 또한 과거 오바마의 상원 투표 경력이
총기를 소유할 권리에 반하는 방향이라고 몰아붙였다.

　라이언은 선거운동 와중에 '오바마에 대한 진실 찾기팀'을 만들어
운영했다. 이 팀들은 오바마가 그동안 한 실언을 언론에 알린다며 적
극적으로 이메일을 배포했다.[7] 하지만 의도하지 않았던 결과들이 속
속 나왔다. 한 예로 그는 오바마가 주 상원의원 시절 모두 428차례 각
종 세금과 공과금 인상에 찬성했다며 세금을 더 거둬 쓰기만 하려는
성향이 있다고 공격했다. 하지만 사실 그중 절반은 오바마가 반대표
를 던진 것으로 드러났다.[8] 또 비대해진 주정부를 오바마와 연결시키
려는 욕심에 주정부가 일리노이 전체 제조업자들보다 더 많은 인원
을 고용했다고 공격했지만 이 역시 사실이 아닌 것으로 밝혀졌다. 제
조업 고용인원을 실제인 84만 6,000명과 어이없게 차이나는 11만
2,000명으로 주장한 것이었다.[9] 언론들은 잇따른 라이언의 실수를

언급하며 이를 바로잡았고, 라이언의 신뢰도는 떨어졌다.

라이언이 5월 보좌관 저스틴 와펠에게 오바마를 쫓아다니며 오바마가 무엇을 하는지 촬영하도록 지시했다는 사실이 드러나면서 그는 다시 한 번 논쟁에 휩싸였다. 오바마가 말을 자주 바꾸는지 여부를 알아내기 위해서라고 변명했지만 와펠이 오바마가 화장실에서 부인과 딸들과 나눈 전화통화까지 찍은 것으로 드러나자 비판이 빗발쳤다. 언론은 물론 공화당 주요 당직자들도 부적절한 행동이었다면서 라이언 측을 비난하고 나섰다. 피오리아에서 선출된 공화당 의원 레이 라후드^{Ray Lahood}도 이를 "상·하원 의원 선거에서 한 번도 본 적이 없는 바보 같은 행동"이라고 맹비난했다.[10] 열흘 후 라이언은 와펠에게 오바마를 쫓아다니는 것을 중지하라고 지시했지만 이미 그의 이미지는 타격을 입은 상태였다.

잭 라이언의 이혼을 둘러싼 주장은 경선에서 맞붙었던 존 볼링의 선거운동 조직원이 1999년 라이언이 영화배우 제리 라이언과 이혼할 때 있었던 모든 일을 안다고 주장하면서 불거졌다. 경선에서 당선된 지 하루 뒤, 공화당 일리노이주 당의장 주디 바 토핀카^{Judy Barr topinka}는 라이언이 승리함으로써 이혼이 별 문제가 안 된다는 유권자들의 검증을 받은 것이라고 주장했다.[11] 하지만 루머는 계속 지속되다가 6월 21일 시카고 트리뷴과 시카고 지역방송국의 요구로 캘리포니아주 법원이 상세한 이혼 기록을 공개하라고 판결함으로써 상당부분 사실로 밝혀졌다. 기록에 의하면 라이언이 전 부인을 뉴욕, 뉴올리언스, 그리고 프랑스 파리에 있는 섹스클럽에 데리고 간 것으로 드러났다. 철창과 채찍이 등장하는 섹스클럽이었고 다른 사람들이 보는 앞에서 관계를 맺자는 요구도 한 것으로 밝혀졌다. 그녀가 울자, 라이언은 "울면 욕구가 사라진다"며 면박을 준 것으로 나타났다.[12]

처음에 라이언은 이 모든 것이 사실이 아니라고 부인했다. 파리에서 한 차례 아방가르드한 나이트클럽에 함께 갔을 뿐이고, 전 부인 뿐 아니라 자신도 기분이 나빠져 바로 나왔다고 해명했다.[13] 스캔들이 불거진 지 이틀째엔 자신이 실정법이나 십계명 중 어느 것도 어긴 적이 없다고 해명을 바꿨다. 라이언은 계속 선거 레이스에 참여하겠다고 우겼지만 주요 공화당 간부들은 이미 그에게서 마음이 떠난 상태였다. 당의장 토핀카와 전 주지사 짐 에드거Jim Edgar는 3월 경선 전 라이언이 이혼 기록에서 아무 문제될 것이 없다며 자신들을 속였다고 분노했다.[14] 공화당 전국위원회의 한 위원도 라이언이 이혼 기록을 속인 것에 배신감을 느낀다며 "아들을 보호하기 위해 그런 것이 아니고 자신의 정치적 야망을 보호하기 위해 그런 것이 틀림없다"고 말했다.[15]

시간이 좀 지나자 당 주요 간부 뿐 아니라 다른 당직자들도 그를 외면하기 시작했다. 주 당중앙위원회 일부 멤버들은 계속 그를 지지했지만 다른 이들은 이런 상황에 대해 "맞아서 눈가가 시퍼렇게 멍든 것만큼 안 좋다" "열차 충돌 사고를 버금케 한다"고 수군거렸다.[16] 6월 24일 스캔들이 폭로된 지 3일 후 공화당 국회 대표단은 당의장 데니스 해스터트가 라이언의 사퇴를 설득해 달라고 만장일치로 결정했다.[17] 카운티 당의장들도 등을 돌렸다. 제퍼슨카운티 공화당 의장은 "라이언의 행동은 혐오스러우며, 남부 일리노이 사람들에게 매우 이질적인 것"이라고 말했다. 듀페이지카운티 의장 커크 딜라드도 "오즈의 이상한 나라에 있는 사람들이나 이번 일을 겪은 라이언이 오바마를 꺾을 수 있을 것으로 생각할 것"이라고 언급했다.[18]

언론 특히 시카고 트리뷴의 압력과 공화당 유권자 · 지도자들의 격렬한 반응을 견디다 못해 라이언은 6월 25일 사퇴를 결정했다. 그러

면서 "야만적이고, 사람을 초토화하는 이런 선거운동에 더 이상 참여
할 수 없다"고 밝혔다.[19] 당시 일부에선 공화당이 여론의 추이를 좀
더 지켜봤어야 했다고 생각하는 사람도 있었다. 한 정치평론가는 "라
이언은 자신의 부인과 성관계를 맺었다고 스캔들을 겪었다. 일리노
이주가 그동안 겪었던 뿌리 깊은 부패에 비하면 이는 나뭇잎 한 개 정
도밖에 안 되는 꺼리"라고 평했다.[20] 상원의원 피터 피츠제랄드는 당
의장 주디 바 토핀카가 라이언을 버린 이유가 라이언이 부쩍 성장해
2006년 주지사에 출마하는 것을 막기 위해서였다고 비난했다.[21]

　대부분의 언론 관심은 라이언에게 쏠려 있었지만 오바마는 선거운
동을 계속했다. 그는 일리노이주에서 별로 인기가 없었던 부시의 정
책만을 주로 공격 대상으로 삼았을 뿐 라이언의 이혼 스캔들에는 발
을 담그지 않았다. 그는 자신이 이를 이용하지 않겠다고 말했으며,
민주당 관계자들에게도 그렇게 해달라고 얘기했다. 시카고 지역에
집중했던 경선 때와는 달리 본 선거에선 전 지역이 고르게 중요했다.
오바마는 경선 하루 뒤 남부 일리노이주에 있는 앨튼 지역을 방문한
것을 시작으로 피오리아, 락 아일랜드, 게일스버그 등 서부지역을 차
례로 고르게 돌았다.

오바마 대 무후보

　라이언이 사퇴하자 공화당 열아홉 명의 주 중앙위원회가 라이언을
대신할 후보를 찾아야 할 임무를 맡게 됐다. 새 후보를 찾는 과정은
길고도 어려웠다. 대부분의 경쟁력 있는 후보들이 거절했기 때문이
었다. 반면 경선에 참여해 진 일부 후보들은 자신을 내세웠지만 당에
의해 거절당했다. 공화당은 라이언을 대신하기 위해 연방 검사 패트

릭 피츠제럴드[Patrick Fitzgerald]와 전직 시카고 베어스 출신 미식축구 선수 세 명, 70년대 록 스타 테드 누전트[Ted Nugent]까지 다양한 사람들을 놓고 검토했다. 결국 그들이 선택한 인물은 대통령 선거에도 출마한 작가 겸 매릴랜드 상원의원 후보 앨런 키이스였다.[22]

라이언이 후보직을 사퇴한 직후 전 주지사 짐 톰슨과 짐 에드거 같은 공화당 거물 정치인들이 레이스에 참여하지 않겠다고 선언했다. 처음엔 관심이 부유한 기업가이자 전 주교육위원회 의장으로 공화당에 거액을 기부하고 있는 론 기드위츠[Ron Gidwitz]에 쏠리는 듯했다. 기드위츠는 7월 1일 자신은 일리노이주를 떠나 워싱턴 DC에서 일하기 싫다며 출마를 최종 거절했다. 다음은 주 상원의원 스티브 로쉔버거에게 제의가 돌아갔다. 하지만 그 역시 남은 기간 동안 선거를 치를 만큼 충분한 자금을 모을 자신이 없다며 거절했다.[23] 이 와중에 경선에서 2등을 한 짐 오버와이스는 후보가 되고 싶어했지만 진지하게 받아들여지진 않았다. 부시의 정책에 반대하는 듯한 내용을 암시했으며 반이민정책을 홍보한 그의 정치 광고를 대다수 공화당 간부들이 좋아하지 않았다.

전직 시카고 베어스 코치 마이크 딧카[Mike Ditka]도 자신의 출마 가능성을 흘렸다. 일리노이주 하원의장 톰 크로스가 반농 반진으로 그의 출마를 권유하는 웹사이트를 만들기도 했다.[24] 이름이 널리 알려진 덕분에 그의 출마 가능성은 공화당에게 희망을 던져줬다. 그는 공화당 선거위원회 의장인 버지니아 상원의원 조지 앨런, 그리고 당의장인 토핀카와 만날 만큼 진지했지만 갑자기 6월 14일 출마를 포기했다. 그러면서 언론의 검증이 시작될 것이 우려스럽고, 당선되면 연봉도 크게 줄어들며, 낯선 골프코스에서 골프를 쳐야 하는 게 싫다고 밝혔다.[25]

자신들이 스스로 정한 6월 16일 시한을 넘기면서 공화당은 다급해졌다. 주 상원의원 커크 딜라드 역시 정치 자금 모금의 어려움과 일리노이를 떠나는 것이 싫다는 이유로 공화당의 출마 요청을 거절했다. 알려지지 않은 쿡카운티 이사회 멤버 엘리자베스 두디 고맨[Elizabeth Doody Gorman]은 공화당 경력도 일천했지만 교외 지역 여성표를 끌어 모을 수 있다며 후보 선상에 올랐다. 하지만 그 역시 돈과 시간 부족을 이유로 출마를 거절했다.

이 기간 동안 오바마는 마치 경쟁 후보가 있는 것처럼 선거운동을 계속했다. 주 전역을 돌아다니며 연설을 했다. 남부 링컨에서는 "현 상태에선 절 별로 좋아하지 않아도 다른 선택이 없을 듯합니다"라고 조크를 하기도 했다.[26] 이 기간 그는 아직 현역 주 상원의원이었기 때문에 회기에 참여해 중도적 투표 성향을 보이며 주 전체에 어필하려 애썼다. 한 예로 과거엔 총기 규제를 강력하게 지지했지만 이때는 퇴역 경찰들이 총기를 보이지 않게 휴대하고 다닐 수 있도록 한 법안에 찬성했다.

오바마의 위치는 이 시기를 거치며 급상승했다. 일리노이주 밖에서도 주목을 받기 시작한 것이다. 전국 단위 언론이 그를 정치계의 메시아로 비유하는 기사를 종종 싣곤 했다.[27] 민주당 전당대회 전 일요일 아침 토크쇼에 출연한 오바마를 보고 CBS 밥 쉬퍼는 '록 스타'라고 평하기도 했다. 그는 선거 자금도 계속 늘려 나갔다. 바바라 스트라이샌드와 마이클 조던 등 유명인들이 그에게 정치 자금을 기부했다. 그리고 7월 28일 민주당 전당대회 때 엄청난 주목을 받는 연설을 하면서 그의 지명도는 크게 올라가게 된다.

전당대회 전 그는 일리노이주 밖에서는 별로 알려져 있지 않은 인물이었다. 전당대회 역사상 이렇게 알려지지 않은 인물이 기조연설을 한 경우는 없었다. 과거에 전당대회에서 기조연설을 한 정치인은 뉴욕 주지사 마리오 쿠오모, 텍사스 주지사 앤 리처드, 그리고 나중에 대통령이 된 빌 클린턴 등 쟁쟁한 인물들이었다. 오바마가 기조연설자로 채택된 이유는 케리-에드워즈 선거운동본부의 흑인 유권자 공략용이었고, 주요 선거운동 보직에 흑인이 너무 없다는 비난을 상쇄하기 위한 것이었다.[28]

오바마는 자신의 소박한 출신을 얘기하는 개인적인 스토리로 연설을 시작했다. 자신의 아버지가 양떼를 치면서 컸으며 외조부모는 GI법안(제대군인 원호법)과 연방주택청 등의 연방정부지원 프로그램 혜택을 입었다고 설명했다. 그는 이를 아메리칸 드림과 연결시켜 "다른 국가였다면 내 이야기는 가능하지 않았을 것"이라고 말했다. 그는 또한 공동체 의식을 강조하며 현대 사회의 과도한 개인주의를 비판했다.

> 시카고 남부에 글을 읽을 수 없는 어린이가 존재한다면 그 어린이가 내 자식이 아니라 해도 나에게 매우 중요한 문제다. 처방약을 살 수 없는 노인이 존재한다면 그 노인이 내 친할머니가 아니라 해도 내 삶이 빈곤해질 것이다. 만약 아랍인 가족이 아무 이유 없이 체포된다면 이는 곧 내 시민 자유를 위협하는 일이다. 내가 동족을 지켜준다는 이 근본적인 믿음이 이 나라가 제대로 돌아갈 수 있게 하는 원천이다.[29]

연설은 미국인들을 통합할 수 있는 중도적 가치를 강조했다. 선거 전문가들과 네거티브 선거운동을 비판한 후 오바마는 "푸른색 주(민주당을 지지하는 주 : 역주) 사람들도 위대한 신을 숭배하고, 붉은색 주(공화당을 지지하는 주 : 역주)에서도 연방 요원들이 인권을 침해

하며 돌아다니는 것을 배척한다. 이라크전을 반대하는 사람들도 애
국자이며, 찬성하는 사람들도 애국자다. 우리는 같은 나라의 국민이
다.”[30]

　연설은 뜨거운 호응을 얻었고 오바마는 하룻밤 사이에 스타로 부상
했다. 정치평론가 일부는 이를 수 년 만에 가장 감명 깊은 기조연설이
라고 평가했고, 뉴욕타임스는 연설 다음날부터 오바마가 전당대회의
스타가 됐다고 보도했다.[31] 타임은 오바마의 연설이 ‘전당대회 사상
가장 뛰어난 연설중 하나’라고 했고, 피츠버그 포스트-가제트는 ‘노
래 소리 같은 목소리에 실린 통렬하고 생생한 웅변’이라고 평가했
다.[32] 공화당원 일부도 호평했다. 한창 오바마와 대적할 후보를 찾고
있던 일리노이주 공화당 당중앙위원회 멤버인 밥 윈체스터는 연설을
칭찬하면서 “오바마가 공화당원이었으면 좋았을 걸”이라고 말했
다.[33] 반스&노블 인터넷서점에 나와 있던 그의 자서전은 연설 전 판
매 순위 676위에서 연설 후 10위권 안으로 수직 상승했다.[34]

　갑자기 몰리는 언론의 관심 덕을 보면서도 오바마는 그가 미국 최
초의 흑인 대통령이 될 거란 전망 등 갑자기 높아진 기대 수준을 낮추
는데 주력했다. 그는 “나는 17개월 동안 데이비드였고 한 달 동안 골
리앗이었다. 나는 갑작스런 인기를 믿지 않는다”고 말했다.[35] 하지만
전당대회 후 오바마의 유세 현장을 취재하던 한 기자는 오바마 열풍
이 “펄펄 끓는 정도”라고 설명했다.[36]

　민주당 전당대회에서 승리자처럼 돌아온 그는 곧장 남부 일리노이
의 30개 카운티를 5일 동안 돌았다. 수십 명에 불과하던 청중도 수백
명으로 크게 늘어 있었다. 그를 보기 위해 찾아온 팬들을 다 수용하기
에 장소가 좁아 마지막 순간 장소를 황급히 바꾸는 경우도 생겼다. 그
는 이 지지자들에게 전국적인 유명세에도 불구하고 자신은 “헐리우

드에 진출한 것이 아니다"라고 안심시켰다.[37] 많은 경우 그가 얘기한 주제는 바이오연료 사용을 늘리고, 농촌에 초고속 인터넷을 보급하는 것 같은 지역 이슈였다.[38]

오바마가 이렇게 전국적인 인기를 끌게 되자 그에 맞선 공화당 후보를 찾는 일은 더 어려워졌다. 유력 후보 중 한명이었던 상원의원 피터 피츠제랄드는 "일주일 전만 해도 다른 후보를 구하는 일이 이보다 더 힘들 순 없다고 생각했는데 이제 그보다 더 어려워졌다"고 말했다.[39] 그는 또한 "출마를 받아들이는 일은 스스로 암에 걸리는 것과 마찬가지 행동"이라고 덧붙였다. 주 상원의원 커크 딜라드는 "내가 출마를 받아들이지 않은 것이 정말 다행"이라며 "오바마의 연설을 둘러싼 야단법석 때문에 안 그래도 힘겨운 싸움이 더 힘들 뻔했다"고 말했다.[40]

점점 좌절감이 커져가던 공화당 일리노이주 중앙위원회는 8월 3일 다시 모임을 속개하고 남은 후보들을 살펴봤다. 이날 면접을 본 후보들은 원래 경선에 참여했던 네 명을 포함해 열네 명이었다. 이 중 가장 유명한 이는 경선 2위였던 오버와이서였다. 후보들 중에는 식민지 시대 의원들이 쓰던 하얀 가발을 쓰고 자기의 차에서 생활하는 괴인도 있었다. 하루 전, 위원회 멤버들은 앨런 키이스와 접촉, 그가 출마할 의사가 있는지 물어봤다. 이날 오진 못했지만 키이스는 관심을 표시하며 조만간 일리노이주로 날아와 면접을 받겠다고 답했다.

몇 시간에 걸친 열띤 면접과 토론 결과 위원회는 후보를 두 명의 흑인으로 좁혔다. 일리노이주와의 관계가 별로 없는 인물로 키이스와 안드레 그럽 바스웰이었다. 키이스는 메릴랜드주 상원의원 선거에 출마한 적이 있었고, 대통령 선거에도 두 차례나 나갔으며, 거리낌 없는 보수주의자였다. 바스웰은 부시 행정부의 전미 마약정책국 부국장으로 상원의원 선거에 출마하기 위해 몇 주 전 공직에서 물러났었다. 그녀는 애초에 매우 경쟁력 있는 후보로 생각됐지만 직원 성희롱 혐의로 내부 조사를 받고 있다는 사실이 알려지면서 금이 갔다. 그녀의 혐의 중 하나는 직원 파티에서 만화경(萬華鏡)을 남성의 주요 기관에 빗대며 남자 직원에게 그 위에 앉으라고 농담을 했다는 것이었다.[41] 이에 더해 그녀는 과거 알코올과 마약에 중독됐던 경험도 있었다. 모두 홍보에 악영향을 주는 내용이었다. 둘 중 누구를 최종 공화당 후보로 뽑을지에 대해서는 논란이 분분했다. 안에서 서로 고함치는 소리가 들릴까봐 한때 복도에서 기다리고 있던 기자들에게 나가 달라고 요청한 일도 있었다. 회의가 끝나고 위원들이 나왔을 때 위원 중 한 명의 얼굴은 창백했고 또 다른 한 명은 공개적으로 "불만족스럽다"고 얘기할 정도였다.[42]

다음날 키이스가 면접을 보러 왔다. 면접 후 중앙위원회는 그를 선택했다. 며칠간 고려하던 키이스는 출마 요청을 받아 들였다. 키이스의 출마는 보수주의자들을 흥분시켰지만 공화당 관계자 대다수는 이 소식을 듣자 뜨뜻미지근한 반응이었다. 한 내부 관계자는 "공화당이 술병에 남은 마지막 한 방울을 비운 알코올 중독자 같은 신세"라고 털어놨다.[43] 연방 하원의장 데니스 해스터트는 명목상은 키이스를 지지했지만 "두꺼운 선수 명단을 샅샅이 뒤져가며 대타 후보를 찾는 미식축구 코치 같은 기분"이라고 털어놨다.[44] 키이스의 출마를 지지하는 사람들은 그가 지더라도 그의 출마로 보수파의 표가 집결되는 효과를 거둘 수 있어 최소한 주 상원의회의 과반수는 다시 확보할 수 있을 것이란 논리를 폈다.[45]

오바마 대 키이스

　키이스의 선거운동은 그의 종교관과 윤리관 특히 낙태를 둘러싼 자신의 보수적인 입장을 알리는 데 주력했다. 이와는 대조적으로 오바마는 경제와 의료보장 같은 생활과 직결되는 문제를 내세웠다. 키이스는 또한 선거운동을 하면서 '성난 설교자' 의 이미지를 풍기려 했지만 오바마의 록 스타 같은 카리스마와 대적하기엔 무리였다. 누구라도 오바마에 맞서려면 힘겨운 싸움을 했겠지만 키이스의 전략은 이길 기회를 늘리기엔 역부족이었다.

　선거운동이 시작되면서 키이스는 바로 오바마에 대한 공격에 나섰다. 선거운동 시작 첫날부터 키이스는 낙태에 찬성하는 오바마의 입장이 마치 노예제에 찬성하는 노예주와 비슷하다고 공격했다. 이 후로도 키이스는 오바마를 논쟁적이고 도발적으로 비판했다. 일주일 뒤 오로라에서 열린 유세에서 키이스는 오바마의 낙태 관련 입장이 '폭력을 사용해 무고한 자를 해치려는'[46] 테러리스트와 비슷하다고 주장했다. 공화당 전당대회에서 키이스는 동성애자인 딕 체니 부통령의 딸과 다른 모든 동성애자들이 '이기적인 쾌락주의자' 라고 비난했다.[47] 전당대회 참석 후 9월에 다시 일리노이주로 돌아 온 키이스는 생존 가능한 태아를 살리려고 의사가 적극적인 노력을 의무적으로 기울여야 한다는 내용의 법 제정에 오바마가 반대표를 던졌다는 이유로 "예수님도 오바마를 찍지 않을 것"이라고 말했다. 10월 중순 동성 간 결혼 허용에 반대하는 시위대에게 한 연설에서 키이스는 동성 결혼한 부모에게 입양된 자식들은 자신의 생물학적 형제자매들이 누군지 모르기 때문에 근친상간을 피할 수 없을 것이란 주장을 폈다. 또한 선거운동이 막바지에 접어들사 키이스는 자유무역을 미국을 '집단 강간하는 행위'라고 말하기도 했다.

키이스의 과격한 주장으로 공화당 주요 당직자들은 당황했다. 그의 좌충우돌이 이번 선거의 패배로 끝나지 않고 공화당 이미지를 깎아 먹어 다른 선거에도 영향을 줄 것이란 분석도 제기됐다.[48] 일례로 일리노이주 공화당 당의장이자 주 재무장관이었던 주디 바 토핀카는 키이스의 공화당 전당대회 주장을 '바보 같은 것'이라고 말하며 그와 함께 있는 장면이 촬영되거나 공개되는 걸 피했다. 일리노이 남부의 한 보수주의 시민운동가도 키이스의 선거운동에 대해 "중서부 주민들의 마음을 잡는 평상적인 선거운동과 거리가 있다"며 "처음엔 반감을 갖게 할 수 있다"고 털어났다.[49]

그가 이렇게 극단적인 언행을 하기로 전략을 세운 것은 선거운동 자금이 충분치 않아 본 선거 마지막 주가 되서야 TV 정치 광고를 할 수 있었기 때문이었다. 따라서 극단적인 언행으로 언론의 주목을 받아 자신을 공짜로 널리 알린다는 전략이었다. 9월 주요 선거 자금 기부자들과 만난 키이스는 "선거 때까지 매일, 매주 하루도 빠지지 않고 도발적인 말을 쏟아 놓겠다"고 말했다.[50] 키이스의 언론 전략 고문도 "대부분의 후보들은 논쟁을 피하려 애쓰지만 키이스는 논쟁을 일부러 찾아다닌다"고 털어났다.[51] 하지만 이런 논쟁적이고 대립적인 태도는 더 많은 유권자들이 그를 외면하도록 만들었다. 키이스가 덜 자극적인 이슈에 대해 얘기할 때도 사람들은 그에게 별다른 매력을 느끼지 못했다. 한 가지 예로 그는 연방 상원의원을 유권자들이 직접 뽑지 않고 주 의회가 선출하도록 헌법 제7조 수정조항을 고치는 문제를 그의 핵심 공약사항으로 내걸었지만 유권자들의 반응은 냉담했다.[52] 그의 다른 공약 중엔 배상금 차원에서 노예들의 후예들에게 세금을 면제해주는 공약도 있었다.

이와는 대조적으로 오바마의 선거운동은 경제와 의료보장 문제에 집중됐다. 오바마는 키이스가 낙태 문제를 강조하느라 일리노이주 유권자들에게 보다 중요한 다른 문제들을 소홀히 하고 있다고 비판했다. 오바마는 부시 행정부가 부자들에게 감세 혜택을 주는 가운데 보통 중산층 가정들은 하루하루 힘겹게 생활을 꾸려가고 있다고 강조했다. 이런 메시지를 강조하는 와중에 그는 종종 정치인들은 될 수 있으면 계급투쟁을 피하고 미래에 대해 긍정적이어야 한다는 기존의 관념을 거슬렀다. 10월의 한 유세에서 오바마는 "우리는 다음 세대에게 살아가기 힘겹고 빈곤한 세상을 물려주는 첫 번째 세대가 될 것"이라며 "이는 받아들일 수 없는 일이며 미국답지 못한 일"이라고 주장했다.[53]

주요 경제공약으로 오바마는 일자리를 외국으로 옮기는 기업에 감세 혜택을 취소하는 공약을 내세웠다. 학교교육과 직업교육을 정상화하고, 미국이 체결한 무역협정의 내용을 엄격하게 적용하는 것도 포함됐다. 의료보장 측면에서 그는 어린이와 55세 이상의 노인에게 의료보장 혜택을 늘리는 방안을 제시했고, 중소기업 운영자들이 직원에게 보험 혜택을 줄 수 있도록 직장의료보험 가입 자격을 늘리는 방안도 내놨다. 개인연금이나 401K(기업연금제도 : 역주)에 가입한 연봉 5만 달러 미만의 가족들에게 세금 공제 혜택을 주는 공약도 있었다.

오바마가 노골적으로 강조하진 않았지만 사회 이슈에 대한 그의 관점은 진보주의자와 흡사했다. 그는 낙태와 줄기세포 연구에 찬성하는 입장이었다. 동성 결혼을 지지한다고 명시적으로 말하지는 않았지만 찬성하는 입장을 지니고 있었다. 하지만 그는 공화당이 그에게 붙인 '진보적'liberal이라는 딱지는 자신을 제대로 설명하지 못한다고 주장했다. 대신 그는 자신의 입장이 '사려 깊은 진보주의'[thoughtful progressive]에 해당한다고 강조했다. 정부가 사회 문제를 해결할 수 있다는 믿음을 가지고 있으면서 동시에 재정 적자에도 신경을 써야 한다는 것이 자신의 입장이라고 주장했다.[54]

외교 측면에서 오바마는 전체주의적 국가에 민주주의를 증진하는 정치적·경제적 프로그램에 찬성하는 입장이었다. 그는 테러리즘을 막으려면 테러리즘의 원천을 공략해야 한다고 주장했다.[55] 그는 가치나 문화·국제 교류 같은 소프트 파워(하버드대 조세프 나이 교수가 창안한 개념으로 하드 파워와 대칭되는 개념 : 역주)가 테러의 뿌리를 막는데 군사적인 행동 보다 유용하다고 생각했다. 하지만 다른 제재가 실패하면 이란에 대해 군사적 행동을 해야 한다는 가능성을 완전히 배제하진 않았다. 오바마는 미국의 외교에 대한 최대 위협을 핵무기라고 봤다.

선거운동 와중에 오바마는 보다 거대한 테마인 시민권이나 정치 참여의 문제도 제기했다. 그는 시민들이 단순히 투표를 하는 것을 넘어 정책 이슈에 대해 보다 잘 이해하고 알아야 할 책임이 있다고 주장했다. 그는 "우리는 부모세대로부터 단순히 이 세상을 물려받은 게 아니라 미래 세대들이 살아야 할 세상에 세들어 살고 있는 것"이라며, 유권자들이 미래 세대에게 책임이 있다는 점을 잘 알아야 할 것이라고 말했다. 오바마는 "우리는 미래 세대에게 더 깨끗한 공기와 물을 물려줄 의무가, 그리고 구멍이 숭숭 뚫리지 않은 제대로 된 헌법을 물려줄 의무가 있다"고 강조했다.[56] 오바마는 또한 미국에서 정치적 토론 문화가 더 활성화돼야 한다고 주장했다. 남부 일리노이의 한 유세에서 그는 "유권자들은 정치인들이 서로 공격하는 것에 지쳤다"며 "정치인들은 사회 문제와 싸우는 대신 서로와 싸우고 있다"고 말했다. 그는 또 "우리는 이 나라가 단순한 30초짜리 정치구호에 휩싸이지 않고 좀 더 복잡한 논의를 할 수 있게 수준을 올려야 한다"고 덧붙였다.[57] 선거운동 후반기에 피오리나에서 개최된 한 유세에서 오바마는 정치토론 문화의 품격을 떨어뜨린다며 키이스를 정면으로 공격했다. 그는 "키이스는 초토화하고, 마구 베고, 불 지르고, 하고 싶은 말을 내키는대로 하며, 사실을 조작하는 방식으로 정치를 한다"고 말했다. 또 "만약 당신 회사에 다니는 직원 한 명이 늘 거짓말을 하고, '내 반대편에 앉아 있는 짐이란 직원은 나쁜 사람' 이란 내용의 팸플릿을 만들어 돌린다고 생각해 보라"고 덧붙였다. 그러고는 "그 회사가 얼마나 생산적이겠는가?"라고 반문했다.[58]

오바마 선거운동본부의 가장 큰 어려움은 키이스가 거는 싸움에 휩말리지 않도록 눈을 똑바로 뜨고 있는 것이었다.[59] 이런 사실을 오바마 측이 잘 알고 있음에도 불구하고, 키이스가 거는 윤리 논쟁에 가끔 오바마 측이 휩쓸리는 경우가 있었다. 가끔은 오바마가 의도했던 일자리와 의료보장에 집중하는 선거 전략이 마음먹은 대로 되지 않았던 것이다. 키이스는 오바마에게 자신의 종교적 믿음에 대해 유권자들에게 설명하고 성경을 어떻게 해석하고 있는지 유세 중에 알릴 것을 요구했다. 일리노이주 베네딕타인대학에서 열린 토론회에서 오바마는 자신의 기독교 신앙이 도전을 받았다며 종교와 정책에 관한 자신의 관점에 대해 다음과 같이 설명했다. "만약 신앙에 기초해 결정을 내린다면 절대주의에 빠지게 된다"고 그는 말했다.[60] 오바마는 "정치는 타협의 예술이지만 신앙은 그 개념 자체가 타협을 허락하지 않는 것"이라고 덧붙였다.[61] 이에 더해 키이스는 몇 번인가 오바마의 신경을 매우 긁은 일이 있었다. 남부 일리노이의 한 유세에서 오바마는 "난 그냥 이기기를 바라지 않는다. 내게 대항하는 이 경쟁자의 엉

덩이라도 때려주고 싶다"고 자신의 감정을 드러냈다.[62] 키이스는 당연히 평소의 도발적인 태도로 응답했다. "오바마의 말은 마치 자신의 노예가 마음에 들지 않는다고 채찍을 휘두르려는 노예주의 말 같다"는 공격이었다.[63]

이와 동시에 융단폭격을 하는 듯한 키이스의 선거운동 스타일은 오바마가 키이스의 다른 강도가 약한 공격도 설명하거나 해명하지 않고 넘어갈 수 있게 만들었다. 키이스가 지적한 점 중엔 오바마가 자유무역협정을 지지한다고 얘기하면서도 북미자유무역협정 철회를 요구하고 있는 점이 포함돼 있었다.[64] 또 오바마가 경선 이후 몇몇 이슈에 대해 입장을 바꾼 것도 주목을 끌지 못하고 지나갔다. 예를 들면 경선에서 오바마는 매우 강한 반 이라크전 입장을 밝혔었다. 하지만 본 선거에서는 여전히 전쟁에 반대하면서도 당장 전면 철군은 곤란하다는 입장으로 선회했다. 이런 입장 변화는 정치인들이 경선을 통과하고 본 선거에 나설 때 흔히 있는 일이었지만 키이스가 만약 이런 점에 좀 더 집중했더라면 오바마는 이를 해명하느라 많은 공을 들였어야 했을 것이다. 동성 결혼은 예외적인 경우였다. 키이스는 이 문제에 대해 종교적 이유를 들어 반대한다고 하면서도 동성결혼협회에 가서는 찬성한다는 말을 하기도 했고, 각 주들이 개별적으로 각자의 사정에 따라 결정할 문제라고 말했던 오바마의 복잡한 입장을 물고 늘어졌다. 비판론자들은 이에 "오바마의 태도는 진정성이 있다고 볼 수 없는 태도며 원칙적으로 동성 결혼을 지지하는 자신의 입장을 숨기기 위해 위장 전술을 쓰고 있는 것"이라고 오바마를 공격했다.[65]

스타일과 인간적 매력에 관한 경쟁에서는 오바마가 압도적으로 키이스를 누르고 있었다. 키이스는 대부분의 유세 때마다 설교하는 목사처럼 연설했지만 오바마는 유세 때 청중에 따라 자신이 말하는 스

타일과 어투를 맞춤식으로 바꿨다.[66] 예를 들어 그는 남부 일리노이
에서 연설할 때는 속어와 줄인 말을 많이 쓴 반면 부유층 교외 거주
지역에서는 또박또박하고 깔끔한 어투를 사용했다. 흑인들에게 하는
연설에선 흑인들이 주로 쓰는 속어를 썼다.[67] 동시에 그는 사람들이
'듣고 싶어 하지 않는' 얘기를 함으로써 역으로 자신의 정치적 독립
성과 리더십을 강조하는 전략을 썼다.[68] 예를 들면 재정 보수주의자
들에겐 세금을 올려야 한다고 강조하고, 진보주의자들에겐 정부가
모든 문제에 대한 해결책을 제공할 순 없다고 주장했으며 노조 지도
자들과 만나서는 자신이 정말로 자유무역을 신봉하고 있다고 강조했
다.[69]

　정직성과 융통성을 강조하는 전략은 오바마에게 매우 효과적이었
다. 오바마가 주 농산물 전시회에 나타나 연설하자 록포드 시장은
"공화당원들 중 많은 수가 그의 연설을 진지하게 듣고는 '이 사람 좋
은데, 이 사람 믿을 만해'라고 말했다. 마치 폴 사이먼(가수)을 좋아
하듯이 오바마를 좋아한다고 했다. 사실 난 정책적으로는 오바마와
상당히 의견을 달리하는 사람이다. 하지만 그가 말하는 내용은 믿음
이 간다"고 말했다.[70] 사이먼과 마찬가지로 유권자들은 오바마에게
청렴성에 관해 높은 점수를 줬고, 네거티브 정치 공세를 하지 않는 것
을 마음에 들어 했다.[71] 오바마는 여기에 더해 유세 도중 사람들에게
더 가까이 갈 수 있는 비언어적 기술도 마스터했다. 예를 들면 연설을
하면서 손가락을 약간 펴고 손을 내밀면 청중에게 연설하는 사람과
하나가 된다는 느낌을 줄 수 있다는 점을 알고 활용했다. 또 청중에게
집중하고 있다는 뜻에서 한 명 한 명과 눈을 맞추기도 했다.[72]

　최종적으로, 키이스는 그의 유세장에 매번 나타나 그를 열정적으
로 지지하는 소수 강경 보수주의자들을 제외하고 다수의 유권자들에

게는 어필하지 못했다. 9월 실시된 사전 여론조사에서 키이스는 22%의 선호표를 얻은 반면 오바마는 60%의 선호표를 얻었다.[73] 이 여론조사에서는 또한 '뜨내기 정치인' 이슈가 키이스에게 타격을 입힌 것으로 드러났다. 키이스를 뜨내기라고 생각하는 사람 중 최소 3분의 1 이상은 그에게 투표하지 않겠다고 응답했다. 10월 여론조사에서는 39%가 키이스를 극단주의자라고 생각한다고 응답한 반면, 오바마가 그렇다는 응답은 11%에 그쳤다.[74] 시간이 흐를수록 키이스는 특히 온건 공화당원들의 지지를 점점 잃어갔다. 공화당 비판자들은 키이스가 오바마의 짧은 주 상원의원 경력을 공격하는 대신 너무 많은 시간을 윤리적 문제에 쏟느라 세금 제도와 예산 문제를 소홀히 다룬다고 공격했다.[75] 오바마는 오히려 짧은 그의 주 상원의원 경력을 장점으로 만들고 있었다. 그는 주 상원이 입법 절차를 처음부터 끝까지 볼 수 있어 도움이 되는 경험이었다는 주장을 폈다. 10월 중순 공화당원들에게 일제히 발송된 '공화당 팀을 위해 뭉치자'는 우편물은 한눈에 확 띄게 키이스에 대한 언급을 쏙 빼놓았다. 이에 반해 민주당원들은 키이스와 주 선거 출마 예정자들을 연결시키는 우편물을 자신의 사비를 들여 배포했다.[76] 매우 이례적으로 오바마 선거운동본부 측은 기자들에게 키이스의 유세장에 더 가볼 것을 권유하기도 했다. 키이스의 운동 방식이 언론을 더 많이 탈수록 오바마가 유리할 것으로 봤기 때문이다.[77] 키이스에 대해 오바마 본부 측 운동원 한 명은 "돈을 주고 시킨 것보다 우리에게 더 유리한 말을 키이스가 한다"고 털어놨다.[78]

키이스는 오바마를 수세에 몰아넣고 싶어 했지만 오바마는 여론조사 결과에서 워낙 앞서있어 시간적으로 유리했고 뉴욕, 미니애폴리스, 버밍햄, 워싱턴 DC, 마서즈 빈야드^{Martha's Vineyard}(미국 매사추세츠

케이프 코드 지역의 유명 휴양지 : 역주) 등 다른 주의 후보들을 돕기
위한 기부금 모금 행사에 다녔다.[79] 10월 초에 벌써 그는 민주당 상원
선거운동위원회를 위해 85만 달러를 모금했고, 13개 주 개별 후보들
을 위해 26만 달러를 무았다.[80] 이에 더해 그는 28만 3,000달러를
2004년에 출마하는 후보들을 위해 내놓았다.[81] 선거운동 초기에 오
바마는 주 밖에서 많은 저명한 지지자들을 확보했다. 한때 대선에 출
마했고, 민주당 전국위원회 차기 의장에 내정됐던 하워드 딘[Howard
Dean]과 전 조지아주 상원의원 맥스 클레랜드[Max Cleland]가 오바마의 선
거운동에 함께 참여했다. 그는 이런 사람들에게 나중에 자신의 스타
파워를 이용해 기부금 모금을 돕거나 그 사람의 유세에 함께 참여함
으로써 신세를 갚았다. 케리-에드워즈 대통령 · 부통령 후보도 격전
지역에서의 유세 때 오바마와 동행했고, 흑인 유권자들의 마음을 사
로잡기 위해 오바마의 도움을 받았다.[82] 9월쯤엔 오바마의 주 밖 여
행이 너무 잦아져 그의 선거운동본부는 그가 어디 있는지를 비밀로
할 정도였다.[83] 선거 후반부에는 승리가 너무 자명했기 때문에 오바
마는 자신의 자원봉사 운동원들을 동원해 시카고 북서 교외 지역에
서 연방의원 선거에 출마한 멜리사 빈 후보를 지원하기도 했다.

　8월 중순 올림픽 경기 도중 TV 정치 광고를 방영하기 시작하면서
오바마는 자신이 얼마나 넉넉하게 선거 자금을 모았는지를 과시했
다. 초기 광고는 오바마를 남부에 '재소개'하면서 그가 세금 감세나
의료보장 같은 문제 해결에 초당적인 자세로 나설 능력이 있음을 강
조했다.[84] 본 선거 직전 3주 동안 그는 200만 달러를 주 전역에 자신
의 정치 광고를 방영하는데 썼다.[85] 돈을 쓰지 않고도 공짜 홍보의 덕
을 본 경우도 있었다. 빌보드차트 20위 순위 안에 든 한 싱글 앨범에
서는 래퍼들이 "부시는 왜 오사마를 잡으려 하는 걸까, 부시를 탄핵

하고 오바마에 투표하면 어떨까"라고 랩을 했다.[86] 일리노이주 대부분의 메이저 언론들이 오바마 지지 선언을 했고, AP통신이 일간지에 대한 조사를 한 결과 키이스를 지지하는 언론은 단 한 곳도 없었다.[87]

위에 언급한 바와 같이 키이스는 자금 부족으로 본 선거 전 1~2주일이 되서야 가까스로 TV 정치 광고를 내보내기 시작했다. 로널드 레이건 전 대통령부터 라디오 토크쇼 사회자인 러시 림바[Rush Limbaugh](강경 보수주의자로 유명 : 역주)까지 유명 인사들의 키이스에 대한 평가를 담은 내용이었다. 키이스는 하지만 직접 돈을 쓰지 않고도 마찬가지 효과를 누린 경우가 있었다. '일리노이주에 힘을 몰아주자' 는 이름의 '527그룹' (법적으로 미국연방선거위원회나 주 선거위원회의 규제를 받지 않는 민간 정치 조직 : 역주)이 자신들의 돈으로 오바마가 주 상원에서 낙태에 찬성하고, 조직범죄를 더 강하게 단속하는데 반대하고, 유치원생들에게 성교육을 시켰다는 사실을 비난하는 TV와 라디오 광고를 대대적으로 방송했기 때문이다.[88] 겉으로는 이런 정치 조직들은 키이스와 별개로 운영되며 독립적이라고 했지만 많은 경우 키이스의 주장과 일치하는 주장을 내보냈다. 오바마 측은 이런 오바마의 결정들엔 당시 그럴 만한 이유가 있었는데 이를 고려하지 않고 따로 떼어 비난한다고 맞섰다.

선거운동 기간 중 항상 주장할 바가 많고 말이 막히지 않았던 키이스에게는 불만스럽게도 후보 간 토론은 세 차례만 이뤄졌다. 최초에 출마했다가 사퇴했던 잭 라이언과는 여섯 번의 토론회를 하겠다고 합의한 오바마였지만 그는 "여섯 번의 토론회는 일리노이주에 사는 후보에게만 해당된다"고 조크를 하면서 키이스에게는 훨씬 기회를 덜 줬다. 키이스는 토론회를 피하는 오바마의 이런 행동이 마치 링이 비어있을 때는 이길 수 있다고 허풍을 떨다가도 링에 상대편 선수가

등장하면 도망가는 복싱 선수와도 같다고 비난했다.[89] 토론회 기피는
오바마 선거본부 측이 언론의 비난을 받았던 몇 안 되는 경우 중 하나
였다. 비판자들은 오바마가 신인이고 널리 알려지지 않았을 땐 토론
회를 자주 하자고 목소리를 높이다가 막상 유명해지고 지지율 차이
가 커지자 토론을 피하는 행동은 위선적이라고 공격했다.

10월 12일 라디오로 중계된 첫 번째 토론회는 이라크전, 일리노이
주의 인프라 시설, 무역, 처방전 약품 문제를 두루 토론한 정책 토론
회로 손색이 없었다. 두 후보 간의 입장은 특히 세금 정책에서 갈렸
다. 키이스는 소득세를 대신할 전국적인 판매세 신설을 선호하는 입
장이었다. 반면 오바마는 그렇게 하면 저소득층이나 중산층이 더 많
은 세금을 내게 될 것이라고 주장했다. 키이스는 또한 부시 행정부의
이라크전 참전을 지지했다. 토론회가 끝날 무렵, 키이스는 "낙태 시
술에서 죽지 않고 태어난 태아를 의사가 의무적으로 살리도록 노력
해야 한다는 '영아보호법'을 찬성하지 않았다"며 오바마를 공격했
다.[90] 오바마는 현재 일리노이주 법도 살아서 태어난 태아에게 생명
구호조치를 받을 권리를 보장하고 있으므로 영아보호법은 필요하지
않다고 답변했다. 평소 '날뛰는 미치광이' 이미지를 갖고 있던 키이
스가 정상적으로 보인 것만으로도 토론회는 키이스의 승리였다는 평
가도 나왔다.[91]

10월 21일 열린 토론회는 TV로 생중계됐다. 이땐 종교·윤리적 공
격이 불꽃을 튀었고 두 사람이 서로 누가 더 진정한 흑인인지를 놓고
서로를 공격했다.[92] 키이스는 오바마에게 비윤리적인 후보라고 공격
했고, 오바마는 이에 대한 방어로 경제에 기반을 둔 윤리성에 대한 비
전을 제시했다. 즉 장기간 일한 근로자에게 연금을 주지 않거나, 대
학생들에게 충분한 학비 대출 지원을 하지 않는 것이야 말로 정의롭

지 못한 것이라고 답했다. 키이스는 다시 한 번 반복해 "예수님도 오바마를 찍지 않을 것"이라고 주장했다. 이에 대해 오바마는 "나 자신의 신앙에 관해 키이스의 설교를 듣고 싶진 않다"고 응수했다. "나는 내 신앙을 위해 목사님에게 의지하고, 성경에 의지하고, 나만의 기도를 올린다 … 나는 일리노이주 성직자가 되기 위해 선거에 출마한 것이 아니고 미국 상원의원이 되기 위해 선거에 출마한 것"이라고 맞받아쳤다.[93] 토론에 대해 컬럼니스트 리치 밀러는 "키이스는 자신을 비판하는 사람들을 실망시키는데 실패했다. 기괴하고 발작적으로 움찔하는 손동작에, 자신의 우월함을 지나치게 강조하는 듯한 말투, 거드름 피우며 속사포같이 쏟아 내는 윤리적 독설들은 결단코 일리노이의 주류와는 거리가 멀었다"[94]고 말했다.

10월 26일 실시된 토론회도 TV로 중계됐다. 직전 토론회와 마찬가지로 후보 간의 차이가 극에 달했고 감정싸움도 격해져 사회자가 토론회를 통제하는데 종종 어려움을 겪었다고 나중에 토로했을 정도였다.[95] 빈곤 해결을 위한 정부 역할을 놓고 격렬한 토론이 벌어졌다. 오바마는 정부가 일정 역할을 할 수 있다고 했고, 키이스는 "미국이 표방한 첫 번째 국시는 정부가 아니라 자치였다"고 주장했다.[96] 동성 결혼 문제를 놓고도 두 사람은 격돌했다. 오바마는 키이스가 동성애자들을 차별하고 공격한다고 비난했고, 동성애자들이 아이를 입양하는 것이 근친상간으로 연결될 수 있다는 키이스의 논리가 엉터리라고 주장했다. 키이스 또한 오바마가 지역별 학교 배정 정책을 고수할 것을 주장하면서도 정작 자신의 아이들은 사립학교에 보내고 있다고 공격했다.

선거운동은 두 사람의 감정이 서로 매우 악화된 상태에서 끝났다. 키이스는 선거일에 오바마에게 전화를 걸어 패배를 인정하라는 주위

의 요구를 거절했다. 키이스는 "공화당은 이름뿐이며 내가 패배한 것
은 언론 탓"이라고 비난했다. 반면 오바마는 선거 승리 연설에서 정
치 문화를 바꾸고 미국의 현실과 이상의 차이를 줄이기 위해 다함께
노력하자고 말했다.[97]

결과 분석

투표가 끝난 결과 오바마는 키이스를 70대 27의 득표율로 눌렀다.
이는 일리노이 상원 선거 사상 최대 득표율 차이었다. 오바마는 102
개 카운티 중 92곳에서 승리한 반면 키이스는 남동부 일리노이 농촌
지역 10곳을 얻는데 그쳤다. 오바마는 주 전체 투표수의 40%를 차지
하는 쿡카운티에서 압도적인 승리를 했다. 오바마가 이 지역에서 얻
은 득표율은 81%였고 시카고 지역에선 88%였으며 카운티의 교외 부
유층 거주 지역에서 얻은 득표율은 74%였다.[98] 시카고 안에서 그는
50개의 모든 지역구에서 70% 이상을 득표해 승리를 거뒀다. 특히 흑
인 거주지에서는 더욱 압도적인 표 차이로 이겼다. 그는 흑인 시의회
의원을 배출한 19곳에서 90% 이상의 득표율을 올렸다. 특히 5번구, 8
번구, 34번구에서는 97%라는 놀라운 득표율을 올렸다. 그는 시카고
시 히스패닉계 거주 지역에선 80~90% 사이의 득표율을 기록했다.
그가 가장 저조했던 지역은 시카고에서 북서쪽으로 멀리 떨어진 41번
구로 주로 백인 거주지였지만 그는 이곳에서도 70%를 득표했다. 진
보적 백인들이 많이 사는 강변 지역에선 80% 이상의 표를 얻었다.

그는 펄튼, 겔라틴, 녹스와 록 아일랜드 등 다른 4곳의 카운티에서
도 70% 이상을 득표했다. 이 지역은 대체로 실업자와 인구 감소로 골
치를 앓는 산업 지역인 '녹슨 벨트' rust belt로 불릴 만한 특성을 갖추

고 있는 지역이었다. 한 예로 녹스카운티에서 가장 큰 도시인 게일스버그는 산업화의 쇠퇴를 겪는, 북미자유협정의 영향이 큰 상징 도시였다. 2004년 선거는 1,600명을 고용하고 있던 메이텍(가전제품 브랜드) 냉장고 공장이 문을 닫고 멕시코로 옮겨 간 지 두 달 만에 치러졌다. 냉장고 공장이 철수함에 따라 다른 회사들도 문을 닫아 실업자가 급속히 늘어난 상황이었다. 여기서 오바마가 강세를 보인 것은 그가 경제 문제에 관심 있는 노동계층 백인 유권자들에게도 어필했다는 얘기다. 출구조사 결과는 이런 분석에 더욱 힘을 실어준다. 노조원들에게 오바마는 79%의 지지를 획득한 반면 키이스는 20%를 얻는데 그쳤다.[99] 오바마는 시카고를 둘러싸고 있는 5개 교외 지역 카운티에서도 승리했고 주의 도심 지역에서도 60% 이상의 득표로 이겼다.

오바마의 득표율이 그나마 저조했던 곳은 일리노이주 농촌 지역이었다. 이들 67개 카운티에서 그는 58%를 득표했다. 하지만 그래도 이중 57개 카운티에서 이겼고, 24개 카운티에선 60% 이상의 표를 얻었다. 오바마는 인구 밀집 지역, 농촌 지역, 다인종 지역, 그리고 저소득층이 많이 사는 지역에서 더 표를 많이 얻는 특성을 보였다. 〈표 3-1〉은 오바마가 선거에서 진 일리노이 남부 스프링필드의 남쪽에 있는 9개 카운티와 그 근처에 있는 오바마가 60% 이상 득표해 승리

〈표3-1〉 60%이상 오바마가 이기거나 패배한 남부 일리노이 농촌 지역의 인구학적 비교

	인구밀집도	빈민층비율	1인당 소득	백인비율
패배한 9개 카운티	42%	11%	$ 16,757.00	98%
승리한 9개 카운티(60% 이상)	61%	16%	$ 15.846.00	87%

출처 : www.census.gov의 데이터를 기반으로 저자가 계산.

한 지역 인종적·계층적 특성을 비교해서 보여준다.

오바마는 또한 공화당 유권자들로부터도 약 40%를 득표했고, 자칭 보수주의자들로부터도 30% 가량의 표를 얻었다. 특히 남부지역 보수주의자들이 오바마에게 투표했다는 사실이 분명했다. 이들은 오바마와 많은 정책적 이슈에서 입장이 달랐지만 대안이 없다는 점에서, 또 키이스가 일리노이주와 별로 인연이 없는 외지 출신이라는 점에서 키이스를 찍지 않고 오바마를 선택했다.[100] 이들은 오바마가 네거티브 공세를 폈으면 그냥 투표장에 가지 않았을 사람들이었지만 오바마의 정책에 기반을 둔 선거운동에 이끌려 그에게 표를 던진 것이었다.[101] 키이스는 흑인층을 타깃으로 한 선거운동에도 불구하고 흑인층에 어필하지 못했고, 오바마가 이들의 표 90% 이상을 쓸어 갔다.[102] 그가 마음을 얻는 데 성공한 유일한 계층은 보수주의 백인 기독교 층이었고 이들은 키이스를 압도적으로 지지했다.[103]

〈표 3-2〉는 오바마와 키이스가 출구조사에서 얻은 표를 유권자가 가장 중요하다고 생각한 이슈 및 자질에 대한 지지자 성향에 따라 분석했다. 결과를 보면 오바마가 경제, 일자리, 의료보장 같은 이슈를 강조한 점이 이런 문제를 중요시한 유권자들에게 먹혀들었다는 것을 알 수 있다. 반대로 그는 윤리적 가치, 테러리즘, 세금 같은 문제를 중요시한 유권자들에게는 좋은 반응을 얻지 못했다. 오바마는 지식이나 변화를 불러올 수 있는 능력이 중요하다고 생각하는 유권자들로부터는 표를 많이 얻었지만 종교적 신념을 중요시했던 유권자들로부턴 그렇지 못했다.

주 전체적으로 오바마의 득표율을 민주당 대선후보 존 케리의 대선 지지율과 비교해보자면 오바마는 케리보다 15% 정도 지지율이 더 높았다. 오바마와 케리 간의 지지율 격차는 특히 시카고 교외 지역, 특

〈표 3-2〉 가장 중요한 이슈·자질을 평가한 유권자 출구조사 비교

가장 중요한 이슈	1위 백분율	오바마 백분율	키이스 백분율
이라크	21	88	12
경제/일자리	20	93	4
도덕적 가치	18	38	61
테러리즘	18	51	40
건강보험	5	88	12
세금	5	59	41
가장 중요한 이슈	1위 백분율	오바마 백분율	키이스 백분율
개혁추진력	27	97	2
강한 지도자	20	52	43
정직/신뢰	11	56	42
지적 능력	9	96	3
종교적 믿음	8	26	74

출처 : www.cnn.com/ELECTION/2004.

히 쿡카운티 밖의 지역에서 더 컸다. 시카고를 둘러싸고 있는 5개 교외 카운티에서 그는 65.4%를 획득한 반면 케리는 45.5%를 얻었다. 교외 지역의 서쪽 경계에서 빠른 속도로 확장되는 드칼브, 그런디와 캔들카운티에서 오바마는 62.9%를 득표한 반면 케리는 43.2%를 얻었다. 이런 결과는 오바마가 교외 부유층 유권자들에게 민주당 주요 주자들보다 더 어필하고 있다는 점을 보여준다. 교외 지역은 부상하는 정치 격전지로 이곳을 누가 얻느냐에 따라 민주·공화 양당의 운명이 갈라 질 수 있는 지역이다.[104] 대조적으로 이들 지역 거주자들은 앨런 키이스를 받아들이기엔 매우 힘든 존재였을 것이다. 하지만 이 지역 유권자들은 소수당 소속 후보에게 투표하겠다는 비율이 주 전체 유권자들보다 약간 높은 정도였다. 시카고 교외 5개 카운티에서 는 진보 후보와 무당파 후보가 3.6%의 득표율을 기록한 반면 주 전체

에선 이들이 3%를 득표했다. 이 사실은 오바마가 교외 지역 유권자들에게 상대적으로 호감을 산 것을 보여준다.

경선에서와 마찬가지로 오바마는 매끈한 선거운동을 전개했다. 하지만 잭 라이언보다 앨런 키이스가 훨씬 상대하기 쉬웠다는 측면에서 운도 매우 좋았다고 할 수 있다. 그러므로 우리는 앞서 2장에서 한 것과 비슷한 문제제기를 해본다. 만약 잭 라이언의 이혼 기록이 공개되지 않았다면, 그래서 그가 중도에 사퇴하지 않았다면 어떻게 됐을까. 정확하게 추정하기는 거의 불가능하지만 아마도 오바마는 다음과 같은 네 가지 이유에서 근소한 차이로 라이언을 이길 수 있지 않았을까. 첫째 일리노이주는 친민주당 성향이 강했고, 공화당 후보인 라이언은 따라서 수세에 몰릴 수밖에 없었다. 민주당 경선에 참여하는 유권자 수는 공화당 경선 참여 유권자 수의 두 배에 달했다. 오바마 혼자 얻은 표가 공화당 경선 출마자 여덟 명이 얻은 표를 다 합친 것보다 더 많았다. 오바마가 쿡카운티에서 강세라는 점을 봤을 때 라이언이 승리하기 위해서는 최소한 시카고 교외 지역 5개 카운티에서 55%이상, 남부 지역에서 75%이상을 득표했어야 오바마를 꺾을 수 있었다.[105] 2000년에 부시 대통령이 일리노이주에서 12%포인트 차이로 졌기 때문에 부시는 이혼 스캔들이 터지기 전에도 일리노이주에서 선거운동을 할 생각이 별로 없었다. 따라서 라이언은 그의 지명도에 편승할 기회도 별로 없었을 것이다.[106]

둘째 이혼 스캔들이 터지기 전에도 여론조사 결과 오바마는 상당한 차이로 앞서고 있는 것으로 나타났다. 시카고 트리뷴/WGN의 5월 말 여론조사에 따르면 오바마가 52%, 라이언이 30%로 오바마가 크게 앞서고 있었다.[107] 조사는 또한 오바마가 다른 두 가지 이득을 누리고 있다는 점을 보여줬다. 그에게 호감을 갖고 있다는 유권자의 비중이 그렇지 않다는 유권자보다 훨씬 높았다. 오바마에게 호감이 있다는 유권자는 46%, 그렇지 않다는 유권자는 9%였던 반면 라이언에게 호감이 있다는 유권자는 29%, 그렇지 않다는 응답은 25%였다. 이에 더해 여론 조사결과 오바마가 라이언보다 덜 알려져 있다는 것이 드러났는데 라이언의 표는 고정표인 반면 오바마는 시간이 갈수록 표를 더 얻을 여지가 더 많다는 얘기다.

6월 초에 실시된 또 다른 여론조사에선 두 사람 사이의 격차가 줄어들고 있었다는 지적도 사실이다.[108] 하지만 우리는 오바마의 민주당 전당대회 연설과 성공적인 선거운동 방식 같은 다른 이유들로 인해 그가 라이언을 이겼을 것이라고 믿는다. 마지막으로 라이언은 경험이 적은 후보였고 이혼 스캔들이 터지기 전에도 몇 가지 허점들을 깔끔하게 마무리하지 못했다. 두 후보가 카리스마 측면에서는 대등했다고 하지만 오바마는 2000년 바비 러시에게 한 번 패하면서 훨씬 더 준비를 많이 했다. 그리고 주 상원의원을 지냈던 경험 때문에 정치와 정부에 대한 이해의 폭이 훨씬 넓어 선거운동 중 꼭 필요한 지원군의 도움을 얻는 등 기본적인 것에서 실수하지 않았다.

오바마가 경선과 본 선거에서 승리한 것을 이해하려면 현대 상원의원 선거의 중요한 두 가지 측면인 정치 자금 모금과 후보의 메시지를 알리는 언론 전략에 대해 자세히 살펴봐야 한다. 다음 두 장은 이 두 가지 문제를 좀 더 분석할 것이다. 4장은 뛰어난 오바마의 정치 자금 모금 능력을 살펴보고, 그가 어떻게 부유하고 자금이 풍부했던 억만장자 블레어 헐과 싸웠는지를 자세히 다룰 예정이다. 5장은 그의 대언론 전략을 살펴볼 것이다.

4 "돈은 정치에서 모유와도 같은 존재"

- 기부금 모으기와 부의 재분배

상원의원 선거에 나가기 전 버락 오바마가 모은 정치 기부금 모금 기록은 50만 달러였다. 상원의원 선거 와중에 오바마는 엄청난 규모의 개인 재산을 쓰고서라도 당선되고 싶어한 억만장자와 맞닥뜨렸다. 또한 자신보다 기득권 정치 세력에 커넥션이 많고 지명도도 더 높은 후보들과도 싸워야 했다. 전통적으로, 일리노이 정치가들은 본 경선 한 해 전 해의 메모리얼 데이^{Memorial Day}(전몰장병 기념일. 대다수의 주에서 5월 마지막 월요일 : 역주)부터 선거운동을 시작한다. 하지만 2004년 선거운동

시즌은 다른 해보다 약 6개월 빠른 2002년 여름 시작됐다. 후보들은 선거 자금 모금도 다른 때보다 더 빨리 시작해야 했을 뿐 아니라, 돈 많은 후보에 맞서기 위해서는 기증자들로부터 더 많은 돈을 모아야 했다. 오바마 선거운동본부의 가장 큰 도전은 그들이 주 전체를 아우르는 선거운동과 TV 광고를 진행하기 위해 필요한 자금을 모을 수 있을 것인가였다. TV 광고는 현대 미국 선거운동에서 가장 돈이 많이 드는 분야다. 하지만 오바마는 자신이 매우 기민한 선거 전략을 갖고 있는 숙달된 기금 모금자란 사실을 증명했다.

버락 오바마는 다른 후보들과 다르게 직접 나서서 정치 자금을 모금하는 것을 싫어하지 않았다. 재정 총책임자인 클레어 세르듀크$^{Claire\ Serdiuk}$는 "그는 먼저 돈을 요청하고, 끝마무리까지 깔끔하게 했다"고 회고했다.[2] 그는 잠재적 기부자들에게 먼저 전화를 걸어 돈을 기부해 달라고 요청했고, 기부를 이끌어냈다. 어떤 주엔 주당 2~30시간을 전화로 기부금을 요청하는데 쓰기도 했다. 주 전체에 유세를 다닐 땐 차 안에서 사람들에게 전화를 걸었다. 그는 한 번도 만난 적이 없는 사람들에게도 마치 그와 오랜 친구인 것 같은 기분이 들도록 했다.[3]

블레어 헐이 엄청난 규모인 개인재산으로 선거운동을 했기 때문에 새로운 선거운동법에 의하면 그의 경쟁자들은 보통 개인에게 받을 수 있는 후원금 한도인 2,000달러보다 여섯 배 많은 금액을 받을 수 있었다. 이 조항은 기부금을 모아 선거운동을 해야 하는 후보들이 부자 후보들과 공평하게 경쟁할 수 있도록 한 조치였다. '매케인-파인골드 초당적 선거개혁법'에 대한 '백만장자 수정조항'에 의하면 부자 후보들은 출마 선언을 할 때, 개인재산 중 대략 얼마를 선거 운동에 쓸지를 미리 공개해야 한다고 돼 있었다. 또 1만 달러 이상의 개인재산을 선거운동에 쓸 때마다 24시간 이내에 이를 경쟁 후보들에게 알려줘야 했다. 그렇게 될 경우 경쟁 후보들은 주마다 유권자 수가 얼마나 되는지를 따지는 복잡한 공식을 거친 후 일정액 이상을 추가로 모금할 수 있었다. 일리노이 주에선 후보가 100만 달러 이상의 개인 재산을 선거에 내놓을 경우, 이 액수 제한이 없어지도록 돼 있었다.

매케인-파인골드 법은 2003년 초였던 당시 만들어진 지 불과 몇 달 밖에 안 된 '따끈따끈한' 법안이었다. 이 법안의 목적은 '소프트 머니' ^{Soft Money}(기업이나 단체가 정치인 개인이 아니라 지지하는 정당에 제공하는 후원금. 액수에 제한이 없어 정경 유착 등의 논란이 끊이지 않았다 : 역주)의 영향력을 줄이고 정당이 아닌 제3자의 TV 정치 광고를 제한하기 위한 것이었다. 하지만 일부는 이 법이 연방법원이 제한한 기부금 한도액을 무력화 하고 다양한 연방직종 별로 각각 다른 정도의 모금액을 허용한다며 이 법이 위헌적이라고 소송을 내기도 했다. 또 다른 비판자들은 이 법이 정치 자금 사용을 줄이기보다는 오히려 더 많은 정치 자금 모금에 나서게 하는 역효과를 가져온다고 비판했다. 책임 있는 정치를 위한 연구소 레리 노블 소장은 백만장자 수정 조항에 따라 더 돈을 낼 수 있는 기부금 납부자들을 모으기 위해 후보들이 주 밖에서 과거보다 훨씬 많은 기부금 모금 활동을 벌이게 됐다고 꼬집었다. 그는 이 법안이 부자 후보와 경쟁하는 현역 의원에게 현저히 유리한 법이라고 평가했다. 현역 의원들은 주 밖에서 영향력이 훨씬 크고 네트워크도 넓기 때문이다.[4]

메모리얼 데이를 전후해 헐은 자신의 재산 중 4,000만 달러를 쓸 용의가 있다며 경쟁 후보들에게 더 많은 기부금을 모아 대비하라고 알려왔다. 2003년 2월 초, 헐은 개인 자금 중 130만 달러를 이미 선거 자금에 투입했고, 따라서 다른 후보들은 개인당 최대 6,000달러의 기부금을 경선에 대비해 모을 수 있게 됐다. 기부금 제한 상한선은 경선이 끝나기도 전에 1만 2,000달러로 올라갔다. 노스쇼어 시카고 지역의 베테랑 민주당 기부금 모금 전문가이자 오바마의 선거재정본부 팀 일원이었던 베티루 살츠먼^{Bettylu Sltzman}은 "돈을 모으는 게 쉽다. 사람들에게 '기부 상한선이 1만 2,000달러입니다' 라고 얘기하면 2,000달러를 내지만 그렇지 않으면 500달러를 내고 말아버린다"고 말했다.[5]

거기에다 블레어 헐은 돈을 매우 잘 썼다. 그가 선거에서 쓴 개인 돈은 2,900만 달러에 달했다. 헐은 블랙잭 도박과 증권 거래로 큰돈을 번 인물로 그의 개인 재산은 모두 약 4억 달러에 달하는 것으로 추정됐다. 헐은 개인이나 정치 단체들로부터 정치 자금을 모금하는데 전혀 관심이 없었다. 그는 개인 모금액 상한선을 100달러로 정했고, 개인 후원자들로부터 12만 달러를 모금하는데 그쳤다. 헐은 또한 자신이 정치 단체들로부터 전혀 돈을 받지 않기 때문에 이들의 정치적 입김에 휘둘릴 일이 없다고 강조했다. 돈이 많고 개인 재산을 선거 자금으로 사용하는 다른 후보들과는 달리 헐은 친구를 사귀고 네트워킹을 하는데 수 년을 투자했다. 그는 전미낙태권리쟁취연맹의 이사회 멤버였으며 여성의 체육 활동을 지원하는 '타이틀 IX 프로그램'을 지원한 공로로 상을 받기도 했다. 그는 또 캘리포니아의 자신의 모교에 여성학 교수 채용과 연봉을 지원하기도 했다.

헐은 상원의원 선거에 나서기 몇 년 전부터 일리노이주 선거에 돈을 쓰기 시작했다. 그는 일리노이주 다른 후보들에게 2000년부터 2003년까지 거의 100만 달러를 기부했다. 주 정치판에서 영향력 있는 정치인에 오르기 위해서였다. 헐은 또한 자신이 월급을 내 선거운동 직원들을 채용한 후 이들을 다른 후보의 선거운동에 지원해줬다. 그렇게 함으로써 영향력도 키우고 자신의 직원들이 경험을 쌓을 수 있게 하겠다는 것이었다. 일리노이 주지사 로드 블라고예비치는 2002년 주지사 재선 선거에서 이길 때 헐에게 26만 달러를 받았다.[6] 시카고 시장인 댈리와 시카고 민주당 조직도 헐의 덕을 봤다. 헐은 심지어 시 선거에 나온 남부지역 후보자들에게도 기부를 했다. 헐은 이에 대해 초기 토론회에서 "나는 로드 블라고예비치를 지원해 민주당이 다시 일리노이주에서 승리할 수 있도록 도움을 준 데 대해 매우 자랑스럽게 생각한다. 나는 그 대가로 뭘 바라는 것이 아니다. 나는 특정 이익 집단과 관련이 없는 사람이고, 로비스트도 아니다"고 말했다.[7]

헐은 자신의 막대한 재산을 미국 전체에서 가장 정교한 정치 조직을 만드는데 쏟아 부었다. 그는 2002년 6월 하순, 출마를 선언하자마자 75만 달러를 들인 2주짜리 TV와 라디오 정치 광고를 시작했다. 자신의 경제 공약과 의료보장 공약을 설명하는 내용이었다. 그의 이름이 써있는 빨강색, 흰색, 파란색 플래카드가 주 곳곳에 등장했다. 워싱턴포스트 인터넷 사이트와 야후 이메일 페이지 같은 곳에 인터넷 광고도 했다. 7월 중순까지 그는 신문 광고에 2만 4,000달러, 간판 광고에 1만 4,000달러, 플래카드에 3,000달러, 차에 붙이는 스티커에 1,000달러를 쓴 상태였다. 25만 달러는 각종 정치 컨설팅회사로부터 컨설팅을 받는데 쓰였고, 추가로 8만 5,500달러는 컴퓨터 관련 컨설팅을 받는데 투자했다.[8] 그는 민주당 경선후보 누구보다 채용한 직원이 많았고, 월급도 가장 짭짤하게 줬다. 그는 좀 먼 곳으로 유세를 다닐 때는 개인 제트기를 빌려 썼다. 유세 다닐 때 타고 다닌 RV 차량은 4만 달러짜리로 '움직이는 헐'이란 별명이 붙어 있었다. 그의 선거운동본부 직원들은 헐의 얼굴이 새겨진 티셔츠를 입고 '헐과 함께 해요' 같은 귀에 쏙 들어오는 구호가 새겨진 모자를 통일해서 쓰는 등 깔끔하게 단장한 상태였다. 언론인 데이비드 멘델은 "너무도 준비된 듯한 이런 선거운동은 유권자들에게 가끔 이 모든 것이 너무 인공적이고, 약간 '트루먼 쇼' Truman Show (1998년 제작된 헐리우드 영화로 주인공이 자신도 모른 채 24시간 방송되는 리얼리티 쇼의 주인공이었다는 내용 : 역주)에 '후보자' The Candidate (정직한 변호사가 정치판에 뛰어들면서 미디어 조작과 쇼맨십으로 좌우되는 선거에 회의를 느끼게 되는 과정을 그린 1972년 영화 : 역주)가 섞여 있다는 느낌을 주게 됐다"고 평가했다.[9]

헐은 가장 능력 있다고 평가되는 정치 컨설턴트들을 업계 최고의 돈을 주고 고용했다. 한 예로 그의 선거운동본부 총책임자는 한 달에 2만 달러를 받았고, 정책담당 책임자는 한 달에 1만 5,000달러를 받았다. 2003년 4분기에 헐은 28명의 컨설턴트와 150명의 직원을 고용한 상태였다. 자원봉사자는 없었다. 하다못해 간판 광고를 붙이는 사람들도 하루에 75달러를 받고 일했다. 이는 대부분의 선거운동이 열정적이고, 헌신적인 자원봉사자들에게 의지하는 것과는 대조적이었다. 헐의 대변인 재이슨 어크스 Jason Erkes 는 "우리는 석 달 간 조지 W. 부시 대통령보다 더 많은 고용을 일리노이주에서 창출해냈다. 그 과정에서 돈을 좀 썼다. 블레어는 프로 정치꾼이 아니라서 뿌리 깊은 지역 조직이나 정치 후원 조직도 없다. 그래서 우리는 돈을 써 가면서 예술의 경지에 달한 이런 선거운동을 하고 있는 것이다"라고 말했다.[10] 2003년 7월 중순 헐은 하루 2만 달러를 쓰고 있었다. 이는 민주당은 물론 공화당의 모든 후보들이 쓰는 돈을 합친 액수의 두 배에 달하는 규모였다. 2003년 말까지 헐은 1,200만 달러를 쓴 상태였다. 2004년 2월 말 경선이 5주 남은 시점에서 헐은 1,870만 달러의 개인 재산을 선거운동에 쏟아 부은 상태였고 이는 일리노이주 상원 선거

사상 가장 많은 금액이었다. 그는 과거 사상 최대의 돈을 쓴 후보가 일리노이주 경선과 본 선거에서 썼던 금액을 합친 것보다 400만 달러를 더 쓰는 기록을 수립했다. 이런 아낌없는 돈쓰기는 역반응을 불러왔다. 한 여론조사에서 민주당 유권자의 40%는 그의 이런 재정적 이점이 불공평하다고 응답했다. 또 다른 40%는 불공평한 점이 없다고 응답했고, 19%는 무응답이었다. 헐의 선거운동본부 대변인 수잔 라가나Susan Lagana는 "처음 선거에 진출한 신인이기 때문에 헐은 기초부터 쌓고 있다. 하지만 가장 중요한 점은 헐이 일리노이주 유권자들의 말만 듣는 상원의원이 될 것이란 점이다(로비에 휘둘리지 않는다는 뜻 : 역주)"라고 설명했다.[11]

블레어 헐 이외에도 선출직에 당선되기 위해 어마어마한 개인 재산을 쓴 사람들이 또 있었다. 일리노이주 상원의원 피터 피츠제럴드는 선거운동 기간 동안 1,400만 달러의 개인 재산을 쏟아 부었지만 한 번의 임기 후 정치는 자신에게 맞지 않아 은퇴한다고 결정했다. 민주당 뉴저지주 상원의원인 존 코르진Jon Corzin도 6,300만 달러를 쓰고 상원의원에 당선됐다. 하지만 성공적인 후보는 그 정도였다. 뉴욕 출신의 공화당원 릭 라지오Rick Lazio는 4,100만 달러를 썼지만 상원의원에 당선되지 못했다. 돈을 많이 쓴다고 해서 선거 승리가 보장되는 것은 아니었지만 유권자들에게 후보가 얼마나 진지한 지를 보여주는 수단은 됐다.

버락 오바마가 2003년 1월 공식 출마선언을 했을 때 그는 벌써 기부금을 29만 달러나 모은 상태였다. 게리 치코는 2002년 인상 깊게 100만 달러를 모으는데 성공했지만 정치 후원금을 모으는 훌륭한 솜씨는 오래 가지 않았다. 하인스는 2003년 봄 선거에 뛰어 든 후 매 분기마다 치코 보다 후원금을 더 많이 모았다. 하인스의 대변인인 크리스 매더는 "너무 많은 후보들이 상원 선거운동을 돈이 좌우하게 만들고 싶어 하는 것 같다. 하지만 원래는 조직과 전달하려는 메시지가 이기는 선거운동의 중심이 돼야 한다"고 말했다.[12] 오바마 또한 치코의 기부금 모금 금액을 2003년 여름부터 따라 잡았다. 오바마는 이때의 경험을 다음과 같이 술회했다. "처음 25만 달러를 모으는 것은 꼭 이빨을 빼는 것처럼 힘들었다. 민주당 주요 후원자들 중 나를 아는 사람이 없었다. 나는 이름도 희안했고, 그들은 내가 건 전화도 받지 않았다. 하지만 어떤 시점에 와서 갑자기 대중들의 자각을 경험하고 바람을 타게 됐다. 수많은 개인 후원자들이 기부를 해줬고 이렇게 해서 중요한 고비를 넘을 수 있게 됐다. 그리고 경선에서 이기자 유명세가 퍼져 돈을 모으기가 더 쉬워졌다. 다른 후보들이 지금 겪고 있는 도전들을 나는 이제 겪지 않아도 된다. 난 운이 좋았다. 유명해진다는 것에 따라오는 혜택 중 하나다."[13]

오바마는 2003년 4월부터 6월 사이에 87만 8,359달러를 모았다. 선두주자 하인스가 모은 것보다 6만 9,000달러 적은 액수였지만 치코가 모은 것보다는 두 배에 달하는 금액이었다. 하지만 치코는 초기 정치 기부금 모금에 성공한 덕에 선거운동 기간 내내 돈을 충분히 쓸 수 있었다. 오바마는 "우리는 TV 정치 광고를 하고, 1급 선거운동을 할 돈이 충분하다. 우리는 후보들 중 돈을 가장 많이 쓸 순 없을 것이다. 하지만 나는 다른 후보가 갖지 못한 경력을 갖고 있다. 후보들 중 실제 법안을 만들어 본 사람은 나뿐이다. 법안 제정 때 투표를 해 본 사람은 나뿐이다"[14]고 말했다. 〈표 4-1〉을 보면 민주당 경선 주자들의 분기별 정치 자금 모금과 사용액을 알 수 있다.

오바마가 2003년 2분기에 성공적으로 정치 자금을 모으자 많은 전문가들이 놀라움을 표시했다. 상원 경선에 참여하지 않았던 정치 컨

<표4-1> 민주당 후보들의 분기별 수입과 지출 (단위 : 백만 달러)

2002년 전체		
총수입	총수입	총수입
치코	1.012	0.201	0.758
헐	0.923	0.871	0.521
하인스			
오바마	0.290	0.065	0.226
파파스			

1분기 : 2003년 1월 ~ 3월				
분기수입	분기지출	총수입	총지출	현금
치코	0.763	0.287	1.775	0.489	1.225
헐	1.084	0.900	2.000	1.770	0.237
하인스	0.897	0.096	0.897	0.096	0.801
오바마	0.232	0.101	0.522	0.166	0.356
파파스					

2분기 : 2003년 4월 ~ 6월				
분기수입	분기지출	총수입	총지출	현금
치코	0.471	0.357	2.251	0.845	1.344
헐	4.000	1.740	6.000	3.510	2.502
하인스	0.942	0.201	1.839	0.297	1.544
오바마	0.878	0.148	1.400	0.313	1.0760
파파스					

3분기 : 2003년 7월 ~ 9월				
분기수입	분기지출	총수입	총지출	현금
치코	0.576	0.732	2.830	1.583	1.193
헐	2.117	2.951	8.117	6.482	1.670
하인스	0.915	0.363	2.754	0.659	2.100
오바마	0.775	0.373	2.175	0.686	1.479
파파스					

4분기 : 2003년 10월 ~ 12월					
	분기수입	분기지출	총수입	총지출	현금
치코	0.384	0.816	3.213	2.400	0.761
헐	4.510	5.654	12.630	12.116	0.527
하인스	0.708	0.987	3.461	1.646	1.827
오바마	0.828	0.519	3.002	1.205	1.790
파파스	0.247	0.046	0.247	0.046	0.201

경선기간 전체					
	분기수입	분기지출	총수입	총지출	현금	현금
치코	0.675	1.319	3.888	3.753	0.140	$ 76.92
헐	16.362	16.866	29.012	28.982	0.024	$ 222.59
하인스	1.922	3.876	5.384	5.523	0.067	$ 18.86
오바마	2.947	4.496	5.950	5.701	0.241	$ 8.77
파파스	0.846*	1.032	1.093	1.078	0.015	$ 14.44

* 파파스는 선거 몇 달 전에 자신의 선거본부에 $317,069를 대출해 주었음.

설팅회사 헤이마켓그룹의 토머스 코피 최고경영자는 "초기엔 오바마가 자금을 모을 수 있는 기반이 별로 없었다. 하지만 후보들의 2분기 실적을 보면 많은 대중들이 정치 참여에 나서고 있음을 알 수 있다"[15]고 평론했다. 후보들과 관련이 없는 또 다른 정치 컨설턴트도 익명으로 "민주당 사람들이 '불쌍한 오바마' 라고 수군대다가 '이 레이스는 두 명 내지 세 명이 맞붙는 레이스' 라고 인정하기 시작했다"고 평가했다.[16]

많은 분석가들은 오바마가 돈을 모으기가 만만치 않을 것으로 전망했었다. 오바마는 이에 대해 "많은 사람들이 놀란 것 같다. 내가 예상했던 것보다도 훨씬 호응이 좋아 나도 너무나 감동했다. 이제 우린 다른 후보들과 대등하게 경쟁할 수 있게 됐다"고 말했다.[17] 오바마는 2003년 7월까지 모두 140만 달러를 모았다. 그때 까지 쓴 돈은 31만

3,000달러였다. 1백만 달러가 넘는 현금을 손에 쥐고 있게 되자 그는 150만 달러를 모아 놓은 하인스나 130만 달러를 모아 놓은 치코가 전혀 부럽지 않게 됐다. 1996년엔 이와는 대조적으로 리처드 더빈^{Richard Durbin}은 3명이 맞붙는 민주당 경선 레이스에서 32만 5,000달러 밖에 모으지 못했었다. 오바마는 "우리는 이 레이스에 뛰어든 다른 부자 후보들처럼 한 번에 100만 달러짜리 수표를 끊어줄 수는 없다. 하지만 그들은 우리 주 사람들을 위해 더 넓은 의료보장, 더 많은 고용 창출, 필요한 이들을 위한 세금공제 혜택 등을 위해 일해 본 경험을 돈을 주고는 얻을 수 없을 것이다"라고 말했다.[18] 여름은 사실 정치 후원금 모금에 좋은 시기는 아니다. 이전에 상원의원 더빈을 위해 일했던 오바마의 재정 총책 클레어 세르듀크는 2003년 3분기에 "75만 달러 모금이 우리의 목표"라고 말했다. 그의 말은 맞았다. 그 분기에 오바마 측이 끌어 모은 정치 후원금은 77만 4,804달러였다.

1992년 클린턴 대통령의 선거 전략본부를 이끌었던 거물 정치 브로커 버몬 조던은 자신의 집에서 2003년 9월 오바마를 위한 후원금 모금 행사를 열었다. 이때 오바마는 워싱턴 DC에 있는 거물들을 많이 알게 됐다. 윌리엄스&코놀리 법무법인의 변호사였던 그레고리 크레이그는 오래된 민주당원이었는데 오바마를 그날 만났고 나중에 오바마를 이렇게 평가했다. "나는 그의 유머 감각이 좋았다. 그리고 전국적인 문제에 대해 그가 보인 자신감이 좋았고, 그는 특히 주 상원의원이란 직분을 수행하는데 대해 자신감이 있었다. 그의 옆에 있으면 흥분을 느낄 수 있었다. 그는 적에게도 존경을 받는데 이는 적들을 존중하는 그의 태도 덕분이었다. 그는 모든 사람들을 만족시키려 하지 않았다. 하지만 서로 특정 이슈에 대해 입장이 다른 걸 알면서도 그에게는 화가 나지 않게 하는 묘한 뭔가가 있었다."[19] 채권시장협회

<표4-2> 오바마 본부의 분기별 재정상태

일 자	12/31/2002	3/31/2003	6/30/2003	9/30/2003	12/31/2003
정치헌금(분기)	$ 290,010	$ 231,885	$ 878,359	$ 774,804	$ 827,809
지출(분기)	$ 64,472	$ 101,025	$ 147,835	$ 372,479	$ 518,927
현금보유액	$ 225,538	$ 356,353	$ 1,076,377*	$ 1,479,100	$ 1,789,877

일 자	3/31/2004	6/30/2004	9/30/2004	10/31/2004	11/22/2004
정치헌금(분기)	$ 1,672,503	$ 4,052,909	$ 4,098,811	$ 266,309	$ 696,570
지출(분기)	$ 2,709,044	$ 987,918	$ 5,509,499	$ 177,847	$ 1,435,705
현금보유액	$ 241,271**	$ 1,767,125	$ 1,767,125	$ 1,840,589	$ 951,985

* 선거운동본부가 후보에게 $10,500을 빌렸다가 갚음.
** FEC 보고자료에 의하면 채무관계 정산후 선거본부가 보유한 현금은 $169,744였음.
　금액이 일치하지 않는 것은 분기를 나누는 시점이 FEC가 나누는 시점과 일치하지 않기 때문임.

대외협력 부사장이자 흑인 로비스트협회 회원이었던 마이크 윌리엄스는 "그는 말을 빙빙 돌리지 않고 툭 터놓고 하는 스타일이다. 로비스트에겐 이런 정치인이 고맙다. 매번 대답이 예스일 필요는 없지만 그 사람이 반대표인지 찬성표인지를 확실히 알 수 있어야 하기 때문"이라고 오바마에 대해 평가했다.[20] 채권시장협회는 2004년 6월 오바마를 위한 기부금 모금 행사를 열었다.

2003년 가을 오바마는 다른 경쟁 후보 누구보다도 더 정치 후원금을 많이 모으고 있었다. 하인스보다는 12만 달러를 더 모았고 치코보다는 50만 달러를 더 모은 상태였다. 헐은 또다시 자신의 재산 중 450

<표4-3> 오바마 선거본부의 분기별 재정상태 (요약)

	경선	본선거
정치헌금	$ 5,950,000	$ 14,966,000
지출(분기)	$ 5,701,000	$ 14,372,000
현금보유액	$ 241,000	$ 803,000

출처 : 주 선거관리위원회 공식 경선 결과(2004. 3. 16)를 기반으로 저자가 계산.

만 달러를 선거비용에 투입했다. 하지만 2003년 11월이 되자 혈이 그 많은 돈을 모두 어디에 썼는지 효과가 나타나지 않았다. 시카고 트리뷴 여론조사에 의하면 혈은 6%의 지지를 얻는데 그쳤다. 파파스가 16%의 지지율로 후보들 중 선두를 달리고 있었지만 아직 전체 중 45%는 마음을 정하지 못했다고 응답한 상태였다.[21]

2004년 2월의 마지막 두 주와 3월 초가 되자 오바마는 남부 유권자들에게 맞춤 정치 광고를 하기 위해 50만 달러를 투입할 수 있게 됐다. 초기에 비용을 엄청나게 써 악명이 높았던 혈과는 달리 오바마는 자신의 자원을 2004년 초까지 쓰지 않고 아꼈다. 2004년 초부터 그가 경선 전까지 쓴 돈은 450만 달러에 달했다. 전체 선거 비용 중 85%를 두 달 반 동안 집중적으로 투입한 것이다. 〈표 4-2〉를 보면 오바마의 선거 비용 총수입과 지출을 분기별로 알 수 있다. 〈표 4-3〉은 오바마 선거본부의 재정보고서 요약이다.

오바마는 경선에서 이기는데 570만 달러를 썼다. 한 표당 8달러 75센트 꼴이었다. 공화당의 잭 라이언은 490만 달러(그중 350만 달러는 개인 돈)를 썼는데 이는 민주당 2등이나 3등보다 적은 액수였다. 하지만 득표수가 적다 보니 한 표당 쓴 자금을 계산해보면 21달러나 됐다. 민주당 경선에서 2위를 차지한 하인스는 총액 550만 달러를 써 한 표당 18달러 85센트의 자금을 들인 것으로 나타났다. 혈은 3,000만 달러라는 천문학적 금액을 들여 3위에 해당하는 13만 4,173표를 득표했다. 한 표당 들어간 선거 자금을 따져보면 223달러에 달했다. 파파스는 100만 달러가 조금 넘는 돈을 써 한 표당 14달러 45센트를 투입한 것으로 계산됐고 4위를 했다. 5위를 차지한 치코는 400만 달러를 약간 넘게 써 표당 투입한 선거 자금은 76달러 90센트였던 것으로 조사됐다.[22]

오바마는 시카고 뿐 아니라 보스턴, 뉴욕, 워싱턴 DC에 사는 젊고 여유 있는 흑인 전문가 집단의 마음을 사로잡았다. 모금 행사가 2003년 중반부터 이들 도시에서 열렸다. 1990년대 경제가 좋았기 때문에 흑인 중산층의 수도 크게 늘어났다. 오바마의 52명 규모 재정팀을 총괄했던 발레리 자렛은 "후원금을 낼만한 집단이 확실히 커졌다"고 말했다.[23] 재계 리더들도 선거 지원을 위해 적극 나섰다. 시카고에 본부가 있던 애리얼 자본운용사(103억 달러에 달하는 자산을 관리하고 있어 블랙엔터프라이스 자산운용리스트에서 1위를 차지하고 있는 회사)의 회장이자 최고경영자인 존 로저스는 개인 후원금으로 9,000달러를 냈다. 역시 시카고에 본부를 둔 자본운용사인 홀랜드사의 수석 파트너이자 투자담당 최고임원이었던 로 홀랜드는 개인 기부 최대한도인 1만 2,000달러를 오바마에게 냈다.[24] 오바마는 또한 마조리 벤튼, 어빙 해리스, 마틴 콜다이크, 대니얼 레빈, 애브너 마이크바, 뉴튼 미나우, 니콜러스 프리츠커와 페니 프리츠커 부부, 존 슈미트 같은 소위 '레이크프론트 리버럴'lakefront liberals(일리노이주 호숫가 근처 부유한 주택에 살던 백인 진보 층을 이르는 말 : 역주)계 거물들의 지원도 얻어 냈다. 오바마에게 후원금을 낸 사람들의 리스트는 쟁쟁했다. 가수 바바라 스트라이샌드와 스티비 원더, 배우 크리스 락과 크리스 터커, 운동선수 마이클 조던, 그리고 프로야구팀 시카고 컵스의 사장이었던 더스티 베이커, 여배우 멜라니 그리피스와 자다 핀켓 스미스가 망라돼 있었다. 오바마는 또한 스티비 원더와 배우 겸 코미디언 로빈 윌리엄스가 출연하는 1인당 350달러를 내야 참가할 수 있는 후원금 모금 행사도 열었다.[25]

오바마에게 후원금을 낸 3,000여명의 개인 후원자들 중 3분의 2 이상은 25달러 이하를 낸 사람들이었다. 경선 후원금의 12%는 1인당

200달러 이하짜리 후원금이었고 이들이 모여 74만 달러가 된 것이었다. 오바마는 위글리 필트 지역의 한 술집에서 젊은 전문가 집단을 대상으로 한 후원금 모금 행사를 열기도 했고, 힙합 콘서트나 시 낭송 대회에도 나타나 지지자들을 모았다. 여러 대학 캠퍼스에서도 지지자 모임을 조직해냈고, 교회 청년모임과도 협력했다. 오바마는 "사람들은 자신들의 문화적 기호나 자신들이 처한 문제를 내가 잘 알고 있다고 생각했고, 그래서 나를 지지했다"고 말했다.[26] 그는 경선 자금의 4%인 26만 300달러만 정치 단체들로부터 거둬들였다.

경선 3개월 후, 오바마는 기록적인 400만 달러를 모으는데 성공했다. 조지 소로스는 뉴욕에서 그를 위한 후원금 모금 행사를 열어줬고, 힐러리 클린턴 또한 워싱턴 DC에서 그를 위한 모금 행사를 열었다. 잭 라이언이 사퇴하자, 재계 후원금도 오바마 쪽으로 몰려들기 시작했다. 재계 관련 정치단체들은 오바마의 승리를 직감하게 되자 그와 관련을 맺고 싶어 했다. 한 예로 시카고의 엑셀론 그룹, 라셀은행, 파이퍼 러드닉 법무법인의 후원을 받는 정치 단체들은 각각 최대한도인 1만 달러씩을 내놨다. 하우스홀드 인터내셔널의 대외협력담당 부사장인 데니스 오툴은 오바마에게 2,000달러를 기부했고, 이렇게 말했다. "일리노이주 정치 현실을 직시해야 한다. 오바마가 친기업적 인사가 될 것이라는 환상을 갖고 있진 않지만 그는 반기업적 인사도 아니다."[27] 경선 후 5,000달러를 오바마에게 기부한 SBC 커뮤니케이션의 정치단체 담당 임원 로드니 스미스는 이보다 더 솔직했다. "우리가 그에게 정치 자금을 후원하는 이유는 그가 이길 것이기 때문이다. 그가 법 제정 때 매번 우리가 선호하는 쪽으로 투표권을 행사하는 것은 아니지만 그는 우리의 의견을 듣기 위해 노력한다. 이 일을 할 때 최선은 누군가 우리의 의견을 들어줄 사람을 찾는 것이다."[28] 굉장한

칭찬을 들은 민주당 7월 전당대회 기조연설 후 오바마가 요청하지도 않은 후원금 15만 달러가 추가로 들어왔다.

앨런 키이스보다 51% 더 높은 지지율을 누리고 있는 동안 오바마는 자신의 시간 중 상당 부분을 민주당의 다른 후보들 지원에 쏟았다. 그는 민주당에서 가장 눈에 띄는 스타였다. 그는 위스콘신, 펜실베이니아, 콜로라도, 네바다 등 십여 개 주를 돌았다. 지금까지 모은 1,400만 달러의 후원금 중 200만 달러를 은행에 넣어 놓은 상태라 오바마는 다른 후보나 조직 지원에도 30만 달러를 서슴없이 썼다.

오바마의 인기와 돈 씀씀이는 그의 미래 동료들에게 좋은 평가를 얻었지만 일리노이주에선 작은 소동을 일으켰다. 오바마는 주 밖에서 행하는 연설 약속을 공지하지 않는다는 이유로 비난을 샀다. 오바마는 민주당의 다른 후보들과 그들이 주장하는 바를 위해 75만 달러의 후원금을 모아 줬다. 여기에 오바마에게 기부하려는 후원자들에게 다른 민주당 상원 후보들에게도 기부하도록 요청하면서 추가로 26만 달러를 모았다. 오바마는 후보와 다른 주 민주당 조직에 대한 이런 직접 기부에 더해 합동 후원모임을 열고 다른 후원자들에게 부탁함으로써 추가로 거의 200만 달러를 더 모았다. 민주당 상원 선거

〈표4-4〉 정치 후원금을 많이 낸 도심지역

버락 오바마		앨런 키이스	
시카고	$ 7,380,043	시카고	$ 182,607
뉴욕	$ 864,220	로스앤젤레스	$ 17,874
워싱턴DC	$ 500,050	오렌지 카운티	$ 12,450
로스앤젤레스	$ 410,809	피닉스	$ 11,950
샌프란시스코	$ 263,725	낫소-서포크	$ 11,600

출처 : 책임 있는 정치 구현 센터(Center for Responsive Politics)

위원회의 의장을 맡고 있던 존 조르진 상원의원은 "아직 상원의원에 선출되지도 않은 사람에게 이런 규모의 지원을 받는 것은 역사상 유례가 없는 일"이라며 "이는 상원에서 민주당을 다수당으로 만들고 싶어 하는 오바마의 진심어린 열망의 증거"라고 평가했다.[29]

오바마가 일리노이주에 쓰기 위해 모은 돈은 1,500만 달러, 그리고 선거운동에 실제 쓴 돈은 1,430만 달러에 불과했다. 나머지 80만 달러의 현금 후원금은 미래 선거운동을 위한 군자금이었다. 이 중 정치 단체들이 낸 돈은 120만 달러로 전체의 8%였다. 재계 관련 정치 단체들이 58만 2,500달러를 기부해 27만 4,000달러를 후원한 노조 관련 정치 단체들보다 두 배나 많은 액수를 내놨다. 이데올로기나 단일 이슈에 기반을 둔 정치단체들은 25만 9,657달러를 후원했다. 후원금의 68%는 일리노이주 주민들이 냈다. 이와는 대조적으로 키이스의 정치 후원금은 67%가 외지에서 온 것이었다. 〈표 4-4〉는 오바마와 키이스가 어느 도시에서 정치 후원금을 많이 모았는지를 비교해 보여준다.

오바마의 선거 자금 모금경향은 미국 전체와 맞아 떨어진다. 책임 있는 정치 연구소는 한 보고서에 다음과 같이 적었다.

> 역사적으로 금융부문은 미국 선거에 가장 많은 자금을 댄 경우가 많았다. 2002년 금융관련 이익 단체들은 연방 후보에게 1억 500만 달러의 후원금을 기부했다. 금융 부문에는 은행과 보험회사, 부동산 업계, 회계 업계와 다른 금융 전문가들이 포함돼 있다. 변호사와 로비스트들이 그 뒤를 쫓아 7,200만 달러를 기부했고, 3위가 이데올로기에 기반을 둔 단체들로 이들이 7,160만 달러를 기부했다. 다른 모든 업계를 포괄하는 기타 부문이 낸 금액은 6,340만 달러였다. 노조들은 5,540만 달러를 기부했는데 이들은 전체 기부액 중 89.4%를 민주당 후보들에게 냈다.[30]

〈표4-5〉 산업군별 정치후원금 액수

버락 오바마		앨런 키스	
금융/보험/부동산	$ 2,315,177	그외업종	$ 525,751
변호사와 로비스트	$ 2,238,436	금융/보험/부동사	$ 29,855
그외업종	$ 1,659,290	기타업종	$ 28,521
기타업종	$ 848,531	의료입계	$ 21,965
통신/전자	$ 660,687	이데올로기/단일이슈	$ 13,519
의료업계	$ 566,702	건설업	$ 10,472
이데올로기/단일이슈	$ 526,385	통신/전자	$ 6,800
노동조합	$ 287,375	변호사,로비스트	$ 6,750
건설업	$ 196,426	농업	$ 3,050
에너지/자연자원	$ 178,200	교통산업	$ 1,750
농업	$ 113,100	에너지/자연자원	$ 1,250
교통산업	$ 100,000		
군수산업	$ 15,750		

출처 : 책임 있는 정치 구현 센터(Center for Responsive Politics).
이 차트는 모든 정치헌금을 제공한 업계에 따라 10개의 산업군과 노동조합, 이데올로기/단일이슈와 기타 등 총 13개로 나눠 분류한 것이다.

오바마에게 가장 많은 후원금을 낸 업종은 금융, 보험, 부동산 업계 쪽이었다. 이들이 231만 5,177달러를 냈다. 그 뒤를 변호사와 로비스트들이 바짝 쫓아 223만 8,436달러를 후원했다. 〈표 4-5〉는 기타 업종, 커뮤니케이션/전자 업종, 의료관련업계가 특히 오바마에게 거액을 후원한 것을 보여준다. 진보주의 이데올로기에 기반을 둔 정치 단체들이나 한 가지 이슈를 지지하는 단체들은 52만 6,385달러를 내는데 그쳤고, 노조도 28만 7,375달러를 후원하는데 머물렀다.

키이스에게 후원금을 낸 사람들을 살펴보자. 시카고 베어스 미식축구팀의 소유주인 버지니아 맥캐스키, 터틀 왁스 기업의 최고 경영자인 데니스 힐리, 스탠포드대 후버연구소의 보수적 흑인 경제학자인 토머스 소웰, 시카고 선타임스의 보수적 칼럼니스트인 토머스 로에서 등이었다. 키이스의 보좌관들은 2만 명이 넘는 후원자들이 선거운동이 시작된 지 7주 만에 소액 후원금을 몰아줬다고 말했다. 이 중 대부분은 연방 선거 당국에 분류해 보고하지 않아도 되는 매우 적은 금액이었다.

오바마와 키이스는 9월 말에 서로 거의 비슷한 선거 자금을 손에 쥐고 있었다. 하지만 오바마는 가을에 들어와 벌써 광고 스폿을 사고 미디어 전략을 세우고 있었다. 오바마의 선거운동본부 대변인이었던 줄리안 그린은 오바마 측이 10월 라디오와 TV에 방영될 광고를 위해 200만 달러를 벌써 지출했다고 밝혔다. 8월과 9월에도 민주당 측은 남부지역 정치 광고에 120만 달러를 썼었다.[31]

선거 광고를 제외하고 선거운동 때 가장 돈이 많이 들어가는 분야 는 역시 여론조사와 직원 월급, 그리고 사무실 임대료다. 민주당 경선 때 헐은 직원 월급으로만 100만 달러를 지출했다. 키이스에겐 유급 직원이 별로 없었다. 그는 주로 자원봉사자들에게 의지했고, 여론조사에 쓸 돈도 부족해 아꼈다. 키이스는 시카고의 웨스트룹 지역에 잭 라이언이 쓰던 사무실을 물려받았는데 한 달 임대료가 약 3,000달러 정도였다. 라이언의 직원과 사무실을 물려받으면서 키이스는 라이언이 받은 정치 후원금을 그대로 물려받지 않느라 조심했다. 정치 후원금은 법적으로 엄격하게 제한이 있었기 때문이다. 임대료 같이 큰 덩어리들이 해결되고 나면 공과금이나 휴대전화 요금, 무선호출기와 컴퓨터 사용료 같은 시시콜콜한 항목들을 처리해야 했다. 2004년 6월 라이언의 선거본부는 휴대 전화 사용료로만 1만 달러를 냈다. 키이스는 TV 광고에 라이언보다 덜 의지하는 대신 될 수 있는 한 많은 대중 유세를 벌여 언론의 관심을 얻으려고 애썼다.[32] 과시하는 듯한 그의 스타일과 기이한 수사학은 언론의 집중 조명 대상이 됐다.

키이스는 280만 달러를 모았고, 그 대부분을 썼다. 그의 선거운동

〈표4-6〉 정치후원금을 많이 낸 상위 산업군

버락 오바마		앨런 키이스	
변호사/법률회사	$ 2,152,436	퇴직자모임	$ 520,551
증권사, 투자사	$ 957,092	의료전문가	$ 19,265
퇴직자모임	$ 801,994	기타산업	$ 18,250
교육계	$ 489,574	부동산	$ 16,150
부동산	$ 481,225	공화당원/보수단체	$ 11.019
서비스산업	$ 372,216	증권사, 투자사	$ 7,050
기타금융	$ 350,998	변호사/법률회사	$ 6,750
의료전문가	$ 332,013	건설산업	$ 5,922
TV/영화/음악	$ 260,683	교육산업	$ 3,800
시중은행	$ 252,203	기타서비스	$ 3,521
보험	$ 169,232	컴퓨터/인터넷	$ 3,300
인쇄출판	$ 167,143	회계사	$ 3,200
기타산업	$ 137,291	특수무역계약회사	$ 2,800
공공서비스	$ 133,219	낙태반대단체	$ 2,500
비영리단체	$ 121,220	인쇄출판	$ 2,250
병원/양로원	$ 118,550	숙박/관광업	$ 2,000
컴퓨터/인터넷	$ 98,535	소매업	$ 2,000
전자부품	$ 95,700	병원/양로원	$ 1,700
인권단체	$ 95,429	작물생산업	$ 1,650
이스라엘지지단체	$ 90,900	서비스산업	$ 1,500

출처 : 책임 있는 정치구현 센터(Center for Responsive Politics).
　　　산업별 총액은 연방선거위원회에게 보고된 200달러 이상 후원한 개인과 정치단체 후원금을 근거로 하였다.

본부는 그가 출마를 선언한 2004년 8월 8일 이후 30시간 동안 인터넷으로 5만 달러를 모금하는데 성공했다고 주장했다. 인터넷은 키이스가 후원금을 모으는데 매우 유용한 수단이었다.[33] 정치 단체들은 5만 1,000달러 정도를 후원해 전체에서 차지하는 비중이 2% 정도였다. 키이스의 주 후원계층은 오바마와 거의 비슷했고, 미국의 전체 경향과도 일치했다. 금융·보험·부동산 업계가 1위로 약 3만 달러를 후원했고, 그 다음이 2만 8,500달러를 기증한 기타 업종이었다. 의료관련 단체들은 2만 2,000달러를 후원했다. 〈표 4-6〉을 보면 개별

업종이 오바마와 키이스에게 각각 얼마를 냈는지가 자세히 나온다.

　키이스는 전국적으로 그의 지지 기반이었던 낙태 반대 그룹이나 총기소유 권리옹호자들 그리고 다른 보수적 주장을 내세우는 그룹들의 지지를 일리노이주에서도 끌어들이기 위해 애썼지만 원하는 만큼 충분한 지지를 끌어내진 못했다. 키이스가 유세 도중 격렬한 낙태 반대 논리를 내세웠는데도 불구하고 공화당 전국낙태반대연합회만이 그에게 2,500달러를 기부한 것이 고작이었다. 남부 애덤스카운티에 있는 두 개의 공화당 그룹이 1,000달러를 후원했다. 키이스는 생각보다 공화당 조직과 보수 이익단체들이 후원금을 적게 내놓은 데 실망했다. 키이스의 가차 없는 연설 방식은 많은 공화당원들을 화나게 했고 영향력 있는 공화당 그룹들도 그의 후원금 모금을 위해 나서주지 않았다. 그에게 가장 많은 금액을 내 놓은 것은 3만 5,000달러를 후원한 전국 공화당 상원선거위원회였다.

　2006년 봄이 되면서 오바마는 미래 군자금으로 또 200만 달러를 더 모았다. 그는 또한 '호프 펀드'라 불리는 리더십 정치 단체Leadership PACs(의회 의원이 다른 후보들을 지원하기 위해 만드는 정치 단체를 말한다. 이를 통해 모은 지원금은 의원 자신에게는 쓸 수 없고 다른 후보들의 유세 지원이나 기부에만 쓸 수 있다 : 역주)를 스스로 설립했다. 이런 정치 단체는 선거운동본부보다는 자금 모금이나 자금 사용이 덜 엄격했다. 한 개인이 리더십 정치 단체에 기부할 수 있는 상한선은 3만 달러지만 후보 선거운동본부에 기부할 수 있는 상한선은 4,200달러에 불과했다. 리더십 정치 단체를 통해 모은 돈은 후보 자신의 선거운동에 직접 쓸 수는 없지만 다른 후보들의 유세 지원 여행에 지출하는 비용이나 직원 월급, 다른 지역에서의 여론 조사엔 쓸 수 있었기 때문에 전국적인 지명도를 높이기엔 매우 효과적이었다.

2007년 2월까지 호프 펀드는 440만 달러를 모았고 이중 380만 달러를 다른 후보들에게 후원했다.

록 스타와 비슷한 인기, 카리스마, 대중에게 어필하는 능력으로 말미암아 오바마는 미래 선거운동에 쓸 수 있는 어마어마한 자금을 모을 수 있었다. 2007년 2월 로스앤젤레스에서 열린 한 후원금 모금 행사에서만 그는 100만 달러를 끌어 모았다. 2007년 1분기까지 그는 2,570만 달러라는 어마어마한 대선 선거 자금을 모으는데 성공할 수 있었다. 이는 1990년대부터 정치 중앙무대에 있었던 기간이 오바마보다 8배나 긴 힐러리 클린턴보다 약간 뒤쳐지는 정도였다. 힐러리는 또한 두 번의 남편 대선 선거운동과 자신의 상원의원 선거를 거치면서 확보된 후원자 리스트를 가지고 있었다. 존 에드워즈 전 상원의원이 모금액에서 1,400만 달러를 모으면서 모금액 3위를 차지했다.[34] 오바마는 연방 로비스트들이나 정치 단체들로부터 돈을 받지 않았고, 후원금 납부자 수도 힐러리보다 두 배나 많았다. 후원금을 낸 사람은 10만 명이 넘었고 인터넷에서 걷힌 돈도 700만 달러에 달했다.

2007년 2분기까지 오바마는 추가로 15만 8,000명의 기부자들로부터 3,300만 달러를 모았다. 이중 3분의 1은 1인당 200달러 이하씩 낸 소액 후원금이었다. 이에 비해 힐러리는 2,700만 달러를 추가로 모금했다.35) 이는 오바마가 경쟁력 있는 후보이며 힐러리가 민주당 대선 후보를 확정지은 상태가 아니라는 것을 보여줬다.

2008년 대선에는 10억 달러 이상의 자금이 들어갈 것으로 전망되고 있다. 미국 선거 역사상 가장 비싼 선거가 되는 셈이며, 이로써 공공 자금 지원으로 선거를 치르는 체제는 사라져 버리게 됐다. 2008년 대선을 위한 모금 활동도 선거 2년 전부터 시작됐고, 이는 미국 선거 역사상 전례가 없던 일이었다.

5

오바마라는 우스운 이름 극복하기 : 언론과 선거

텔레비전, 527 광고, 라디오
신문, 인터넷

버락 오바마는 잘 생

긴데다가 매력 넘치고 연설 능력 또한 뛰어났기 때문에 유권자와 언

론의 대단한 주목을 받았다. 오바마는 선거 막바지 몇 주 동안 언론의

주목을 끌 수 있는 모든 역량을 쏟아 붓는 전략을 사용했다. 그는

2004년 초 대중의 관심을 끌기 시작하더니 이를 곧바로 예비선거까

지 지속시켰다. 그 선거의 전략을 담당했던 데이비드 엑슬로드^{David}

^{Axelrod}는 다음처럼 말했다. "일리노이주와 시카고시 전역에 온통 '버

락 오바마 쓰나미'가 밀어닥쳤다. 그것이 그 어떤 조직이건 완전히

압도해버렸다. 사람들은 자신들이 좋아하는 이 매력적인 후보에게 투표하고 싶었기 때문에 자발적으로 거리로 나온 것으로 보인다. 그런 흐름을 막을만한 조직은 하나도 없다.”[1] 수백만 유권자의 눈에 보이는 어떤 후보의 이미지를 ‘만들어 내거나 혹은 망가뜨릴 수 있는’ 대중매체의 엄청난 영향력에 대해서 뿐만 아니라 정치 선거에서 대중매체 산업이 과연 어떤 역할을 하는가에 대해 고려하는 것이 중요하다. 이 장에서는 신문과 방송이 상원의원 선거를 어떻게 보도했는지, 그리고 유권자에게 다가가기 위해 후보들은 대중매체를 어떻게 활용했는지에 대해 다루고자 한다.

텔레비전

텔레비전은 오늘날 확실히 가장 지배적인 형태의 대중매체이며 대부분의 미국인들이 텔레비전을 통해 뉴스를 접하고 있다. 정치 선거에서 텔레비전 광고는 선거운동 가운데 가장 돈이 많이 드는 부분이다. ‘보다 나은 선거를 위한 시민연대’ *Alliance for Better Campaigns* 추산에 따르면 2004년 일리노이주에서 쓰인 정치 광고 비용은 4,200만 달러였다.[2] 금액이 이렇게 작았던 데는 이유가 있다. 우선 일리노이주에서 경선을 하기도 전에 대통령 후보가 결정됐고, 일리노이에서 케리에게 패배할 것을 예측한 부시 대통령이 선거운동에 나서지 않았으며, 마지막으로 상원의원 선거가 치열하지 않았기 때문이다. 이와는 대조적으로 플로리다주에서는 전국에서 가장 많은 2억 3,600만 달러가 사용되었다. 심지어는 상대적으로 규모가 작은 뉴저지(8,800만 달러), 델라웨어(6,500만 달러), 위스콘신(5,400만 달러) 같은 주들도 일리노이주보다 많은 돈을 사용했다. 전국적으로 2004년 정당과 후보, 각종 단체들이 텔레비전 광고에 사용한 금액은 16억 달러로서 2000년에 비해 두 배 이상이었다.[3] 2002년 시카고에서 후보들이 텔레비전 광고에 사용한 금액은 2,430만 달러였으며, 이와는 별도로 각종 특수이익집단이 사용한 금액만도 2,000만 달러였다. 하지만 이상하게도 2004년도에는 후보들은 1,130만 달러(8월까지), 여러 이익집단들은 40만 달러(경선만 계산)만 사용했다.[4]

시카고에서 정치홍보 컨설턴트로 일하는 톰 세라핀[Thom Serafin]의 얘기에 의하면 경선의 승자는 잭 라이언과 버락 오바마만이 아니었다. 그에 따르면 '승자는 텔레비전 방송사들이었다.' 비록 후보들이 텔레비전 광고에 사용한 금액이 전년에 비해 훨씬 작았지만 거의 4,400만 달러에 달하는 금액이 시카고와 주 남부 매체 시장에 퍼부어지자 '일리노이 주민들은 끊임없는 광고의 홍수에 노출되었으며, 알지도 못하는 사람 이름에 익숙해져 갔다.'[5] 일리노이주의 정치 초년병들에게 텔레비전 광고는 비용이 많이 들긴 하지만 현장조직 부재라는 약점을 극복할 수 있는 유일한 방법이었다. 세라핀의 말에 따르면 "하부조직은 구축하는 데 시간이 많이 걸린다. 텔레비전은 짧은 시간 내에 이름을 알릴 수 있게 해주기 때문에 지역주민에게 이름이 퍼지는 것을 기대할 수 있다. 전에는 바닥에서부터 다져 올라가는 방식을 사용했다. 하지만 요즘 사람들은 탑다운 방식을 사용한다."[6] 선거비용 공적 조달과 텔레비전 광고 바우처[voucher]제, 그리고 선거 기부금 제한 등을 주창하는 사람들의 초당적 모임인 '일리노이 정치개혁 운동'[Illinois Campaign for Political Reform] 부대표로 있는 데이비드 모리슨[David Morrison]은 다음처럼 말한다. "우리는 수많은 백만장자들이 선거에 도전하고 실패하는 것을 보았다. 우리가 걱정하는 것은 최고 금액이 높아진다는 문제가 아니다. 최저금액이 높아지고 있다는 사실이다. 몇몇 사람들이 경선에서만도 500만 달러를 모금한 것을 우리는 알고 있다. 만일 이 금액이 새로운 최저금액이라면, 괜찮은 후보들 가운데 일부는 낙담할 수밖에 없다.”[7] 트레버 젠슨Trevor Jenson 은 「애드위크」Adweek 에 기고한 글을 통해 이런 현상을 다음과 같이 설명했다. “시카고처럼 돈이 많이 드는 시장을 갖고 있는 주에서 선거란 다음의 복층적인 메시지를 의미한다. 단지 선거에 나선다는 그 자체만으로 후보들은 상당한 돈이 필요하다는 것, 그리고 아무리 텔레비전 광고에 돈을 많이 들인다 하더라도 결과적으로 투표에서 들인 만큼의 효과가 항상 나오는 것은 아니라는 것이다.”[8] 시카고 정치홍보대행사 커스램프사Kurth/Lampe 의 대표 케빈 램프Kevin Lampe 는 이렇게 결론지었다. “스스로 자본을 조달했느냐 아니면 일반 대중으로부터 자본을 조달했느냐 하는 것은 당락에 아무런 영향을 미치지 못했다.”[9]

경선에 나선 후보들의 정치적 성향은 차별성이 많지 않았으므로 유권자에게 접근하고 유권자로 하여금 투표에 나서게 만드는 구식 정치가 유리했다. 경선 한 달 전, 민주당 성향 유권자 가운데 55%는 선거에 관심을 전혀 기울이지 않았거나 거의 기울이지 않았다는 답변을 했다. 그러므로 선거 마지막 몇 주가 핵심이었다. 오바마는 전략적으로 자신이 가진 모든 자원을 그 시기를 위해 아꼈다. 하지만 블레어 헐은 재정적인 자제력을 발휘하지 못하고 선거 출마를 공언한 순간부터 방송에 돈을 쏟아 부었다.

헐은 일리노이주 선거 역사상 새로운 기록을 세웠다. 2003년 6월, 경선을 10개월이나 남겨두고 텔레비전 광고를 시작한 첫 번째 후보가 된 것이다. 이전 기록은 1998년에 당선됐고 이번에 임기를 마치는 백만장자 피터 피츠제랄드가 남긴 것으로 선거 6개월 전에 광고를 시작한 것이었다. 백만장자 후보들은 부유하지 않은 후보들보다 매우 일찍 광고를 시작했다. 그 이유는 단지 그 비용을 감당할 수 있다는 것, 그 하나뿐이었다. 예를 들어 존 코진^{Jon Corzine}은 뉴저지주 상원의원 선거에서 6,000만 달러를 사용했는데, 2000년도에 그가 텔레비전 광고를 시작한 것은 경선일 3개월 전이었다. 당시로서는 그 정도도 매우 이르게 시작한 경우였다. 한 후보가 텔레비전 광고 물량 공세를 시작하면 그것이 촉매가 되어 다른 후보들도 똑같은 행동을 하게 된다는 사실은 명백하다. 물론 자금 여유가 있을 경우의 얘기다. 일리노이주 상원의장 마이클 마디간의 대변인인 스티브 브라운은 이렇게 말했다. "한 사람만 광고를 하고 나머지는 구경꾼의 입장이 되는 것을 우리는 매우 싫어한다."[10]

게다가 이런 미디어 공세는 경쟁자를 쫓아내거나 적어도 이번 선거는 돈이 많이 드는 선거가 될 것이라고 경고하는 역할을 한다. 버지니아에 본사를 두고 있는 홍보 컨설턴트로서 과거 일리노이주 선거에서 활동을 했던 릭 리드^{Rick Reed}는 "TV 광고 공세에는 분명히 힘을 과시하는 측면이 있다"고 말했다. 리드는 1998년 성공적으로 선거운동을 한 피츠제랄드의 조언자였다. 그 선거에서 유권자들에게 상대적으로 잘 알려지지 않은 피츠제달드를 알리기 위한 광고는 연초부터 시작되었다.[11] 주 남부 미디어에 대한 이러한 사전 준비가 존 시먼스^{John Simmons}에게 영향을 미쳤을 가능성도 있다. 당시 세인트루이스 교외에서 법정 변호사로 일하던 35세의 백만장자 시먼스는 선거 출마를 고민하다가 포기하고 말았다.

주 남부지역에 대한 헐의 미디어 공세는 텔레비전 광고를 통해 자신의 진보적인 의제와 미국의 의료보장제도 개혁에 대한 필요성을 강조하는 것으로 시작됐다. 헐의 광고는 또한 노동자로 시작한 자신의 성장배경, 빈털터리에서 거부로 성장한 자신의 자수성가 과정을 강조했다. 그 안에는 자신이 대공황기를 거친 부모님 밑에서 자랐으며 노동조합원이고 정부에서 주는 식량배급표 수령자였으며 수학교사였고, 지금은 네 아이를 둔 가장이란 내용도 들어 있었다. 헐은 이렇게 말했다. "나는 우리 주의 모든 유권자와 마음이 통하게 되기를 바라고 있다. 사람들을 이해하는 데는 시간이 걸리게 마련이다."[12] 헐의 초기 미디어 광고는 스프링필드와 과드 시티, 록포드, 디케이터를 포함하는 도시순회 유세프로그램의 일부였으며, 그 비용은 총 75만 달러에 달했고 세인트루이스 시장에 들어간 금액만도 22만 달러였다.

수개월 동안 헐의 텔레비전 광고는 어디서나 볼 수 있었다. 그는 자신의 경제계획과 의료보장제도를 강조했다. 헐은 광고에서 일자리 창출, 근로자 가정에 대한 세액 공제 확대, 일리노이주 농촌 지역에 대한 투자를 강조했다. 또 어떤 광고에서는 일자리 축소와 의료보장 제도의 위기에 대해 부시 대통령을 비난하기도 했다. 캐나다에서는 더 저렴하게 처방약을 지을 수 있으므로 노인들에게 캐나다 온타리오주에 있는 윈저에 다녀올 수 있는 버스 편을 제공한 것도 세 번이었다. 후보들이 이런 일을 2000년도부터 계속하긴 했으나 이 일로 헐은 텔레비전과 뉴스에 등장할 기회를 추가로 누렸으며 또한 그 행사들을 활용해 광고물을 제작했다.[13] 헐은 '미디어 폭격'을 통해 결국 정치적으로 이름을 알리는데 성공했다. 그의 전략이 성공했음을 보여주는 일화가 하나 있다. 일리노이주 록포드에 있는 맥도널드 레스토랑에서 한 여성이 헐을 보자 이렇게 말했다. "당신이 누군지 알겠어요. '제 이름은 블레어 헐이며 이 광고는 제가 승인한 것입니다' 라고 광고하는 분이잖아요." 그녀는 헐을 만나자 마자 광고의 마지막 구절을 그대로 외워 얘기해 줬던 것이다.[14]

<표 5-1> 민주당 경선 지지율 변동

가장 중요한 이슈	2004년 1월	2004년 2월	2004년 3월
블레어 헐	10%	24%	16%
버락 오바마	14%	15%	33%
댄 하인스	14%	11%	19%
마리아 파파스	14%	9%	8%
게리 치코	6%	5%	6%
기타	4%	2%	10%
미정	38%	34%	16%

출처 : www.cnn.com/ELECTION/2004.

선거를 몇 주 남기지 않은 시점인 2004년 2월 말, 여론조사에서 민주당원 가운데 절반이 지난 3개월 사이에 헐의 광고를 보았거나 들었다고 응답했다. 2위인 하인스의 광고를 보았다는 사람은 26%에 불과했다.[15] 여론조사는 또한 헐의 광고가 유권자들에게 먹히고 있다는 확신을 주었다. 그의 인지도는 급등했다. 민주당 유권자 열 명 가운데 여섯 명이 그의 이름을 들어보았다고 응답했다.[16] 전년도인 2003년 가을, 여론조사 응답자 가운데 32%만이 오바마의 이름을 안다고 대답했다. 1990년 이래 쿡카운티에서 의원 혹은 재정관을 역임한 마리아 파파스가 55%, 일리노이주 재무감사관으로 있는 댄 하인스가 54%를 기록한 것에 비하면 한참 밑이었다. 시카고의 변호사 게리 치코는 38%의 인지도를 기록했다. <표 5-1>은 투표 직전 3개월 동안의 후보들에 대한 지지율 변화를 보여준다.

헐이 방송광고를 시작하고 얼마 지나지 않은 2003년 가을, 하인스와 치코, 그리고 공화당의 잭 라이언 등이 그의 뒤를 따랐다. 그들은 모두 다른 후보 진영의 광고로 채널이 붐비기 전에 유권자에게 다가갈 수 있기를 바랐다. 2003년 9월 말, 민주당에서는 가장 먼저 상원의원 선거에 도전하겠다고 선언한 게리 치코가 시카고 텔레비전에 광고를 낸 최초의 후보가 되었다. 시카고 교육위원회 의장을 지낸 치코는 교육계에서의 자신의 업적과 자신이 시카고 출신이라는 점을 강조히는 광고를 했다. "우리는 텔레비전에 나온다는 사실 자체가 선거 자금 모금과 커넥션 만들기 양쪽 모두에 도움이 되리라 믿는다."[17] 치코는 이렇게 말했으나 실제로 이 말대로 된 것 같지는 않아 보인다.

다른 후보들은 남부지역 유권자들에게 자신을 알리는데 집중했다. 그들은 시카고의 유권자 층이 민주당의 잔존 기득권 세력이나 현존하는 정치적 기반 또는 인종적 대립 관계를 기반으로 하는 다양한 분파로 나뉠 것이라고 생각했다. 잭 라이언은 다음과 같이 언급했다. "정치 격언 가운데 하나가 다른 사람들이 나를 정의하기 전에 자기 스스로 자신을 정의하라는 것이다. 우리는 나를 한 사람으로서 정의하려고 노력하고 있다. 일단 그 기반을 만들고 나면 우리는 우리에게 닥친 문제를 어떻게 해결할 것인가에 대해 신뢰를 주면서 얘기할 수 있다."[18]

헐과 치코는 과잉노출이 어떤 면에서는 불리하다는 사실을 인식하고 있었다. 텔레비전 광고에 돈을 쓰기 시작할 무렵, 헐은 스스로 이렇게 자문한 적도 있다. "어느 정도 시간이 지나면 사람들이, 뭐랄까, 지겨워할지도 모른다는 생각이 들지 않을까?"[19] 제리 치코는 더 분명한 생각을 갖고 있었다. "사람들을 짜증나게 만들고 싶지 않다. 지나치게 노출할 경우 사람들이 '어휴, 지겨워. 이 친구는 이제 그만 봤으면 좋겠네' 하고 얘기하게 되는 어떤 한도가 존재한다고 생각한다."[20]

헐의 선거운동이 가정문제와 약물, 알콜 남용 문제 등이 불거져서 내부에서 붕괴된 반면, 하인스의 전략은 조심스럽고 정교했다. 한 평론가의 말에 의하면 하인스의 테마는 '부드러운 게 아름답다'^{Bland is}

^{beautiful}였으며 노동자와 전통적인 시카고 정치세력의 현장 지지를 기대하고 있었다.[21] 시카코 트리뷴의 칼럼니스트 릭 피어슨^{Rick Pearson}은 민주당의 경선을 '지루하다' 라고 평하면서 이렇게 말했다. "최근 일리노이주 재무감사관 '무표정' 댄 하인스의 선거본부에서는 그가 열정을 가진 사람이라는 보도 자료를 배포할 정도로 상황이 너무 안 좋았다. 하인스를 보며 가끔 저 친구 맥박은 뛰나 하는 의구심을 갖던 유권자들은 TV 광고를 통해 그의 부인이 의사라는 사실을 알고 나서 좀 안심하게 될 지도 모르겠다."[22]

마리아 파파스^{Maria Pappas}는 자신을 남성 경쟁자들과 차별화하고 싶어 했으므로 양복을 입고 있는 마네킹들 앞에 눈에 띄게 서있는 자신의 모습을 담은 광고 하나만을 사용했다. 하지만 릭 피어슨의 말에 따르면 이 스폿광고는 그녀가 잘 알려져 있지 않은 남부지역 사람들에게는 효과가 없었다. 유권자들은 '그녀가 남성용 블레이저코트와 넥타이를 광고하고 있다고 생각할 가능성이 농후했다.'[23]

오바마는 초기에 사용한 광고에서 자신의 인상적인 경력을 강조함으로써 자신을 경쟁자와 차별화시키고자 노력했다. 3월 초, 오바마는 시카고의 민주당 소속 하원의원으로서 진보적 성향을 띠고 있는 재니스 샤코프스키가 오바마를 추천하는 텔레비전 광고를 내보내기 시작했다. 하지만 운 나쁘게도 광고가 나간 첫날, 샤코프스키의 남편으로서 오랫동안 시민운동을 해 온 로버트 크리머가 부정수표 사용과 탈세 명목으로 기소되고 말았다. 남부지역에 내보낸 다른 광고에는 전 상원의원인 고(故) 폴 사이먼의 딸, 세일라 사이먼이 등장했다. 사이먼 의원은 대단히 존경받는 사람이었으므로 그의 딸의 지지는 오바마에게 신뢰를 부여했으며 그가 남부지역의 유권자들을 사로잡는데 도움이 되었다.

아낌없이 돈을 쏟아 부으며 텔레비전 광고 폭격을 했음에도 불구하고 많은 사람들은 헐이 그보다 훨씬 광고가 적은 다른 경쟁자들에 비해 확고한 우위를 점하지 못했다고 생각했다. 더구나 2004년 3월 초에 열린 민주당 경선 TV 토론에서 헐은 자신의 전 부인이 요청한 보호명령은 이혼합의금 340만 달러를 받아내려는 법정 전략의 일부였을 뿐이라고 설명했다. 그는 이렇게 말했다. "이혼에는 아이들이 문제가 되는 것, 그리고 돈이 문제가 되는 것, 이렇게 두 가지 종류가 있다. 나의 경우는 후자다."[24] 그는 우위에 있는 사람은 공방을 피한다는 원칙을 버리고 오바마와 하인스가 제약회사와 보험회사로부터 거액의 기부금을 받고 있다고 비난했으며 두 사람은 이를 부인했다. 헐을 중심으로 벌어진 공방전이 선거보도를 하는 거의 모든 TV 프로그램에 나가자 헐이 가진 장점은 묻히고 다른 후보들의 인기만 높아졌다. 오바마의 선거본부장으로 있던 짐 콜리Jim Cauley는 오바마가 텔레비전에 많이 나올수록 좋다는 사실을 인식하고 이렇게 말했다. "어떤 식으로든 우리가 일리노이주에 있는 모든 사람들 앞에 버락 오바마를 세울 수만 있으면, 그 사람들은 오바마를 선택하는 쪽으로 결론을 내릴 것이다."[25] 결과적으로 오바마의 미디어 전략은 대단히 효과가 있었다. 선거전문가 데이비드 엑슬로드는 다음과 같이 말했다. "우리의 전략은 언제나 마지막에 강하게 밀어붙이는 것이었다. 그때는 모든 사람이 관심을 기울이고 있을 때였다. 선거에서 반드시 지켜야 하는 사항 중의 하나는 일찍 돈을 사용함으로써 자원을 낭비하지 말라는 것이었다."[26]

경선이 끝나고 본선 유세가 시작되자마자 공화당 후보 잭 라이언은 자신의 이혼기록을 둘러싼 논란에 휩싸였다. 라이언은 자신의 지지도가 추락한 것은 언론 때문이라며 언론을 비난했다. 언론이 그의 이혼기록에만 초점을 맞추어서 '여러 이슈에 대해 적극적인 토론을 할 수 없게' 만들었다는 것이다. 라이언은 다음처럼 토로했다. "언론이 통제력을 잃었다. 시카고 트리뷴이 양육과 관련된 비밀서류에 대해 접근을 허용해 달라는 소송을 제기하고, 또 양육분쟁과 관련된 사항을 방송하게 되면 부모가 함께 아이를 양육하는 것이 어려워질 뿐 아니라 아이에게도 해롭다는 부모들의 주장에도 불구하고 분쟁과 관련된 세부적인 내용을 공개할 수 있는 권리를 획득한 것은 정말 지나친 행위다."[27]

잭 라이언이 중도 하차하고 나자 오바마는 본 선거에 맞추어 미디어 전략을 수정했다. 처음에 그는 7월에 텔레비전 광고를 시작할 생각이었으나 8월 중순까지 기다리기로 했다. 때가 되자 그는 남부지역 미디어 마켓에 뿌려진 광고들을 통해 자신이 주 상원에서 제정된 법안, 즉 저임금 근로자에게 세금을 환급해 주고 병원들이 무보험 환자에게 비용을 청구하는 것을 금지하며, 보험회사가 정신질환과 X-선 유방검사에 대해 보험금을 지급하도록 하는 법안이 통과되도록 노력했음을 크게 부각시켰다. 올림픽 경기가 열리는 동안에는 NBC 자회사를 통해서도 광고를 내보냈다.[28] 이러한 스폿광고들은 오바마가 세금경감과 의료보장 문제에 대해 주 상원에서 민주당과 공화당 양쪽 모두와 함께 일할 수 있는 능력이 있음을 크게 부각시켰다. 하지만 새로운 공화당 후보에 대해서는 한 마디도 꺼내지 않았다. 오바마의 대변인 로버트 깁스[Robert Gibbs]는 이렇게 말했다. "우리는 지금이 경선 동안 그다지 광고를 많이 보지 않은 많은 곳의 사람들에게 버락을 소개하고 또 소개할 수 있는 기회라고 여기고 있다."[29] 본 선거에서 오바마의 언론담당 보좌관이었던 줄리안 그린[Julian Green]의 말에 따르면 당시에는 앨런 키이스가 언론의 주목을 받고 있었다. "왜냐하면 그가 매일 황당한 공격을 해댔기 때문이었다. 그러면 언론은 우리에게 전화해서 어떻게 대응할 것이냐고 물었다. 거기에 답했다면 우리 입장으로 보면 마치 남의 말에 놀아나는 꼴이었을 것이다.”[30] 만일 오바마가 키이스의 공개적인 공격에 대응하는데 매달렸다면 그는 결코 자신의 메시지를 유권자에게 전달하지 못했을지도 모른다.

이즈음 오바마는 네 개의 광고를 제작했고 선거일까지 그 광고들을 계속 돌려가면서 방송했다. 2004년 10월 19일, 그는 시카고 지역에서 200만 달러가 들어간 텔레비전 광고를 통한 유세를 시작했다. 경선이 끝난 후 이 지역에서는 최초의 정치 광고였다. 이 30초 스폿광고는 유권자의 지지를 호소하지도 않았고 오바마가 무슨 선거에 출마했는지도 알리지 않았다. 단지 민주당 전당대회에서 오바마가 한 기조연설만 약간 보여줄 뿐이었다. 전당대회 대의원들이 파란 바탕에 흰색 글씨로 ‘오바마’라고 적힌 표지판을 흔드는 게 보이고 오바마가 자신의 연설 가운데 핵심 부분을 말하는 게 들린다. “진보의 미국도, 보수의 미국도 없습니다. 오직 미합중국만이 있을 뿐입니다.” 자세히 살펴보면 마지막 몇 초 동안 화면 한쪽 구석에 ‘상원의원에 민주당 후보를 뽑자’라는 글씨가 보인다. 오바마 선거운동본부에서 언론을 담당한 데이비드 엑슬로드는 키이스를 40%나 앞서고 있는 상황에서도 오바마는 결코 자만하지 않았다고 단호하게 말했다. “우리가 이런 상황을 당연하다고 여겼다면 광고를 하지 않아도 된다는 주장이 설득력 있게 들릴 수도 있었다. 그러므로 광고를 지속했다는 사실 자체가 우리가 어느 한 표도 당연하게 여기지 않았다는 것을 말해준다.”[31]

키이스가 내보낸 텔레비전 광고는 두 가지뿐이었다. 첫 번째 광고는 2004년 10월 마지막 주에 전파를 탔다. 키이스의 선거본부장 빌

파스코Bill Pascoe는 이렇게 설명했다. "우리는 최후의 순간까지 기다리고 있다."32) 그의 스폿광고는 로날드 레이건과 러시 림보^{Rush Limbaugh}, 헨리 하이드^{Henry Hyde} 하원의원, 전 시카고 베어스 코치 마이크 딧카^{Mike Ditka} 그리고 이제 물러나는 피터 피츠제랄드 상원의원이 키이스를 칭찬하는 어구를 아무런 소리도 없이 보여주었다. 이 광고는 주 전역을 대상으로 하는 50만 달러 상당의 방송광고 계약의 일부였다. 레이건이 나올 때는 이런 자막이 흘렀다. '더 강한 미국을 이토록 용감하게 지지하는 사람을 본 적이 없다.' 그 이후 '누구에 대한 이야기인가? 상원의원 앨런 키이스' 라는 자막이 반짝하고 나타났다. 말소리가 들리는 경우는 키이스가 자신이 이 광고를 승인했다는 말을 할 때뿐이었다. 키이스의 보좌관 한 사람은 이렇게 설명했다. "우리는 일리노이 주민들에게 그들이 존경하는 사람들 가운데 앨런 키이스를 중요한 사람으로 여기는 사람들이 많다는 사실을 상기시켜 주고 싶었다. 만일 당신이 로널드 레이건을 좋아한다면, 앨런 키이스를 좋아할 수밖에 없을 것이다. 로널드 레이건은 실제로 키이스를 좋아했다."33 키이스가 설명하는 자신의 전략은 다음과 같았다. "보좌관들에게 얘기했던 것처럼, 그것은 마치 가을철 나뭇잎 같은 것이다. 잎이 떨어질 준비가 되어 있는 어느 시점에 우리의 광고가 바람 역할을 하면, 잎은 떨어지기 마련이다."34

　오바마에 대해 '이국적' 이란 비방성 언급이 들어있기는 했지만, 키이스의 초기 텔레비전 스폿광고는 절제되어 있고 건설적이었다. 실상 오바마 선거운동본부에서는 키이스가 네거티브 전략으로 나올 경우를 대비하고 있었다. 오바마의 대변인 로버트 깁스는 이렇게 말했다. "나는 그가 네거티브 선거 전략을 택할 것이고 그런 내용을 일리노이주 TV 광고에 짧게나마 포함시킬 것이라고 추측한다. 하지만 유권자들은 그런 태도에 거부감을 드러낼 것이다. 이미 키이스의 후보 자격에 대해 전반적으로 거부감을 드러냈던 것처럼 말이다."[35] 키이스의 보좌관은 이렇게 말했다. "네거티브 전략을 사용하려는 사람은 그 전에 자신이 긍정적인 사람이라는 사실을 확고히 인식시켜야 한다. 선거에서 공격을 한다는 것은 곡사포를 쏘는 것과 비슷하다. 곡사포는 대형포인데, 반동이 만만치 않다. 이 포는 지지대를 확실하게 설치하지 않으면 적뿐 아니라 자기 자신을 해치는 부작용을 낳을 수도 있다."[36]

하지만 키이스의 비방성 선거방식은 타 지역 공화당 후보를 공격하는데 사용되었다. 민주당 후보들이 자신의 선거전에 키이스를 끌어들였기 때문이다. 시카고에 있는 20지구 하원의원 선거에서는 현직의원 두 사람이 선거구가 재설정되자 맞부딪쳤다. 민주당 하원의원 랠프 카파렐리[Ralph Capparelli]는 상대진영의 마이크 매콜립[Mike McAuliffe] 의원과 키이스의 사진을 나란히 싣고 다음과 같은 구절을 적은 광고 우편물을 발송했다. '같은 당에서, 같이 공천 받고, 같은 견해를 가진, 공화당원 두 사람.'[37] 피오리아 지역에서 제작된 민주당 선전물은 키이스와 함께 공화당 후보인 스물세 살의 교육위원회 의장 애런 쇼크를 보여주었다. 그리고는 키이스도 '언젠가 젊은 시절이 있었다'는 사실을 유권자들에게 상기시켜주면서 키이스와 쇼크 두 사람 다 강간과 근친상간 피해자들의 낙태를 반대했다는 사실을 지적했다.[38]

키이스의 두 번째 광고는 선거 당일 방송을 탔다. 이 광고는 오바마가 법정 변호사들로부터 선거 자금을 수수하고 세금을 인상하는 쪽에 투표했다고 비난했다. 키이스는 변호사 수수료를 제한하고, 소송 남발을 막고, '근로자 가정의 세금 부담을 경감하겠다'고 공언했다.[39]

527 광고

2004년에는 각종 이익집단들도 이슈에 대해 자신들의 견해를 밝히고 지지 세력을 결집하기 위해 방송을 활용했다. '527그룹' 가운데 대선 구도를 좌우한 것은 '진실을 찾는 쾌속정 참전 용사들'Swift Boat Veterans for Truth과 '무브온'Moveon.org이다. 그룹의 성격을 규정한 세법 조항이 527조였으므로 527그룹이라고 불리는 이 단체들은 모금 금액에 제한이 없다. 이 단체들은 특정 후보의 당선이나 낙선을 위한 직접적인 활동을 할 수 없다. 그러므로 연방선거관리위원회의 감독을 받지도 않는다. 또한 이 단체들은 특정 후보의 선거본부와 협의를 할 수도 없다. 하지만 이슈를 제기하는 것과 특정 후보를 지지하는 것 사이의 구분은 종종 논란이 대상이 되며, 그럴 경우는 결국 소송에 이르게 된다.

2004년 일리노이주 상원의원 선거도 예외가 아니었다. 오바마와 키이스가 첫 번째 토론을 하는 날 오바마의 입법 경력을 문제 삼는 광고가 방송을 탔다. 거기에 자금을 지원한 것은 잭 라이언의 보좌관이 운영하는 527위원회인 '강한 일리노이 방송 기금'Empower Illinois Media Fund이었다. 오로라시의 제프 데이비스Jeff Davis는 스프링필드와 샴페인, 디케이터 지역에 독자적인 스폿광고를 하려는 목적으로 베링턴에 사는 부유한 보수주의자 잭 로우저로부터 10만 달러의 후원금을 받아냈다. 데이비스가 이 광고를 제작한 것은 그가 보기에 오바마는 유권자들에게 그의 진보적 입법 경력을 옹호할 수 없다고 느꼈기 때문이었다. 짧으며 저예산으로 제작된 30초짜리 이 스폿은 오바마의 얼굴을 보여주었다. 아무런 목소리도 들리지 않는 그 광고는 다음과 같은 구절들을 보여주었다. "오바마는 무고한 어린이들을 살해한 악당들을 무겁게 처벌하는 것을 반대합니다'… 오바마는 유치원 아이들에게도 성을 가르쳐야 한다고 주장합니다 … 오바마는 낙태시킨 태아가 살아서 태어나더라도 태아를 살리는데 반대합니다."[40] '강한 일리노이' 는 시카고 지역의 두 개 텔레비전 방송사를 통해 반(反)오바마 광고를 내보내는데 1만 5,800달러를 사용했다.

오바마의 대변인 로버트 깁스는 '유령 위장단체' 의 광고가 주 상원 의원의 기록을 왜곡시키고 있다고 비난했다. 깁스는 그 단체가 키이스의 선거 전략과 공조활동을 하고 있다고 주장하면서 이렇게 말했다. "이것이야말로 전형적인 공격 광고다. 이것이야말로 전형적인 키이스식 공격이다. 전체 이야기를 다 들려주지 않는다."[41] 그 광고에서 제기한 주장들은 부정확하고 오도의 소지가 있는 것으로 드러났다.

후에 이 문제를 더 심각하게 만든 것은 좌파 선거 감시단체인 '책임과 윤리를 찾는 워싱턴 시민들' Citizens for Responsibility and Ethics in Washington 이 연방선거관리위원회에 '강한 일리노이' 가 정치위원회라고 주장하는 민원을 제기하면서 파장이 더 커졌다. 이 민원 관련 발표를 하면서 CREW의 대표 멜라니 슬론 Melanie Sloan 은 이렇게 말했다.

잭 라이언 밑에서 회계를 담당했던 사람에 의해 지난 8월에 설립된 '강한 일리노이' 는 목적이 버락 오바마를 패배시키는 것이라는 점을 전혀 숨기지도 않았다. 이 단체는 잭 로우저가 선거 기부금 제한을 회피할 목적으로 만들어진 도구일 뿐이다. CREW는 연방선거관리위원회 FEC 가 즉각적인 조사에 나서서 키이스와 로우저 그리고 '강한 일리노이' 가 일리노이주 상원의원 선거에 불법적인 영향력을 행사하는 것을 중지시키기를 요청했다.[42]

오바마는 비방 광고는 정신을 좀먹는 것이라고 규정하면서 '교양이 완전히 사라졌기 때문에' 문제에 건설적으로 접근하는 것이 불가능하다고 말했다. 계속해서 그는 이렇게 말했다. "여러분은 누군가에 대해 거짓을 말할 수도 있다. 여러분의 입장을 속일 수도 있다. 자신이 한 말을 뒤집을 수도 있다. 적극적으로 무언가를 이루는 대신 누군가를 헐뜯는 데 모든 시간을 사용할 수도 있다. 그러나 이런 것이 용인되는 삶의 영역은 정치 외에는 그 어디에도 없다. 그것은 사람들이 대화에 조금이라도 복잡한 내용을 끌어들이는 것을 막는다. 왜냐하면 복잡한 것을 말하는 순간, 그 사람을 미친 사람처럼 보이게 만드는 텔레비전 광고나 우편 광고물의 소재가 되어 버리기 때문이다."[43]

라디오

라디오의 형태에는 전파 · 인터넷 · 위성 등 여러 가지가 있지만 그 형태에 관계없이 라디오가 전달하는 공개토론을 듣는 사람들은 점점 더 증가하고 있으며, 그로 인해 미국 전체와 각 주의 정치 판도가 바뀌어 왔다.[44] 미국 가정의 경우 99%, 차량의 경우 95%는 라디오가 있으며, 인터넷을 통해 웹캐스팅을 하는 방송은 3,000개 이상이다.[45] 최근 합병을 통해 하나의 거대한 위성 라디오회사가 된 XM 위성 라디오^{XM Satellite Radio Holdings Inc.}와 시리우스 위성 라디오^{Sirius Satellite Radio}의 가입자는 1,400만 명에 이른다.[46] 이렇듯 청취자의 규모가 엄청나기 때문에 라디오는 정치 선거에 영향력을 행사할 뿐 아니라 유권자에게 다가갈 수 있는 강력한 힘을 가진 미디어 수단이라고 볼 수 있다. 또한 라디오는 특히 주와 지방 선거에서 효용성을 발휘한다. 라디오 방송국은 지역 기업에 의해 소유, 운영되고 있고 라디오 광고의 75%는 지역적인 내용이기 때문이다.[47] 또한 라디오 광고는 텔레비전 광고에 비해 대단히 저렴하다. 보수적 색채의 대담 프로그램들은 아침과 저녁 시간 출퇴근하는 많은 청취자들에게 주요 뉴스와 정치 소식을 집중적으로 전달했다. 이런 프로그램들로 인해 라디오는 다시 한 번 중요한 매체로 떠올랐다.[48] 몇몇 사람들의 주장에 의하면 유명 정치평론가들이 라디오에 지속적인 관심을 갖도록 만든 러시 림보의 존재가 라디오의 부활에 지대한 기여를 했다.[49] 라디오는 정치 선거에서 '비밀 병기'였다. 1996년 일리노이주 상원의원에 도전한 공화당의 알 살비Al Salvi는 선거운동에 라디오를 잘 활용한 것으로 알려져 있다. 살비는 이런 선거운동으로 4만 달러 이하의 비용으로 3주 만에 900만 명 이상의 유권자에게 접근했다.[50] 정치 선거에 라디오가 활용되는 것은 방송이 나가고 나서 유권자들의 반응이 오기까지의 시간이 짧기 때문이다.[51] 후보들은 더 신뢰도가 높은 유권자들에게 접근하기 위해 인기 뉴스 프로그램에 광고를 내보내는 방식으로 라디오를 활용했다. 라디오 광고는 텔레비전에 비해 현저히 저렴하며 더 분명한 성격을 가진 청취자 집단에게 메시지를 전달할 수 있다.

일리노이주 상원의원 선거에 라디오 광고를 처음으로 사용한 사람은 블레어 헐이었다. 그가 바비 러시Bobby Rush 하원의원을 선거본부장으로 영입한 지 꼭 2주 만에 1주 동안의 라디오 광고를 위해 3만 달러가 사용되었다. 2000년도에 오바마가 하원의원 선거에서 러시에게 도전했다가 패배한 기록이 있었지만, 러시는 자신이 헐을 지지하는 것은 그 일과는 전혀 무관하다고 주장했다. 상원의원에 도전하는 민주당 후보 사이에 일어난 최초의 충돌 가운데 하나는 오바마가 라디오 스폿광고를 통해 백만장자인 투자자 헐에게 '한 방' 먹이는 것으로 시작되었다. 헐은 흑인들이 즐겨 청취하는 라디오 방송에 광고를 냄으로써 오바마의 흑인 지지기반을 흔들려고 하고 있었다. 바비 러시는 그 광고에 등장해서 헐을 '어떤 집단으로부터도 영향을 받지 않으며, 우리의 정당한 몫을 확실히 찾아줄 사람'이라고 치켜세웠다.[52] 60초짜리 광고에서 러시는 또한 이렇게 말했다. "블레어 헐은 나처럼 노동자 가정에서 자라고 육군에서 복무했다. 블레어 헐은 나처럼 의료보장제도의 부담을 낮추는 일, 우리의 아이들이 공정한 기회를 누릴 수 있도록 학교를 개선하는 일, 우리 공동체가 다시 안정을 찾을 수 있도록 일자리를 창출하는 일에 전념해 왔다."[53]

이에 대한 대응으로 두 사람의 흑인 후보 가운데 하나였던 오바마는 헐은 돈으로 표를 얻으려고 애쓰는 이방인일 뿐이고 자신이야말로 인종에 상관없이 모든 유권자를 위해 투쟁한 경력을 가지고 있다고 주장하며 이렇게 말했다. "공동체를 위해 활동한 실제 경력을 갖고 있어서 좋은 점은 환심을 사기 위해 돈을 들이지 않아도 된다는 것이다." 또한 오바마는 다음과 같이 지적했다. "저 얘기가 바비 러시가 하는 말인지 아니면 다른 사람이 하는 말인지 모르겠지만, 60세가 될 때까지 흑인 사회의 주요한 문제에 대해 어떤 기여도 하지 않은 사람이 갑자기 그런 문제를 깨달았다고 하는 말을 믿기는 참으로 쉽지 않은 일이다."[54] 오바마의 발언에 대한 헐의 반응은 "말 그대로 한 번 붙어보자는 얘기군"이었다.[55] 헐의 대변인 수잔 라가나는 흑인 유권자에 대해 헐이 정성을 기울이는 것을 다음처럼 설명했다. "블레어 헐은 오래전부터 흑인 사회에 접근하기 위해 노력했다. 그리고 오바마의 이야기는 우리가 민감한 곳을 건드린 때문이 아닌가 여겨진다. 헐은 한 표도 쉽게 양보할 생각이 없고, 또 한 표도 손쉽게 얻을 수 있다고 생각지도 않는다."[56] 2003년 10월, 오바마는 흑인들이 청취하는 라디오 방송에 광고를 내보내기 시작했다.

2004년에는 대통령 선거로 인해 다른 방송매체와 마찬가지로 라디오에서도 정치 광고가 전반적으로 줄어들었다. 조지 W. 부시와 존 케리 두 후보 모두 이번 대통령 선거에서 일리노이주가 민주당 후보를 지지할 것이라고 예측했기 때문에 아무도 일리노이주에서 방송광고를 하는 데 돈이나 시간을 들이지 않았다.

오바마와 키이스의 첫 번째 토론은 라디오로 중계되었다. 오바마에게선 민주당 전당대회에서 보여주었던 강렬함이 보이지 않았다. 오바마는 키이스가 흥분할 것이라고 예측했으나 키이스는 예상과 달리 침착한 모습을 보여주었다. 이것이 오바마를 당황스럽게 만든 것이 분명했다. 오바마는 토론하는 동안 계속 말문이 막히거나 말을 더듬었다. 키이스는 1990년대에 자신의 라디오 쇼를 진행했던 만큼 라디오라는 전문 분야에 대한 경험이 충분했다. 그 라디오 쇼로 인해 키이스는 1996년과 2000년 대선에서 낙태 반대론자를 포함해 보수주의자들 사이에서 하나의 아이콘이 될 정도였다.[57] 키이스의 몇 가지 주장에 대해 오바마는 다음과 같이 반박했다. "이번 선거에서 나온 몇몇 주장들은 너무 괴상해서 정말 웃음밖에 나오지 않는다. 예수님도 나를 찍지 않을 것이라는 말을 들었을 때는 상대 후보에게 '도대체 당신의 여론조사원은 누구요' 하고 묻고 싶었다. 나는 그 사람과 얘기를 하고 싶었다. 왜냐하면 더 중요한 질문들이 너무나 많기 때문이다. 내가 천국으로 갈지, 지옥으로 갈지는 다음 생에서 결정될 문제다. 사람들은 우리가 진지하게 우리에게 닥친 문제에 대해 대화한다면 당면한 문제를 푸는데 실제적인 도움이 된다고 생각할 것이다."[58]

신문

신문 매체의 수가 줄어들었다고는 하지만 신문은 아직도 성공했거나 교육을 많이 받은 독자들을 거느리고 있음이 분명하다.[59] 2004년

8월, 미국신문협회가 실시한 전국적이고 초당파적인 조사 결과 등록 유권자 열 명 가운데 일곱 명이 규칙적으로 신문을 읽고 있음이 드러났다.[60] 정보화 시대를 맞아 전국 신문이든 지방 신문이든 온라인 신문을 도입함으로써 예전보다 더 많은 독자들에게 접근할 수 있는 능력을 갖추게 되었다. 정치 선거는 유권자들에게 접근하기 위해 여전히 신문을 활용하고 있으며 후보에 대한 뉴스가 신문에 실리거나 신문의 지지 선언을 받는 것은 지지율을 올리는 데 분명 도움이 되는 것으로 나타났다. 전반적으로 신문은 텔레비전보다 훨씬 상세한 정보를 제공하며 대부분의 지역에서 신문사의 특정 후보에 대한 지지 선언은 상당한 무게를 담고 있다. 후보들 또한 자신을 지지하는 신문들이 어느 곳인지 널리 알려 홍보에 이용한다.

후보들의 자금과 스캔들, 배경 등을 고려했을 때 2004년 상원의원 선거에 다양한 종류의 신문들이 관심을 가졌다는 것은 전혀 놀라운 일이 아니다. 신문은 마치 사회의 감시자처럼 행동하며 후보의 모든 측면을 샅샅이 조사했다. 치열한 경쟁에 압박을 받은 탓에 신문들은 각 후보의 삶의 직업적, 정치적, 개인적인 모든 측면을 집중적으로 파고들었다.

일리노이주에서 가장 큰 신문사인 시카고 트리뷴과 시카고 선타임즈는 경선과 본 선거 모두에서 오바마를 지지했다. 경선에서만 적어도 39개의 신문이 오바마를 지지했다. 하인스는 블루밍턴에 있는 판타그래프와 졸리엣에 있는 헤럴드 뉴스의 지지를 확보했다. 오로라에 있는 비컨 뉴스는 '열정과 문제 해결 능력'을 갖고 있다는 이유로 게리 치코를 지지했다. 또한 치코가 1995년 심각한 문제를 안고 있던 시카고의 공교육 제도를 재건한 경험을 살려 교육과 의료보장제도, 그리고 경제 개혁에도 비슷한 결과를 가져오지 않겠느냐는 기대를 표명했다.[61] 그러면서 비컨 뉴스는 독자들에게 다음과 같이 경고했다. "전자 미디어를 통한 '과대광고'에 넘어가지 말라. '내실 있는' 후보를 원한다면 게리 치코를 선택하라."[62]

본 선거일이 가까워 오면서 오바마는 신문의 잇따른 지지선언 외에 또 다른 측면에서 미디어의 덕을 보게 됐다. 2004년 민주당 전당대회에서 기조연설을 한 이후에 전국의 각종 매체들은 오바마에게 우호적인 글을 쏟아냈는데, 이것이 오바마에게 또 다른 지원이 되었다. 전통적으로 기조연설은 저명인사나 이제 막 떠오르는 슈퍼스타에게 맡겨져 왔다. 그 연설에서 성공을 거둠으로써 오바마에게는 전국적인 정치인으로서의 길이 열리기 시작했다. 오바마는 자신이 앞으로 할 일에 대해 다음과 같이 말했다. "제가 하려고 계획하는 일 중 하나는 생활고에 시달리는 일리노이 주민들을 만나고 그 주민들의 심정을 대변해 널리 알리는 것입니다."[63] 케리의 선거 전략에 따르면 오바마는 주요 선거 자산 가운데 하나였다. 케리의 선거참모들은 흑인 유권자들을 경시했고 그로 인해 케리에 대한 흑인 사회의 부정적인 움직임이 있었는데, 오바마는 이를 완화시켜줄 수 있었다. 2004년 4월 시카고에서 열린 선거모금 행사에서 오바마를 처음 만나고 그의 연설을 들은 후 케리는 전당대회 기조연설자로 오바마를 고려하기 시작했다.[64] 케리의 보좌관이 전하는 바에 따르면 케리는 오바마의 '열정과 유창한 말솜씨, 그리고 카리스마'에 깜짝 놀랐다고 한다.[65]

본 선거에서 오바마를 지지한 마지막 메이저 신문은 스프링필드의 스테이트 저널 레지스터State Journal Register였으며 이 신문의 지지 선언은 오바마가 유권자의 지지를 얻는데 큰 도움이 되었다. 그 신문은 이렇게 썼다. "11월 2일, 만일 일리노이주 유권자들이 아야톨라ayatollah(이슬람교의 종교 지도자 : 역주)를 뽑는다면 앨런 키이스를 뽑는 게 맞을 것이다. 하지만 그날 우리는 미국의 상원의원을 선출해야 하며 우리는 상원의원으로 버락 오바마를 지지한다."[66] 일리노이의 유력 신문들이 대부분 오바마를 지지했다는 사실에도 불구하고 주 전역의 신문들은 이번 선거가 경쟁이 치열한 선거가 아니라고 유감을 표시했다. 더군다나 보수적 색채의 신문들의 지지 표명은 소극적이었다. 그들은 오바마가 교육과 의료보장 문제에 헌신했다는 점은 칭찬할 만하나 일부 문제에 있어서는 오바마에게 동의하지 않는다고 밝혔다. 예를 들어 프리포트의 저널 스탠다드 *Journal-Standard* 는 다음과 같은 글을 실었다. "그는 진보적 성향이 농후하지만 버락 오바마와 앨런 키이스 사이에서 선택해야 한다면 오바마가 우리 주를 대표하기에 가장 적합한 사람이라고 믿는다."[67] 키이스와 달리 오바마는 일리노이에 대해 폭넓은 지식을 갖고 있었다. 오바마는 이렇게 말했다. "주 전역의 신문들이 나를 자신들의 지역사회를 가장 잘 대표할만한 사람으로 생각한다니 기분이 좋다."[68]

공화당 후보 앨런 키이스는 신문을 포함한 미디어들이 보도 자세가 공정하지 않았다고 생각한다는 말을 했다. "일리노이주의 언론들의 자세는 그리 좋아 보이지 않는다. 언론이 제대로 일을 하지 않는다는 사실은 일리노이 주민들의 수치다. 신문들이 여러 가지로 좋은 상태가 아니기 때문에 앞으로 더 노력해야 한다."[69] 미디어들이 오바마를 지지한다는 사실은 유례가 없을 정도로 투명했으므로 상대후보의 입장에서는 불평을 터뜨릴 수밖에 없었다. 키이스는 이렇게 말했다. "이곳 언론들이 뭐랄까 처음부터 자신들이 좋아하는 후보를 정해놓았다는 사실이 명확히 드러났다고 생각한다. 부패한 엘리트들이 그를 극단적으로 띄우고 있는데, 이는 옳지 않다."[70] 키이스는 자신을 지지하는 사람들은 '편파적인 언론' 을 통해 정보를 획득하지 않는다고 주장했다. 또한 키이스는 이번 선거가 '선과 악의 대결'이며 도덕적 이슈에 대해 오바마는 '사악하고 잘못된' 견해를 갖고 있다고 덧붙였다.[71] 키이스의 공격에 대해 오바마는 자신에 대한 언론의 지지가 음모라는 키이스의 주장은 '논리가 결여되어 있다'고 반박하고는 역사적으로 이 지역의 많은 언론들이 공화당을 지지해왔고 주지 W. 부시에 대한 지지를 표명한 언론도 상당하다는 사실을 지적했다.[72] 일리노이주의 선거 역사를 살펴보면 지역 신문들은 전반적으로 공화당 후보를 지지했으며 20세기에 들어서는 더욱 그러했다.[73]

인터넷

가장 최신의 전자정보 출처이자 미디어 산업인 인터넷은 도저히 따라잡기 어려울 정도의 속도로 성장하고 있다. 온라인 소비자의 숫자는 2000년에서 2005년 사이에 40% 증가했으며 인터넷 광고에 들어간 비용은 2000년 80억 달러에서 2005년 100억 달러로 25% 증가했다. 이익 창출을 목적으로 삼는 인터넷 비즈니스가 지속적으로 성장함에 따라 인터넷에서 접할 수 있는 정치 뉴스의 양도 엄청나게 늘었다. 간추린 뉴스 서비스, 신문과 잡지의 인터넷판, 정계 소문들, 블로그를 통해 쏟아지는 엄청난 양의 가십과 평론들이 거기에 속한다.[74] 게다가 인터넷은 풀뿌리 지지를 결집시키고 자금을 모으고 유세 조직을 구축하는 데 중요한 역할을 한다. 그러므로 정치 선거에 있어서 인터넷은 후보를 알리거나 지지자들의 지원을 이끌어 내는 두 가지 목적 모두에서 대단히 유용하게 활용될 수 있다.

결과적으로 2004년에 이르자 인터넷은 강력한 정치 도구가 되었다. 퓨 재단의 인터넷과 미국인의 삶 프로젝트^{Pew Internet and American Life}

Project의 조사에 의하면 2004년 선거에서 6,300만 명이 정치적인 정보를 얻기 위해 인터넷을 사용했으며 이메일을 통해 정치적인 토론을 한 사람은 4,300만 명, 온라인으로 정치 기부금을 내거나 선거활동에 참여하겠다는 의사를 밝힌 사람이 1,300만 명이었다. 전체적으로 7,500만 명의 사람들이 적어도 한 가지 이상의 활동에 참여했다. 인터넷은 '수표 이서를 통한 기부금 제공 활동'에서 웹사이트를 통한 '신용카드 참여'로 중심점을 이동시켰다. 클릭 한 번으로 후원자들은 수십 달러, 수백 달러, 수천 달러를 보낼 수 있다. 250달러의 참가비를 내야 하는 모금 행사에 모든 사람이 참여할 수 있는 것은 아니다. 하지만 수천 명의 사람들이 온라인으로 100달러를 보낼 수 있다. 선거 후원금을 보냄에 있어 인터넷의 접근성과 편의성은 버락 오바마에게 큰 도움이 되었다. 블레어 헐 같은 후보가 지갑에서 꺼내듯 쉽게 돈을 쓸 수 있었음에 반해 오바마는 인터넷을 통한 기부와 모금 활동에 더 의존할 수밖에 없었다. 인터넷이 정치를 변모시킬 가능성은 엄청나다. 온라인을 통한 정치뉴스 소비인구는 2000년 미국 인구의 18%에서 2004년 29%로 직전 선거에 비해 극적으로 증가했다. 그리고 2000년에서 2004년 사이 대통령 선거 등록유권자 가운데 인터넷이 뉴스 획득의 '주요' 출처라고 답한 사람은 50% 이상 증가했다."[75] 2004년 일리노이주 상원의원 선거에서 인터넷이 광범위하게 활용된 매체 가운데 하나였다는 사실은 명백하다. 1996년 선거 때 처음으로 후보들이 자신들의 웹사이트를 개설해 활용했으나 2004년 선거는 현재까지 선거 가운데 깊이와 범위 양쪽 측면에서 인터넷을 가장 중요하게 활용한 선거였다.[76]

2003년 6월 오바마는 자신의 폭넓은 입법 활동과 정치 경력에 초점을 맞춘 상세한 웹사이트를 개설했다. 오바마의 공식 선거운동 사이트는 아이비리그 출신의 젊어 보이는 후보가 웃으면서 가족과 정치적인 후원자들과 함께 찍은 사진들도 공개했다. 그의 사이트는 obamaforillinois.com에서 obama2010.com으로 그 다음에는 대통령 선거운동 사이트인 obamaforamerica.com으로 바뀌어갔다. 이러한 URL들을 유지하고 차례차례 다음 사이트로 전환시키고 있다는 사실은 오바마 선거운동본부가 기술을 잘 활용하고 있음을 보여주며 또한 이는 그의 지명도를 높이는 데 도움이 되었다.

게리 치코 또한 자신의 지명도를 높일 필요가 있었다. 그의 웹사이트의 모든 페이지 상단에는 빨강과 파랑, 그리고 흰색으로 그의 이름과 '미국 상원의원' 이라는 글자가 크게 쓰인 배너가 있었다. 블레어헐의 사이트는 모든 페이지마다 눈에 띄는 색깔의 굵은 글씨체로 쓰인 그의 이름이 등장했다. 또한 스페인어로 된 페이지도 있었는데 이는 일리노이에 히스패닉계 주민들이 많이 산다는 사실을 고려했음이 분명했다. 일리노이주 재무감사관 댄 하인스와 쿡카운티의 재정관 마리아 파파스도 인터넷을 이용한 선거운동 대열에 동참했다. 하인스는 웹사이트를 활용해서 유권자들에게 자신이 선출직인 주 재무감사관을 역임했으며 주 정부의 심각한 적자예산을 해소하는 데 기여했음을 강조했다. 파파스의 공식 사이트는 간단한 인적 사항과 자신이 맡고 있는 업무 내용에 대한 설명만을 제공했다.[77]

공화당 후보였던 앨런 키이스도 인터넷 선거운동에 상당한 힘을 쏟았다. 그의 공식 선거운동 사이트인 'Alan Keyes for Senate 2004'에서 앨런은 'About Alan' 이라는 코너를 만들어 낙태와 소수자 우대정책 등에 관한 자신의 의견을 밝히고 동영상과 사진을 보여줬는데 여기엔 스트리밍 기술을 이용했다. 또 다른 항목으로는 'Help Alan' 이나 '일정' '언론' 등이 있는데, 언론 항목에서는 그에 관해 언론에 보도된 기사들, 보도자료, 각종 문서, 보도용 사진, 라디오와 텔레비전, 인터넷 광고 등을 제공했다.

인터넷은 유권자들에게 정보를 제공하고, 지지 세력을 결집시키고, 자금을 모으고 정보를 전달하는 데 사용되었다. 또 지금도 사용되고 있다. 인터넷을 활용해 후보들은 자신의 주장을 제기하고 자신들의 이미지를 규정할 수 있다. 상원의원 선거 기간에 오바마는 이렇게 말했다. "나는 하나의 상징이 되는 데는 관심 없다. 나는 일리노이 유권자들을 위한 좋은 상원의원이 되는 데 관심을 갖고 있다. 나에 대한 관심 덕에 내가 하고 싶은 말을 할 수 있는 좋은 기회가 더 주어진다면, 어쩌면 하나밖에 없는 흑인 상원의원이 되고 그 지위가 지금까지 소외되어 온 사람들에게 더 큰 희망을 줄 수 있다면, 나는 그 역할을 하는 것으로 만족한다."[78]

2004년 일리노이 상원의원 선거에서 언론들은 누가 가장 돈을 많이 사용하는지, 누가 더 인기가 있는지 등에 대해서 더 관심을 기울이고 이슈들에 대해서는 관심을 기울이지 않았다. 대중들은 후보의 견해 차이보다는 얼마나 많은 돈을 사용했느냐에만 관심을 가졌다. 이는 경선에서 후보들의 견해는 그리 차이가 나지 않기 때문이기도 했다. 후보 가운데 세 명은 자신들의 개인적 영역을 언론이 부당하게 침범했다고 여겼다. 공익 감시자로서의 언론의 역할은 후보의 개인생활 보호와 다시 충돌을 일으켰다. 1992년 빌 클린턴이 대통령에 출마한 이래로 공직 출마자의 도덕성은 정당한 선거 이슈의 하나로 여겨지게 되었다. 후보가 전에 저지른 실수와 잘못된 판단, 성격상의 결함이나 위선적 태도 등은 보도의 가치가 있다고 인정되었으며 종종 사회적 관심사와 그 해결책보다도 우선되었다.

오바마도 젊은 시절 몇 가지 잘못을 저질렀다. 하지만 그 일을 제외한다면 그는 시민으로서 그리고 공직자로서 모범적인 모습을 보여주었다. 오바마는 경선에서 언론이 다른 후보들을 파헤친 덕을 보았다. 또한 본 선거에서 그는 언론이 가장 총애하는 후보였다. 오바마가 취임 선서를 하기도 전에 타임과 뉴스위크 표지에 그의 사진이 실렸다. 그는 윌앤그레이스^{Will and Grace} 같은 텔레비전 시트콤에서 거론되기도 했다. 그 시트콤 주인공 가운데 한 사람인 그레이스는 "'나의 세계를 뒤흔드는' ^{ba-rocking} 오바마와 함께 샤워룸에 있는 꿈을 꾼다"고 말하기도 했다. 오바마만큼 빨리 이런 식의 전국적인 관심을 받은 후보는 거의 없었다. 그는 또한 주 전역을 돌아다니며 유세를 한 후 선거일이 가까워서야 텔레비전 광고를 내보냄으로써 자신의 대한 지지세를 구축하는 등 정치적인 감각을 가지고 미디어를 활용했다. 상원의원 선거에서 인터넷의 활용은 당시로서는 상당히 앞선 것이었으며 앞으로 다가올 대통령 선거에서 언론과 기술이 더 큰 역할을 하게 되리라는 것을 알려주는 전조였다.

6

버락 오바마와
탈인종의 정치학

나는 항상 내가 미국 흑인이라고 생각해 왔다. 미국 흑인은 정의로 보면 혼성인종이다. 내가 어머니를 좋아하는 이유 가운데 하나는 어머니는 내가 나 자신을 미국 흑인이라고 규정하는 것에 대해 아무런 거부감을 표시하지 않았을 뿐 아니라, 내가 미국에 사는 흑인이며 그러므로 어머니와는 다른 경험을 하게 되리라는 것을 이해하신 점이다. 내 딸들은 외형적으로는 완전히 아시아인이면서 나와 같은 핏줄을 가진 사촌형제와 함께 자랄 것이다. 그만큼 더 넓은 공동체를 생각하지 않는다는 것은 어려운 일이다.[1]

— 버락 오바마

버락 오바마는 미국 상원의원 역사상 다섯 번째 흑인이다. 남북 전쟁이 끝난 뒤의 재건기 이후만을 따지면 세 번째이다. 재건기에 미시시피의 흑인 두 사람이 상원의원에 선출되었다. 하이럼 로드 레블스 Hiram Rhodes Revels 는 1870년과 1871년, 단 두 해 동안 재임했고 블랑슈 켈소 브루스 Blanche Kelso Bruce 는 1875년부터 1898년까지 재임했다. 에드워드 브룩 Edward Brooke 은 1966년 매사추세츠주에서 공화당 소속으로 출마하여 상원의원에 당선되었고, 한 차례 연임했다. 흥미롭게도 일리노이주는 최근 두 흑인 상원의원을 배출해냈다. 2004년의 오바마와 1992년 민주당 소속의 캐럴 모슬리-브론이다. 더구나 2004년은 미국 역사상 처음으로 민주당과 공화당 양당에서 흑인 상원의원 후보가 나온 해이다.

인종 문제는 미국 정치의 중요한 측면이 되어왔다. 오바마의 선거운동은 공직에 진출하려는 유색인종이 얼마나 진보를 이룩했는지를 보여주고 있으며, 이를 통해 우리는 오늘의 정치상황에서 인종이 행하는 역할을 탐구해볼 수 있다. 버락 오바마에게 후보 자격이 주어졌다는 사실은 소수 인종 출신 정치가들에 대한 정치문화와 분위기가 달라지고 있음을 알 수 있는 척도가 된다. 이 장에서 우리는 과거에 흑인 후보들이 어떤 제약을 받았는지 그리고 선거운동을 하면서 오바마의 인종적 배경은 어떻게 받아들여졌는지에 대해 살펴볼 것이다. 또한 과거에 각주의 공직에 도전했던 유색인들의 시도와 이번 선거를 차별화시켜주는 요인이 무엇인지에 대해서도 살펴볼 것이다. 아이러니하게도 선거운동 와중에는 이런 문제가 제기되기도 했다. 과연 오바마는 진정한 흑인이라고 할 수 있는가? 주 공직에 도전했던 최근의 흑인 후보들의 경험을 살펴보는 것으로 논의를 시작하겠다.

주 단위 선거에 출마했던 흑인 후보들

흑인 후보들은 대개 다음 두 가지 전략 가운데 한 가지를 사용했다. 하나는 흑인과 진보적인 유권자의 연합을 도모하는 것이고 다른 하나는 인종을 무시하고 정치적으로 중도성향을 보이는 사람들을 끌어들이려고 시도하는 전략이다. 오바마 직전의 마지막 흑인 상원의원이었던 캐럴 모슬리–브론은 흑인과 시카고 레이크쇼어 지역의 진보적 유권자를 주로 공략하는 전략을 사용했다. 이런 특성은 특히 당내 경선에서 더욱 심하게 나타났다. 하지만 이미 2장에서 살펴보았듯이 그녀는 도시 교외 지역의 백인 여성층으로부터도 강력한 지지를 받았다. 경선에서는 격렬한 충돌이 일어났다. 상대 후보들이 서로를 파괴하는 사이 브론은 38%의 지지를 얻어 지명을 받는 데 간신히 성공했다. 그런 다음 빌 클린턴의 후광을 등에 업고 자금이 부족했던 우익 성향의 공화당 후보를 물리쳤다.

노스캐롤라이나주 샬럿시의 전 시장이자 카리스마가 넘치며 사업가 정신이 충만한 흑인인 하비 갠트^{Harvey Gantt}는 소수자 우대정책에 대한 백인들의 반감을 부추기던 제시 헬름스^{Jesse Helms}에게 상원의원 선거에서 두 번 패배했다. 뉴욕의 등록 유권자 수는 민주당이 공화당에 비해 200만 명이나 더 많지만 뉴욕주 재무감사관 칼 맥콜^{Carl MaCall}은 2002년 주지사 선거에서 공화당의 조지 파타키^{George Pataki}에게 16%포인트 차이로 패배했다. 1994년 상원의원 선거에서 미주리주 하원의원이던 앨런 휘트^{Alan Wheat}는 전 주지사 존 애쉬크로프트^{John Ashcroft}에게 패배했다. 흑인 유권자들의 투표가 저조했기 때문이었다. 휘트는 백인 유권자들의 환심을 사는 데 시간을 너무 많이 할애함으로써 자신의 지지기반이라고 내심 기대했던 흑인 유권자들로부터 멀어졌다.

이와는 달리 더글라스 와일더$^{Douglas\ Wilder}$는 중도적인 전략을 선택해서 버지니아 주지사 선거에서 성공을 거두었다. 그는 인종적인 색채를 지우기 위해 어찌나 노력했던지 때로는 자신의 선거광고에 아예 등장하지 않을 때도 있었다. 그대신 군복무 경력과 주 상원의원 경력을 크게 내세웠다. 와일더는 1%포인트 이내의 차이로 승리를 거두었으며, 여기에는 임신 중절에 찬성하던 공화당 여성 유권자의 지지가 중요한 요인이었다.

2000년 이후 주의 공직자를 선출하는 선거에 도전하는 흑인 후보는 수와 양, 다양성 부분에서 의미 있는 증가를 이루었다. 일부 후보들은 경선도 통과하지 못했지만 많은 후보들이 위협적인 경쟁자가 되었다. 또한 민주당과 공화당 양당이 모두 능력 있는 흑인 후보를 내세우기 시작한 것도 중대한 변화였다.

2004년 민주당 하원의원 데니스 마제트$^{Denise\ Majette}$가 재선을 위한 선거운동을 중단하고 젤 밀러$^{Zell\ Miller}$의 퇴임으로 공석이 되는 조지아주를 대표하는 상원의원에 도전했다. 한편 흑인으로서 가드파더스 피자의 전 CEO인 허먼 케인$^{Herman\ Cain}$은 공화당의 지명을 받는 데 실패했다. 그는 그 경선에서 가장 보수적인 후보로 여겨지고 있었다. 마제트는 민주당의 지명을 따내긴 했지만 본 선거에서 커다란 차이로 패배했다.

2006년 매사추세츠, 메릴랜드, 오하이오, 펜실베이니아, 테네시주에서 열린 고위 공직자 선거에서 흑인 후보들이 나왔다. 민주당의 드발 패트릭Deval Patrick은 매사추세츠 주지사에 선출되었다. 흑인이 직접 선거에서 주 정부의 수장으로 뽑힌 두 번째 사례였다. 전 하원의원이자 NAACP 대표인 퀘이시 엠퓸$^{Kweisi\ Mfume}$은 메릴랜드에서 민주당 상원의원 후보 지명에 도전해 40.5%의 지지를 얻었으나 43.7%의 지지를 획득한 벤자민 카딘^{Benjamin Cardin}에게 패배했다. 메릴랜드에서 흑인으로서는 최초로 주 단위 공직자에 오른 부지사 마이클 스틸^{Michael Steele}은 공화당의 지명을 받는데 성공했으나 카딘에게 패배했다. 테네시주에서는 하원의원 헤럴드 포드 주니어^{Harold Ford, Jr.}가 3% 포인트 이내의 근소한 차이로 상원의원 선거에서 패배했다.

2006년 주지사 선거에서 흑인 두 사람이 공화당 지명을 따냈으나 본 선거에서 상대에게 쉬운 승리를 안겨주었다. 피츠버그 스틸러스에서 이름을 날리던 풋볼 스타 린 스완^{Lynn Swann}은 펜실베이니아에서 선거에 나섰다. 오하이오주 국무장관에 선출된 케네스 블랙웰^{Kenneth Blackwell} 또한 주지사 공관을 차지하는 데 실패했다. 그는 가장 보수적인 공화당 후보로 여겨졌다.

흑인 후보들에 대한 제도적인 제약

역사적으로 흑인들은 거의 흑인들로만 이루어진 공동체 이외의 사회에서는 뛰어난 성과를 보여주지 못했다. 제시 잭슨 목사와 같은 정치가들도 원래는 민권 운동에 기반을 두고 있었으며 당시는 소수 인종을 대변하는 것 그 자체가 목표가 되던 시절이었다. 하지만 제도의 발전으로 후보들은 도시 빈민들이 가장 중요하게 여기는 정책 문제들에 초점을 맞추게 되었다. 1990년 이후의 인구조사 재구획은 인종적으로 교묘하게 구획된 하원의원 선거구 분할을 가능하게 만들었고, 한때 대법원도 이를 합법적이라고 지지했다. 그리고 이것이 정책 문제를 집중 조명하도록 부추겼다. 어찌 되었건 디스트릭트 단위 선거에서 승리하기 위해서는 후보들은 예를 들어 소수자 우대정책처럼 흑인 사회가 매우 중요하게 여기는 문제를 강조하고 자신들이 범죄에 대해 유연히 대처할 뿐 아니라 대규모 지원 프로그램을 선호하는 사람으로 비추어지도록 만드는 것이 필요했다. 이런 태도는 종종 백인들, 특히 '사커맘'$^{soccer\ moms}$(자녀 교육에 힘쓰는 교외 중산층 여성 : 역주)이나 지방 유권자의 호감을 획득하는 데 장애가 되었다. 노암 샤이버$^{Noam\ Scheiber}$는 이렇게 설명한다. "주 단위의 공직에 출마하는 흑인 후보들이 성과가 좋지 않은 이유는 그들이 거의 언제나 딜레마에 빠져버리기 때문이다. 흑인 기반을 강화하려는 노력은 중도적인 백인들의 이탈을 가져온다. 흑인 후보들이 중도적인 백인들에 맞추려고 노력하면 흑인과 진보적인 사람들의 지지가 약해진다."[2] 오바마는 이 상반된 견해 사이에서 균형을 유지해야 했다. 일리노이주 상원의 동료 의원인 커크 딜라드$^{Kirk\ Dillard}$가 지적한 대로 "이 친구 처지가 참 안타깝다. 흑인과 백인 양쪽 모두에 자신의 입장을 납득시켜야 하니까"[3] 말이다.

오바마의 선거운동본부는 흑백 양쪽에 호소해야 할 필요성을 인식하고 있음을 뚜렷하게 보여주었다. 버락 오바마 자신은 이렇게 말했다. "우리 정치에는 일종의 규약이 있는데, 흑인 정치인에 대한 규약 가운데 하나는 진정 흑인으로 자처하고자 한다면 어떤 식으로든 백인을 공격해야 한다는 것이다. 좀 속된 표현을 쓰자면, 우리는 규약을 날려 버렸다."[4] 하지만 위에서 살펴본 바와 같이 오바마와 같은 흑인 정치인들은 여러 인종을 아우른 연대가 이루어졌을 때도 자신들이 흑인 사회를 저버린 것이 아님을 증명해야 한다. 또한 그러면서도 더 이상 인종적 불만이나 민권문제에만 몰두해서도 안 된다. 오바마의 비판자에서 나중에 지지자로 변신한 저명한 흑인 학자 코넬 웨스트$^{Cornel\ West}$의 언급은 오바마가 처해 있던 복잡한 인종적 상황을 잘

드러내는 예이다. 웨스트는 이렇게 얘기했다. "당신이 어떤 피부색을 갖고 있는지 개의치 않는다 … '단지 당신이 흑인이라는 이유만으로' 흑인들이 당연히 당신에게 투표하리라고 생각해서는 안 된다."[5]

흑인들이 주 단위 선거에서 성공하는데 방해가 되는 또 다른 제도적 걸림돌은 역사적으로 흑인들은 주 남부지역에 밀집되어 있는 반면 백인들이 소수인종 후보에게 문을 열 가능성은 높지 않다는 점이다. 1910년도에는 흑인의 90%가 남부에 살고 있었고 오늘날에도 54%가 남부에 산다.[6] 개런스 프랭크–루타 Garance Franke-Ruta 는 다음과 같이 지적했다. "자유주의적 가치의 결과물로서 인종적, 민족적 다양성이 예고되는 시대이지만, 많은 수의 흑인들이 미국의 일정 지역에만 살고 다른 지역에는 살지 않는다. 이것이 사실 미국의 가장 편협한 역사의 유산이라는 사실을 기억하는 것이 중요하다. 선거로 공직에 오른 공직자들에게 지리는 너무나 오랜 기간 숙명이었다."[7] 대다수의 미국 흑인들은 22개 주에서만 살고 있다. 선출직 공직에 오른 흑인의 수로 상위 10위 내에 들어가는 북부의 주는 미시간과 일리노이, 이렇게 단 두 개의 주뿐이다. 프랭크–루타는 이를 다음과 같이 설명했다. "이런 인구통계는 주나 연방의 공직에 뜻을 둔 미국 흑인 정치가들에게 독특한 문제를 안겨주었다. 미시시피와 앨라배마, 그리고 루이지애나에서는 흑인 공직자가 선출되기 쉽다. 하지만 그곳들은 또한 백인 유권자들이 자신의 인종이 아닌 사람에게 투표할 가능성이 없는 곳이기도 하다."[8] 이를 달리 표현하자면 미국 흑인들은 '다수–소수 디스트릭트' majority-minority districts (백인이 다른 인종에 비해 소수가 된 지역 : 역주)에서는 당선되겠지만 주 단위 경쟁에서 이기는 것은 쉽지 않다는 것이다.

차별과 흑인 후보들

미국 흑인이 주 공직에 선출되는 것을 어렵게 하는 또 하나의 요소는 인종 차별이다. 인종적인 맹신의 파괴력은 가늠하기 힘들 정두이다. 하지만 정치과학 교수인 필립 클링크너[Philip Klinkner] 교수의 연구에 따르면 대략 5%의 득표 차이를 가져온다고 한다.[9] 선거 전 여론조사에서 흑인 후보들은 종종 상대후보를 10% 차이로 앞서곤 하지만 막상 선거에 들어가면 아주 근소한 차이로 이기거나 지거나 한다. 1989년 버지니아 주지사로 선출된 와일더 또한 이런 경험을 했다. 백인들은 공개적으로 자신들이 인종차별주의자임을 인정하지 않았다. 하지만 막상 투표장에 들어서면 많은 백인들이 미국의 고질적 병폐인 인종차별 관념에 영향을 받아 과연 흑인이 정치력과 리더십을 발휘할 수 있을까에 대해 고민했다.

많은 백인 미국인들은 흑인 미국인에 대해서 부정적인 인식을 갖고 있다. 하지만 입국한 지 얼마 안 된 아프리카나 서인도 출신 이민자들에 대해서는 좋게 생각한다. 그들은 미국 본토의 흑인들은 범죄율이 높고 무책임한 반면 새로 온 흑인 이민자들은 근면하며 아메리칸 드림을 쫓는 사람들로 여긴다.[10, 11] 오바마라는 이국적인 성은 전통적인 미국 흑인의 이름처럼 들리지 않았다. 그 결과 그는 다른 미국 흑인 후보들이 겪어야 했던 인종적 맹신에 따른 불이익을 극복하지 않아도 되었다. 하지만 오바마가 제시 잭슨[Jesse Jackson Jr.](제시 잭슨 목사의 아들로 하원의원-역주)과 같은 다른 흑인 공직자와 함께 연관되었을 때는 교외 지역의 백인 유권자와의 유대는 약화되었다. 한 평론가는 시카고는 아일랜드 출신들이 강하게 뿌리를 내리고 있는 곳이므로 오바마가 성을 아일랜드식인 O'Bama로 바꾼다면 훨씬 도움이 될 것이라고 제안했다.

버락 오바마는 미국 흑인들의 공직 진출에 있어 새로운 시대가 도래했음을 상징한다. 흑인 정치인들의 출신 배경은 엄청나게 변화했으며 오바마는 새로운 세대를 대표한다. 다른 흑인 정치인들은 차별받는 지역 출신이거나 지방 정치문화를 갖고 있는 경우가 많았다. 하지만 민권운동을 거치며 젊은 흑인 정치인들은 차별이 전혀 없지는 않지만 그래도 더 평등한 세계를 맛보았다. 많은 젊은 흑인 공직자들은 뛰어난 학생들, 주로 백인 학생들이 다니는 학교를 졸업했다. 최근 선출된 흑인 공직자들, 예컨대 코리 부커Cory Booker 뉴와크 시장, 드발 패트릭Deval Patrick 매사추세츠 주지사, 에이드리안 펜티Adrian Fenty 워싱턴 DC 시장, 앤서니 브라운Anthony Brown 메릴랜드 부지사 등은 선거에서 모든 인종에 지지를 받으려고 노력했다. 하지만 그들은 '탈인종' post-racial 이라는 용어는 언론의 조어라며 거부했다.[12] 그들은 이 용어를 사용하면 과거의 미국 흑인 정치가들로부터 물려받은 이점을 잃어버리지 않을까 걱정했다. 프랭크-루타는 다음처럼 말했다. "새로운 세대들이 비록 아직도 흑인이 압도적으로 많은 정치구역에 뿌리를 내리고 있고 또 거기서 성장했지만 그들은 대단히 경쟁적이며 평등한 세상에 익숙하다. 그러므로 그들은 자신들이 평생 극복하려고 하던 인종적인 구분선을 넘어서서 백인 지역구에서도 지지를 받을 수 있을 것이다."[13] 선출직 공직에 오른 흑인 가운데 65세 이상의 경우에는 76%가 흑인만 다니는 고등학교에 다녔지만 40세 이하에서는 34%만이 그러했다.[14] 65세 이상 가운데 거의 70%가 역사적으로 흑인만이 가는 대학에 다녔지만 40세 이하에서는 37%만이 그러했다. 정치경제공동연구센터Joint Center for Political and Economic Studies 의 선임연구원 데이비드 보시티스David Bositis 는 이렇게 언급했다. "이는 그들에게 선대의 미국 흑인들이 갖지 못하던 이점을 제공해 준다."[15] 오바마는 이렇게 말했다. "미국 흑인 사회는 미국의 더 큰 흐름에서 벗어나 있지 않다. 리더십을 키워주는 학교에 익숙해지지 않고는 현대와 같이 대단히 기술적인 사회에서 리더십을 발휘하는 지위를 획득하는 것은 참 어렵다."[16]

일리노이주 정계의 흑인들

오바마의 인종적 배경이 어떻게 불리하게 (혹은 유리하게) 작용했든지 간에 일리노이주에서 출마했다는 점은 분명 그가 상원의원 후보자격을 획득하는 데 도움이 되었다. 이미 지적한 바와 같이 일리노이주는 흑인들을 주의 공직에 선출해 온 역사를 갖고 있으며 아마도 전국에서 가장 많은 흑인을 공직에 선출한 주일 것이다. 이 주의 유권자들은 중도 성향을 띠고 있으며 미네소타와 같이 북부에 있는 다른 진보적 주와는 달리 흑인 유권자의 비율이 인구의 15%에 달할 정도로 꽤 많은 편이다.[17]

일리노이에서 미국 흑인으로 가장 성공한 사람은 주 공직에 네 번이나 재선됐던 롤랜드 버리스[Roland Burris]와 세 번 재선된 제시 화이트[Jesse White]라고 할 수 있다. 버리스는 일리노이주 최초로 주 공직에 선출된 흑인이 됨으로써 역사를 만들었다. 그는 주 재무감사관으로 세 차례 선출되었으며(1978, 1982, 1986년) 한 차례는 검찰총장으로 선출되었다(1990년). 버리스는 1984년 미국 상원의원 선거에서 폴 사이먼에게 패배했다. 또한 1998년과 2002년 민주당 주지사 후보 자격에 도전했으나 실패했다. 버리스는 뛰어난 재능과 경험, 지명도를 갖고 있었지만 오바마와 비교해 보자면 생동감이 떨어지고 기득권층 후보라는 느낌을 주었다. 이전 선거들에서 버리스는 흑인 투표의 90%를 획득했다.[18] 하지만 2002년 주지사 선거에서는 흑인 지도자들 상당수가 교육계 경력을 가진 백인 후보 폴 발라스Paul Vallas를 지지했다.

1998년 일리노이주 국무장관에 화이트가 선출되었으며, 그는 2002년과 2006년 연임에 성공했다. 캐럴 모슬리−브론은 1992년 연방 상원의원에 선출되었지만 1998년 재선에는 실패했다. 민주당 경선에서 승리한 흑인 후보가 두 명 더 있지만 모두 본 선거에서 패배했다. 1976년 일리노이주 공직에 처음 도전한 흑인 후보인 세실 파티Cecil Partee는 검찰총장 선거에서 패배했으며 1994년 재무감사관에 도전했던 얼린 콜린스Earlean Collins도 실패로 끝났다.

흑인 후보들이 과거에 성공했다는 사실이 오바마의 명분을 강화시켜주었다는 데는 의심의 여지가 없다. 그들은 미국 흑인들이 선거에서 승리할 수 있음을 보여주었을 뿐 아니라 어떻게 해야 승리할 수 있는지에 대한 청사진을 제공해 주었다. 특히 캐럴 모슬리−브론의 상원의원 선거와 같은 경우에는 그것이 더욱 두드러졌다. 오바마뿐 아니라 성공한 흑인 후보들 대부분은 흑백 양쪽에 호소하는 전략을 사용했다. 1998년 주지사 선거에서 실패하기 전까지 버리스는 '흑인 후보로 자처하지 않는 것을 경력으로 삼는' 정치인으로 유명했다.[19] 그에게서는 위협적인 모습이 보이지 않았다. 그래서 그는 '영리하긴 하지만 뻣뻣하고, 정치적인 감각이 있지만 고지식한 검은 피부의 앨 고어'라는 평가를 받았다.[20] 1992년 상원의원 선거에서 캐럴 모슬리−브론은 근교 지역의 백인 여성에게 호소하는 전략으로 성공했다. 일리노이주 국무장관 제시 화이트는 쿡카운티의 등기국장Recorder of Deeds 선거에서 승리하기 전에 흑인이 다수가 아닌 지역구에서 주 하원의원으로 재임했었다.[21]

하지만 오바마가 이전의 흑인 정치인들과는 다르다는 점 또한 명백하다. 우선 이전의 흑인 후보들은 선거 승리를 위해 시카고의 민주당 세력의 지원에 크게 의존했다. 수 년 동안이나 그 세력은 흑인 투표에 기대고 있었다. 하지만 제한된 주택 공급이나 질이 떨어지는 공립학교 이외에 보상으로 제공된 것은 거의 없었다. 1970년대에 들어 이런 상태가 지속되는 것에 답답함을 느낀 흑인 유권자들과 정치인들은 리차드 댈리Richard J. Daley 시장의 정치적 미래를 위협하면서 흑인 정치인들을 더 높은 공직에 임명하도록 압력을 넣었다. 1976년 주 상원의장인 세실 파티가 주 검찰총장 후보로 지명되었다. 흑인 유권자들을 달래기 위한 조치였다. 하지만 이 조치에는 약간 냉소적인 측면이 없지 않았다. 파티가 현역인 공화당 후보 윌리엄 스콧William Scott 을 이길 가능성은 거의 없었기 때문이었다. 그래서 이번 지명은 시장이 자신의 아들 리차드 댈리Richard M. Daley가 주 상원의장이 되는 데 걸림돌을 제거하는 음모라고 여기는 사람들도 있었다.[22] 하지만 그 결정으로 인해서 주의 고위직 선거에 흑인 후보를 지명하는 선례가 1976년 댈리 시장이 사망한 이후에도 남게 되었다.

파티보다 더 성공적이었던 후보들도 특정 정치 세력과 연계를 맺기는 마찬가지였다. 롤랜드 버리스는 독립적인 민주당원으로 정치역정을 시작했다. 1976년 재무감사관 선거에서 그는 50만 표 차이로 선거에서 패배했다. 시카고에서만도 25만 표나 차이가 났다. 1978년 민주당 조직의 지원 하에 출마한 그는 시카고에서 17만 표에 가까운 승리를 거두었고, 차점자와의 득표 차이는 거의 시카고에서 났다. 제시 화이트의 후원자는 민주당 토착세력의 거물로서 전 쿡카운티 민주당 위원장이자 쿡카운티 평의원회 의장인 조지 던George Dunne 이었다. 화이트의 자서전은 던을 민주당 조직이라는 '기계가 원활히 돌아

가게 만드는 윤활유’ 같은 인물이라고 묘사하고 있다.[23]

오바마가 다른 흑인 후보들과 다른 또 한 가지는 전에 주 공직에 출마했던 흑인 후보들이 대부분 모금 활동에 어려움을 겪었고, 그래서 다른 공직 보다는 주 재무감사관이나 국무장관 같은 여론의 주목을 별로 못받는down ballot 공직 획득에 성공하는 경우가 많았다. 예를 들어 롤랜드 버리스의 주지사 선거 캠프는 1998년이나 2002년의 민주당 상대 후보에 비해 모금액이 한참 부족했다.[24] 버리스는 이렇게 설명했다. “그것은 단단한 천장이다. 자금부족을 극복해야 할 뿐 아니라 흑인은 주의 고위직에 오를 수 없다는 사람들, 심지어는 유색인종은 주지사가 될 수 없다고 믿는 흑인들까지도 극복해야 한다.”[25] 하지만 오바마는 모금에서 기대 이상의 성과를 거두었다.

마지막으로 다른 흑인 후보들이 시카고에서 표를 얻으려고 집중한 반면 오바마는 시카고 이외의 지역에서 더 많은 지지를 끌어낼 수 있었다. 오바마는 본 선거에서도 다른 미국 흑인과 경쟁을 벌였기 때문에 이 사실을 보여주는 가장 좋은 방법은 그가 민주당 경선에서 거둔 성공을 다른 흑인 후보들의 것과 비교해 보는 것이 될 것이다. 〈표 6-1〉은 현직이 아니면서 주 단위의 공직에 진출해서 승리한 흑인 민주당 후보들이 2위 후보와 얼마나 차이를 냈는가를 보여준다. 이 표를 보면 흑인 후보들이 얼마나 시카고의 투표에서의 우세에 의존했는가를 알 수 있다. 세 번째 항목은 오바마 이외의 흑인 후보들은 시카고 이외의 지역에서 거의 득표하지 못했음을 보여주고 있다. 실제로 여섯 명 가운데 세 명은 시카고 이외의 지역에서는 마이너스 부호가 보여주듯이 상대후보에게 패배했으며 다른 두 명은 아주 근소한 차이로 이겼다.

〈표 6-2〉는 2004년까지 주 공직에 출마한 민주당 흑인 후보들의

<표 6-1> 시카고를 중심으로 살펴 본 비현직 흑인 민주당 후보의 경선 득표 현황

후보-직위(연도)	2위 후보와의 득표 차 : 시카고	2위 후보와의 득표 차: 주 전역	시카고 이외 지역 지지 (주 전역-시카고)
Partee-Attorney General('76)	296,061	308,065	12,004
Burris-Comptroller('78)	169,162	183,543	14,381
Moseley-Braun-Senate('92)	123,029	53,617	-69,412
Collins-Comptroller('94)	105,520	9,630	-95,890
White-Secretery of State('98)	150,428	100,195	-50,233
Obama-Senate('04)	231,184	361,206	130,022

조사기관: 마켓셰어즈(마운트 프로스펙트 소재)

본선 득표 패턴을 보여주고 있다. 숫자로 된 줄 가운데 첫 번째 세로줄은 후보들이 시카고에서 공화당 후보보다 얼마나 표를 더 많이 얻었는가를 나타내며, 두 번째 세로줄은 주 전역에서의 득표 차이를 나타낸다. 두 번째 세로줄에 마이너스 부호가 있는 것은 흑인 후보가 선거에서 졌음을 나타낸다. 세 번째 줄은 주 전 지역에서의 득표 차에서 시카고에서의 득표 차를 뺀 숫자로서 시카고 이외의 지역에서 얼마나 많은 득표 차가 났는가를 보여준다. 여기가 플러스로 되어 있으면 시카고를 제외한 나머지 지역에서 흑인 후보가 상대 후보보다 더 많은 지지를 받았음을 의미하고 마이너스로 되어 있으면 상대 후보가 더 많은 지지를 받았음을 의미한다. 세 번째 줄에 있는 교외와 남부 지역의 득표 차 숫자를 보면 시카고에서의 우세를 제외한다면 공직에 출마한 첫 선거에서 승리할 수 있었던 후보는 오바마밖에 없었다는 것을 알 수 있다. 롤랜드 버리스와 제시 화이트는 재선에서는 시카고 이외의 지역에서 상대 후보를 누르고 선거에서 이길 수 있었다. 하지만 두 사람 모두 오바마가 시카고 이외 지역에서 획득한 총 득표의 근처에도 이르지 못했다.

후보-직위(연도)	공화당 후보와의 득표 차 : 시카고	공화당 보와의 득표 차: 주 전역	시카고 이외 지역의 득표차 (주 전역-시카고)
Partee-Attorney General('76)	221,399	-1,116,213	-1,337,612
Burris-Comptroller('82)	411,540	153,934	-257,606
Burris-Comptroller('86)	968,509	1,117,312	148,803
Burris-Comptroller('78)	457,563	805,490	347,927
Burris-Attorney General('90)	308,102	95,214	-212,888
Moseley-Braun-Senate('92)	558,218	504,346	-53,872
Collins-Comptroller('94)	250,658	-406,994	-657,652
White-Secretery of State('98)	472,698	437,206	-35,492
Moseley-Braun-Senate('98)	515,197	-98,615	-613,812
White-Secretery of State('02)	519,327	1,338,509	819,182
Obama-Senate('04)	796,460	2,206,766	1,410,306

출처: 일리노이주 선거위원회 자료를 기초로 재계산

오바마를 일리노이주 상원으로

여기서는 오바마가 상원의원 선거에서 인종 문제를 어떻게 다루었
는가를 살펴보겠다. 유세 과정에서 오바마는 자신의 아버지는 케냐
출신이고 어머니는 캔자스 출신이라는 점을 언급하면서 자신의 출신
배경을 모든 인종의 사람들에게 호소력을 가질 수 있게 사용했다. 이
미 앞에서 살펴본 대로 그는 자신의 독특한 성을 활용해 다른 흑인 후
보들이 겪어야 했던 차별을 비껴나갔다. 그리고 비록 자신은 사립학
교를 포함해 많은 중상류층 혜택을 누렸지만, 그는 자신의 삶을 도전
을 이겨내고 우뚝 선 미국인의 성공담의 일부로 그려냈다. 첫 번째 텔
레비전 광고에서 TV 카메라를 잘 받는 후보 오바마는 카메라를 똑바
로 쳐다보며 이렇게 말했다. "사람들은 「하버드 로 리뷰」에 흑인 편

집장은 없다고 말했습니다. 하지만 저는 그것을 바꿨습니다. 사람들은 지금 아무도 워싱턴 DC를 바꾸지 못한다고 말합니다 … '우리는 할 수 있습니다.' 여러분에게 보내는 이 메시지는 제가 승인했습니다."[26] 오바마의 미디어 담당 참모 데이비드 엑슬로드는 이렇게 언급했다. "그것은 두 가지 측면에서 효과가 있었다. 장벽 철폐를 중요하게 여기는 사람들에게는 메시지가 중요했다. 그 밖의 사람들에게는 「하버드 로 리뷰」가 굉장히 신뢰를 주는 요소였다."[27]

경선에서 중요했던 이슈 가운데 하나는 과연 오바마가 흑인 사회를 움직일 수 있느냐는 것이었다. 오바마는 경선 전 몇 달 동안 시카고와 시 남부에 있는 흑인교회에서 적극적인 유세 활동을 펼쳤다. 그의 정치 연설은 마틴 루터 킹 목사가 설교를 하는 듯한 느낌을 주었다. 오바마 또한 포용의 메시지를 전달했고, 모든 사람을 고양시켜야 할 필요성을 이해하고 있었다. 청중과 화답하는 방식의 연설 기법은 오바마에게 아주 자연스럽게 어울렸으며 청중들은 거기에 열광했다. 리버티 침례교회에서 열린 집회에는 1,500명의 청중이 몰려들어 그의 연설을 들었다.[28]

2003년 3월 초 여론조사 결과에 따르면 흑인 가운데 약 38%가 오바마를 지지하는 것으로 나타났다. 3월 초 오바마는 시카고 최초의 흑인 시장이며 흑인 사회에서 존경받는 인물인 헤럴드 워싱턴Harold Washington에 대한 기억을 불러일으키는 텔레비전 광고를 내보냈다.[29] 하원의원 대니 데이비스Danny Davis는 이렇게 말했다. "그는 아프리카계 미국인들 사이에 진실한 어떤 느낌을 불어넣었다. 그들이 새로운 희망을 가지게 만들었고, 지지 기반에 활력을 불어넣었다. 헤럴드 워싱턴 이래로 이 정도의 힘을 느끼기는 처음이다."[30] 그 광고에는 또한 작고한 전 상원의원 폴 사이먼의 딸이 등장하여 진보적 백인들의 지지를 호소했다. 그의 입법 경력을 강조한 텔레비전 광고로 인해 3월 말이 되자 그의 지명도는 크게 치솟았으며 그 시점에서 흑인의 62%가 그를 지지하는 것으로 나타났다. 블레어 헐의 이혼기록이 언론에 공개된 후 오바마가 경선에서 승리할 가능성이 높아져 감에 따라 그에 대한 흑인의 지지도 또한 높아졌다. 오바마는 전문직에 종사하는 흑인들의 모임에서 이렇게 말했다. "제 주변에 '처음부터 당신을 지지했었다' 고 하는 동료 흑인들이 많이 있었습니다만, 여러분도 알다시피 그런 사람은 실제론 별로 없었습니다."[31]

경선에서 오바마는 광범위한 사람들로부터 지지를 받았다. 흑인 유권자 가운데 많은 사람들은 자신들이 오바마에게 투표한 것이 단지 그의 피부 색 때문만은 아니라고 답변했다. 한 건설현장 노동자는 이렇게 말했다. "그 사람 자신 때문이지 색이나 피부, 인종 때문이 아니다. 그가 하는 말 때문이다."[32] 흑인 유권자들은 오바마에게 호감을 갖게 된 데에는 그가 지역사회와 교회에서 열심히 활동을 한다는 사실이 크게 작용했다고 응답했다. 시카고 지역 선거감시인 가운데 한 사람은 이렇게 말했다. "굳이 표현하자면, 그는 마치 다색인종 같다. 그는 모든 사람의 후보다."[33] 일반적으로 흑인들은 공화당 보다는 민주당이 경선을 할 때 투표했다. 시카고에서 흑인이 다수인 투표구 20곳에서 공화당 경선 당선자 잭 라이언이 1,443표를 얻은 데 그친 반면 오바마는 19만 3,477표를 획득했다.

오바마는 시카고 주변을 에워싸고 있는 백인들이 많이 사는 교외 지역에서도 좋은 성과를 거두었다. 경선에서 도시 외의 지역에선 3위를 기록했으나 나름대로 그 지역에서 의미 있는 성과였으며 12년 전 캐럴 모슬리-브론이 거둔 성과보다는 좋았다. 또한 이러한 성과를 거두면서도 시카고의 흑인들이나 진보적 백인이라는 지지기반을 약화시키지도 않았다. 오바마의 승리는 인종 정치에서 새로운 시대가 도래했음을 알리는 상징이었다. 오바마는 일리노이주 남부 자그마한 시골 마을에서 마치 록 스타와 같은 대접을 받았다. 인구가 4만 명에 불과하고 백인이 대다수인 일리노이주 댄빌^{Danville}에서는 지난 수십 년 동안 가장 큰 규모인 650명이 오바마의 유세에 나왔다. 오바마는 인종 차이라는 문제를 단도직입적으로 들고 나와서 이렇게 말했다. "우리는 가치를 공유하고 있다. 그 가치는 백인의 것도, 흑인의 것도, 히스패닉의 것도 아니다. 그 가치는 미국의 가치이며, 민주당의 가치이다."[34]

일리노이주 록폴즈에서 배관공으로 일하다 은퇴한 로웰 제이콥스는 시카고 이외 지역에서는 유일하게 경선에서 오바마를 지지한 두 명의 민주당 카운티 위원장 가운데 한 사람이다. 그는 이렇게 말했다. "오바마는 냉정한 진실을 말한다. 다른 정치인들, 특히 시카고에서 온 정치인들은 우리가 듣고 싶어 할 것이라고 여기는 것을 말하는 경향이 있다. 버락에게는 뭔가 다른 게 있다. 우리는 그를 보면서 '저 사람은 정치인이 아니라 리더다'라고 느끼게 된다."[35] 평론가 데이비드 모버그^{David Moberg}는 이렇게 지적했다. "오바마는 어떻게 하면 진보적인 정치인이 주류 정치의 상징을 재정의함으로써 보수적인 정책에 조금씩 항복해 들어가지 않으면서도 진보적인 정책과 정치인들에 대한 지지를 확장할 수 있는가를 여실히 보여준다."[36]

백인 후보들은 자신들이 얼마나 흑인들이 겪는 어려움에 대해 고민하고 있는가를 강조했다. 잭 라이언은 자신이 흑인 문제에 대해 고민하는 수준을 빌 클린턴에 비교하면서 이렇게 말했다. "제 삶의 역정을 살펴보신다면, 저 또한 얼마나 고민했는지 아시게 될 것입니다. 빌 클린턴을 지지한 사람들이라면 저를 지지하게 될 것입니다."[37] 그러자 오바마는 이렇게 응수했다. "잭 라이언은 조지 부시의 의제를 수용하고 있습니다. 불행히도 그에게서 노동자 비율이 비정상적으로 높은 흑인들, 의료보장에서 소외되고 직업이 없으며 학교를 지을 자금이 부족한 흑인들에게 호소력이 있는 구석은 전혀 찾아볼 수 없습니다."[38]

2003년 8월, 하원의원 바비 러시는 블레어 헐을 지지하는 라디오 광고를 제작해서 흑인들이 주로 청취하는 방송에 내보냈다. 거기서 러시는 헐을 가리켜 이렇게 말했다. "헐은 누구에게도 영향 받지 않고 우리의 정당한 몫을 확실히 찾아줄 사람입니다 … 블레어 헐은 나처럼 노동자 가정에서 자라고 육군에서 복무했습니다. 블레어 헐은 나처럼 의료보장제도의 부담을 낮추는 일, 우리의 아이들이 공정한 취급을 받을 수 있도록 학교를 개선하는 일, 우리 공동체가 다시 안정을 찾을 수 있도록 일자리를 창출하는 일에 전념해 왔습니다." 오바마는 자신이야말로 흑인 사회에 기여해 왔으며 헐이 갑자기 흑인에 대해 관심을 갖는 이유를 모르겠다고 헐의 주장을 일축했다.[39]

오바마를 지지한 흑인 지도자들 중에는 제시 잭슨 목사와 그의 아들 제시 잭슨 하원의원 그리고 일리노이주 하원의장인 에밀 존스Emil Jones 같은 사람들이 있었다. 오바마는 2000년 민주당 경선에서 바비 러시에게 도전했다가 고배를 마신 바 있는데, 당시 하원의원이었던 바비 러시는 블레어 헐을 지지했고 쿡카운티 평의원회 의장 존 스트로거John Stroger는 하인스를 지지했다. 댄 하인스의 부친은 시카고 제19지역구 위원이었는데, 스트로거는 그의 오랜 친구였다. 이런 사실에도 불구하고 오바마는 스트로거의 지역에서 90% 이상의 지지를 받았다. 백인이 절대 다수여서 하인스의 텃밭이라고 할 만한 북부의 투표구에서 오바마가 1위를 차지했다. 하인스의 부친이 장악하던 남부 지역구에서도 오바마는 40%의 지지율을 기록했다.

오바마가 참여했던 본선은 미국 역사상 상원의원 선거에서 흑인 후보 두 사람이 맞닥뜨린 첫 사례였다. 잭 라이언이 사퇴한 이후 앨런 키이스가 공화당 후보로 선택된 데는 논란이 없지 않았다. 많은 사람들은 키이스가 선택된 데는 다른 무엇보다도 인종적인 고려가 크게 작용했다고 생각했다. 인 디즈 타임즈의 칼럼니스트 살림 무와킬Salim Muwakkil은 이런 글을 썼다. "이번에 키이스를 지명한 그 공화당 지도부가 지금까지 일리노이주의 주요 공직에 흑인 후보를 추천하려고 노력하지 않았다는 것은 명백한 사실이다. 아웃사이더인 키이즈를 선택한 일은 단순히 수상한 냄새가 나는 인종적인 술책이 아니었다. 그것은 일리노이주 공화당 유권자에 대한 모욕이었다. 극단적으로 기회주의적인 정치와 뿌리 깊은 위선의 냄새가 풍긴다."[40] 이코니미스트도 키이스의 지명을 두고 이렇게 비꼬았다.

키이스의 상원의원 출마는 그야말로 순전한 재앙이 될 것이다. 키이스 자신에게는 수치이고 이미 모욕당한 일리노이주 공화당원들에게 모욕을 더하는 일이며 소수 인종 유권자들에게 접근하려는 공화당의 노력에 역행하는 일이다. 키이스의 공천은 또한 명목주의의 냄새가 난다. 키이스 후보는 소수자 우대정책은 인종 차별의 한 형태라며 일관되게 반대했다. 하지만 일리노이 지역구에 두 명의 흑인을 공천하고 결국 키이스를 선택한 일이야말로 인종 차별 외의 다른 무엇으로 설명할 수 있다는 말인가? 그는 강력한 지지 세력을 갖고 있지도 않고 꽉 닫힌 지갑을 열지도 못한다. 그리고 메릴랜드 상원의원 선거에서 두 번이나 고배를 마셨다. 일리노이주 공화당은 단순히 명목주의라는 잘못을 저지른 게 아니다. 그들은 명목주의 가운데서도 가장 저열한 찌꺼기 명목주의를 선택하는 잘못을 저질렀다.[41]

인종 문제는 '누가 진짜 흑인이냐' 라는 문제로 변형되었다. 데이비스 하원의원은 이렇게 말했다. "오바마는 흑인 공동체가 지극히 다양하며 흑인의 표를 얻는 일이 군중을 선동하는 일보다는 훨씬 복잡하다는 사실을 이해한다. 누가 진짜 흑인이냐를 따지는 문제는 실제로는 존재하지 않는 측정과 판단의 시스템이 존재한다는 말이다. 또한 '흑인다움' 에 대한 한 가지의 유형 혹은 기준만 존재한다고 용인하는 게 된다. 한 마디로 말도 안 되는 얘기다."[42]

앨런 키이스는 오바마에게 미국 흑인임을 주장할 수 있느냐고 문제를 제기했다. 키이스는 이렇게 주장했다. "버락 오바마와 저는 같은 인종이다. 다시 말해 같은 신체적 특징을 갖고 있다. 하지만 우리는 같은 유산을 물려받지 않았다 … 우리 선조들은 이 나라에서 노예생활을 겪었다. 나의 인식, 한 개인으로서의 나는 그 유산이라는 현실과 지극히 감정적이며 고통스런 투쟁을 함으로써 형성되었다."[43] 놀라운 일도 아니지만 오바마는 '아프리카계 미국인' 이라는 말이 노예의 후손만을 지칭해야 하지 차별을 공유하지 않는 최근의 이민자들에게는 적용되지 말아야 하느냐에 대해서 다른 의견을 갖고 있었다. "아프리카계 미국인이라는 말은 나에게 딱 들어맞는 말이다. 나는 아프리카 출신이다. 내가 물려받은 유산의 절반은 아프리카에 직접 연결되어 있다. 그리고 나는 지금 미국인이다." 차이보다는 공통점을 강조하는 오바마 특유의 스타일로 그는 노예의 후손들과 흑인 이민자들은 가난과의 싸움, 식민지주의와의 싸움 등 많은 공통점을 갖고 있다고 말한다. 오바마의 할아버지는 케냐에서 하인으로 일했는데 중년이 다 된 다음에도 백인들은 그를 '하우스 보이' 라고 불렀다. 오바마는 자신은 '인류 공동체' 에 속해 있으며 인종뿐 아니라 지역과 계급을 망라한 공동체를 정의하려고 노력하고 있으며, 쌀농사를 짓는 농부 친구도 있고 정부 관료인 친구도 있다고 말했다. 오바마의 어머니가 재혼해서 낳은 여동생은 인도네시아인이며, 후에 중국계 캐나다인과 결혼했다. 오바마는 이렇게 말했다. "나는 인종에 기반을 둔 선거운동을 하고 있지 않다. 나의 뿌리는 아프리카계 미국인이지만 내가 거기에만 한정되는 것은 아니다."[44]

오바마가 유명인사로 부상한 것은 인종에 관한 정의가 변하던 시기의 일이었으며 여기에는 이민자의 유입이 어느 정도 영향을 끼쳤다. 2000년 인구 조사는 사람들이 자신을 '흑인' black 이라는 인종 항목 아래 소항목인 '아프리카계 미국인' African American 이라고 규정할 수 있도록 했다. 2003년에 이루어진 조사에 따르면 흑인의 48%는 아프리카계 미국인이라는 용어를 선호했으며, 35%는 흑인이라는 용어를, 그리고 나머지 17%는 두 가지 용어 모두를 선호했다.[45] 1990년대 사하라 사막 이남 지역에 뿌리를 둔 흑인의 숫자는 세 배 가량 증가했으며, 카리브해 지역 출신 흑인들은 60% 이상 증가했다. 2000년도에 뉴욕시 흑인의 30%, 보스턴 흑인의 28%는 해외에서 출생한 흑인이었다.[46] 1960년대 연방 이민법이 개정되면서 아프리카와 라틴 아메리카로부터 이민자 유입이 증가하기 시작했으며, 이로 인해 인구통계학적인 변동이 심해지자 곳에 따라 이민자가 미국 태생의 흑인을 압도하는 게 아닌가하는 우려가 일어나기 시작했다. 그리고 '이민자 증가로 인해 인종 분류와 정체성, 그리고 지금까지는 잘 거론되지 않던 같은 피부색을 가진 사람들 사이의 차이에 대해 예리한 분석이 이루어지기 시작했다' 고 레이첼 스완스 Rachel Swarns 는 지적했다.[47]

오바마와 키이스가 다룬 주제들은 서로 달랐지만 전통적으로 미국 흑인 사회에 큰 반향을 일으켜온 것이었다. 오바마가 강조한 주제는 직업, 교육, 의료보장과 같은 고질적인 정책 이슈였다. 그는 인종 문제를 더 광범위한 주제의 틀 속에 넣고 다루려고 했다. 또한 인종차별 문제를 해결하는 데 있어서 사회의 책임과 개인의 책임을 균등하게 바라보았다. 오바마는 세계 경제에서 성공할 수 있는 기반을 제공해 주는 교육이야말로 자국이 오늘날 당면한 인종 문제를 해결하는 가장 중요한 요인이라고 생각한다. 그는 랩 음악이나 흑인 가정에서 종종 나타나는 반지성적인 문화도 비난했다. 오바마는 흑인들에게 자신과 자신의 가족들에 대해 책임감을 가져야 한다고 촉구하면서 이렇게 말했다. "나 또한 사람들이 내가 해낸 학문적 성과를 자랑스럽게 여긴다고 생각한다. 내 성과가 우리를 힘들게 하는 문화적 흐름을 거스르고 성취해 낸 일이란 것을 사람들이 알고 있기 때문이다. 정말 흥미롭게도 아이들을 키우는 흑인 학부모들이 종종 내게 다가와 이렇게 말하곤 한다. '유명 선수나 래퍼가 아닌 흑인이 TV에 나오는 것을 보는 것만으로도 우리는 기쁩니다' 라고. 그것은 그 자체로 희망의 메시지를 전달해준다."[48] 오바마는 백인들이 하지 못하는 말을 흑인 사회에 할 수 있다.

키이스는 흑인교회에서 수 세대 동안이나 설교해 온 보수적인 사회 규범을 강조했다. 전통적인 가족의 가치는 사회의 주춧돌이라거나 낙태 혹은 동성간 결혼은 옳지 않다는 것 등이다. 그는 이런 문제에 관한 공화당적인 견해들이 흑인들을 민주당으로부터 끌어올 수 있다고 생각했다. 키이스가 보수 후보들을 지원하기 위해 설립한 '검은 미국의 정치활동위원회'Black America's Political Action Committee 대표 겸 위원장인 앨빈 윌리엄스Alvin Williams는 다음처럼 설명했다. "이 선거운동은 … 모든 미국 흑인들은 다 똑같이 생각한다는 획일적인 고정관념을 일소할 것이다."[49] 피오리아 저널 스타Peoria Journal Star는 이 주장을 받아서 다음과 같은 사설을 내보냈다. "누가 선출되든, 이번 선거를 통해

<표 6-3> 인종에 따른 투표자의 최대 관심사

흑인	2004년	2002년	2000년
고용/경제	34%	23%	14%
이라크 전쟁	22%	6%	—
약제 처방/의료 보장	29%	5%	18%
테러	10%	17%	1%
교육	7%	4%	26%

백인	2004년	2002년	2000년
고용/경제	25%	4%	—
이라크 전쟁	21%	18%	4%
약제 처방/의료 보장	17%	7%	18%
테러	16%	27%	3%
교육	3%	10%	24%

출차: Joint Center for Political and Economic Studies, 2004 National Opinion Poll. David C. Ruffin, 'State of the Black Power', Black Enterprise, January 2005, 22.

피부색을 보면 그 사람이 믿는 바를 알 수 있다는 통념이 깨져야 한다. 고정 관념은 언제나 부술 가치가 있으며, 인종에 뿌리를 둔 고정 관념이라면 더욱 그러하다."[50] 하지만 과장된 스타일과 극단적인 견해를 갖고 있던 키이스는 종종 부적절한 발언을 하는 경우가 있었다. 예를 들어 3장에서 이미 살펴보았듯이 키이스는 오바마가 임신중절을 찬성하는 쪽에 투표한 것을 두고 아직 태어나지 않은 아이들의 평등권을 부정하므로 '노예 소유자' 같은 견해라고 일컬었다.

살림 무와킬은 오바마가 '아이비리그의 문화 은어에 능통' 하며 '말 그대로 문화적 다양성의 화신' 이라고 지적했다.[51] 어느 누구든, 때로는 아주 작은 부분일지라도, 오바마와의 연관성을 찾을 수 있다. '아프리카계 미국인 정치 조직' African American Political Organization 대표이자 일리노이주 아동가족부 과장 바마니 오바델레 Bamani Obadele 는 이렇게 말했다.

"흑인들에게는 그는 흑인이다. 백인 가운데서 일부는 그를 흑인으로 보지 않는다. 그들은 그를 거의 자신과 같은 인종으로 여긴다. 버락 오바마는 누구나 자신들이 보고자 하는 대로 볼 수 있는 사람이다."[52]

오바마는 인종적으로 복잡한 인물이다. 그리고 이러한 점은 그로 하여금 문화적 제약에서 어느 정도 벗어날 수 있게 해 준다. 그렇기 때문에 그가 어느 사회에서도 편안함을 느낄 수 없다고 주장하는 전문가들이 없지는 않지만, 오바마는 거기에 동의하지 않는다. 그는 어느 사회에서도 편안하다고 주장한다. 윌리엄 피네건 William Finnegan 은 다음과 같이 보도했다. "백인이 절대 다수인, 아니 어쩌면 전부 백인뿐인 군중 앞에서 오바마가 보여주는 편안함은 일리노이에서는 놀라운 일에 속한다. 내가 직접 목격한 일이지만, 그 모습은 너무나 자연스러워서 그리 주목할 만한 일로 보이지도 않았다. 옥수수 농장에서 일하는 덩치 큰 백인 농부들이 '오바마'라고 쓰인 커다란 파란색 버튼을 달고서 오바마와 악수하기 위해 저마다 손을 내밀고 있는 모습은 더 놀랍다고 할 수밖에 없다."[53] 오바마는 피네건에게 자신이 시골과 작은 마을의 백인 유권자들과 소통할 수 있는 이유를 이렇게 설명했다. "나는 그분들을 안다. 그분들은 나의 할아버지, 할머니 같은 분들이다. 그분들이 드시는 음식은 내가 어렸을 적에 나의 조부모가 드시던 음식과 같다. 그분들의 행동, 감수성, 옳고 그름에 대한 생각이 내게는 너무나 익숙하다."[54] 살림 무와킬은 오바마 지지모임에 온갖 종류의 사람들이 모이는 것을 보고 이렇게 말했다. "이것은 선의라는 이름하에 묶여 있는 다양성이 아니다. 사람들은 공통의 관심사와 희망을 가지고 모여들고 있다. 이것은 진정한 연대다. 어떤 인종에 속해 있건 간에 모든 일리노이 주민들은 오바마가 자신들 고유의 문제를 아무런 편견 없이 대변해줄 것이라고 믿는 것으로 보인다."[55] 국영 라디오 방송국 NPR과 인터뷰하면서 만일 당신이 백인이라면 의제가 달라졌겠느냐라는 질문을 받자 오바마는 다음과 같이 대답했다.

> 내가 아프리카계 미국인으로서 경험한 일 때문에 더 강할지도 모르는 어떤 본능 같은 것을 나는 갖고 있다. 이것이 아프리카계 미국인에게만 특별히 나타나는 것은 아니겠지만, 내가 더 예민하게 느낀다는 점은 사실이다. 나는 민권 강화를 전담하는 민권부서를 신설하는 데 관심을 가졌을 것 같다. 가령 교육과 같은 문제를 예로 들자면, 나는 미국에 있는 많은 학교의 어린이들이 경쟁력을 키워줄만한 교육을 전혀 받지 못한다는 사실을 생각하면 참으로 가슴이 아프다. 물론 공화당 후보이건 민주당 후보이건 이 문제에 대해 관심을 가질 것이라 생각한다. 하지만 만일 내가 그 어린이들 가운데 많은 아이들이 바로 내 딸과 똑같이 생겼다는 사실을 안다면, 그 현실과 나를 분리하는 것이 훨씬 더 어려울 것이다. 그런 아이들을 볼 때마다 그 아이들이 마치 나의 일부처럼 여겨진다.[56]

버락 오바마는 '탈인종 시대의' 후보이다. 하지만 그 자신은 이 개념을 거부한다. 그 개념이 '흑인 차별과 노예제의 오랜 유산'을 무시하는 '너무 손쉬운 인종간의 화해'를 의미하기 때문이다.[57] 그러면서도 그는 여전히 흑인뿐 아니라 많은 백인 유권자들의 마음을 사로잡는 데 성공했다. 오바마는 '나는 왼쪽 진영이건 오른쪽 진영이건 정체성 정치에 대해서는 참을성이 많지 않다'고 말했다. 그가 참지 못하는 대상에는 '구조적 불평등을 무시하기 위한 방법으로 흑백을 고의적으로 구별하지 않는' 주장이나, 아프리카계 미국인 공동체의 조정자로 자임하면서 누가 진짜 흑인이고 누구는 아닌가를 단정하려는 사람들도 포함된다.[58] 오바마는 자신이 광범위한 지지를 받을 수 있는 것은 자신의 인종 때문이 아니라 다른 사람들을 편안하게 만들고 또 그들을 아끼고 있다는 사실을 느끼게 만들 수 있는 능력 때문이라고 주장한다. 오바마는 이렇게 설명했다. "이 정도의 깊은 공감은 결코 나의 DNA에서 비롯된 게 아니다. 나의 경험에서 비롯된 것이다."[59]

결론

오늘날 공직에 오른 사람들 중 일부는 타이거 우즈 현상의 덕을 다소 봤다. 타이거 우즈는 복잡한 인종적 뿌리를 가진 골프 챔피언이며 그의 출신 배경으로 인해 미국의 골프장에서 더 큰 명성을 누리고 있다. 자메이카 출신의 이민자 부모를 가진 콜린 파월도 이러한 흐름의 하나이다. 파월 장군은 흑인이기는 하지만 미국 노예의 후손은 아니다. 벤자민 월리스 윌스Benjamin Wallace-Wills는 다음처럼 지적했다.

하지만 여전히 몇몇 정치인들에게는 인종이 족쇄가 아니라 제트 엔진이다. 스타로 만들어주는 특색이다. 소수의 이런 흑인 정치인들에게 인종은 장점이었다. 왜냐하면 백인들은 그들에게서 미국이 마침내 제대로 돌아가고 있다는 증거를 보기 때문이다. 결과적으로 이들은 누구나 자신들의 연설이나 태도, 개인 신상 이야기나 직업적인 성취 등을 통해 미국 주류의 문화와 가치를 충분히 공유한다는 신호를 보냄으로써 전통적인 인종적 분류를 벗어났다는 인상을 준다. 그들은 계층이라는 단순한 사실을 통해 인종을 초월할 수 있다. 이와 마찬가지로 중요한 또 한 가지는 그들이 수사법이나 정책적 입장을 통해 자신이 속한 정당의 전통적인 정치에 얽매이지 않음을 밝힘으로써 이데올로기를 초월할 수 있다는 사실이다.[60]

이 서술에 들어맞는 인물들은 대개 더글라스 와일더^{Douglas Wilder}나 콜린 파월처럼 군 출신이거나 해럴드 포드나 오바마처럼 명문대 출신이다. 복잡하게 맞물리는 인종과 이데올로기를 다루는 것은 쉽지 않은 일이지만 오바마는 그 일이 가능하다는 것을 보여준다. 오바마의 정치적인 경쟁자였다가 대통령 선거 경선에서 오바마의 지원자가 된 바비 러시 하원의원은 뉴스위크와의 인터뷰에서 다음과 같이 자신의 생각을 밝혔다. "모두가 아는 것처럼 모세가 만일 파라오 딸의 아들이 되지 않았더라면, 그렇게 강력한 힘을 발휘하지는 못했을 것이다. 모세는 왕궁과 관계를 갖고 있었기에 궁의 이모저모를 잘 알 수 있었다 … 버락은 특권과 권력의 안팎을 오갈 수 있는 능력을 갖고 있다."[61]

상원에 들어가고 난 뒤 오바마는 이제 자신이 속해 있는 그 배타적인 조직에 대해 이렇게 생각을 밝혔다. "상원의 역사를 생각할 때, 이 기구 하나가 매우 오랜 기간 동안 아프리카계 미국인의 진전을 얼마나 저해했는가에 놀라지 않을 수 없다. 이것은 상원에 대한 슬픈 증거이자 이 기구의 오점이다. 이제는 상원에서 이루어지고 있는 논쟁이 인종보다는 경제를 중심으로 이루어질 것으로 기대한다."[62] 상원의 원이 된 후 2년 사이 오바마는 인종적 문제에 대해 거의 언급하지 않았다. 약간의 예외가 있다면 허리케인 카트리나가 휩쓸고 간 다음에 한 발언인데, 이에 대해서는 다음 장에서 다루기로 하겠다. 그는 또한 흑인의원연맹^{Congressional Black Caucus}에서도 주도적인 역할을 하지 않았다. 그는 자신이 미국 흑인 사회의 지도자로 비쳐지는 것을 바라지 않는 것으로 보인다. 흑인의원연맹 리셉션에서 연설을 하게 되자 그는 흑인 의원 여러 명을 거명하며 감사를 표하고 난 뒤, 다음과 같이 짧으면서도 의미심장한 말로 연설을 마쳤다. "나는 모든 미국인을 대표하여 여러분과 일하게 되기를 기대하고 있다."[63]

7 워싱턴에 간 오바마

일리노이주의 이슈들, 국내 이슈들
국제적 이슈들, 의정 활동

전국적인 관심을 받은 선거운동과 지명도에도 불구하고 버락 오바마는 100명의 상원의원 가운데 99번째 상원의원이 되어 워싱턴에 들어갔다.[1] 모든 사람들이 그에게 주목했다. 한편에서는 눈부신 활약과 혁신을 기대했고 다른 편에서는 그가 갖고 있는 부러운 이미지를 망칠만한 실수를 기대했다. '눈에 띄지 않은 채 하나씩 배우는 사치를 누리지 못할 것' 이라고 시키고 트리뷴의 제프 젤레니[Jeff Zeleny]는 평가했다.[2] 오바마 자신도 이렇게 말했다. "나의 선거를 둘러싸고 온갖 과장된 소문들이 떠돌고 있지만, 나는 일하러 여기에 온 것이지 카메라를 쫓아다니기 위해 온 것이 아니라는 점을 알아주기를 기대하고 있다. 부수적인 이득이라면 사람들이 진정으로 나를 좋아한다는 것이다. 나는 깜짝 주인공이 아니다."[3]

대부분의 정치평론가들이 보기에 오바마는 첫 해를 조용하게 보냈다. 그는 힐러리 로댐 클린턴 상원의원이 그랬듯이 유명세에 걸맞지 않게 조용하고 겸손한 태도를 유지했다. 그는 자신이 배울 자세가 되어 있다고 강조했으며 다양한 이슈에 대해 신속하게 선배 의원들과 유대를 만들어나갔다. 하지만 다른 민주당 의원들은 오바마의 유명세를 활용하기를 주저하지 않았다. 그들은 아직 잘 알려지지 않은 후보들의 자금 모금이나 군중 동원을 위해 오바마를 활용했다. 오바마는 자신이 이런 집회나 기자회견장에서 '마치 소도구처럼' 활용되고 있다고 느낀다고 토로했다.[4] 여기에 덧붙여 상원에서 유일한 아프리카계 미국인이라는 입장과 대통령직에 대한 야망이 그의 의제를 형성했을 가능성도 있다. 다른 상원의원들과 마찬가지로 오바마의 첫 번째 과제는 국가적인 쟁점을 이해하고 있다는 것을 보여주는 것이었다.

일리노이주의 이슈들

오바마는 그의 대통령직에 대한 야심에 관한 온갖 추측에도 불구하고 일리노이주를 대변하는 좋은 상원의원이 되고 싶다는 자신의 바람을 언제나 분명하게 밝혔다. 그는 이렇게 설명했다. "나는 겸손함이 야심과 대치되지 않는다고 생각한다. 내가 모르는 것에 대해서는 아주 겸손하다. 하지만 일리노이 주민들에게 조금이라도 현실적인 도움을 주고 싶다는 점에서는 큰 뜻을 품고 있다.”[5]

그는 환경공공사업위원회, 국가보훈위원회, 외교위원회 등 세 개 위원회에 배속되었다. 앞의 두 개 위원회에 배속된 것은 그가 자신의 지역구 문제에 힘을 쓸 수 있는 근거를 마련해주었다. 오바마는 로비를 통해 일리노이주 하천에 25억 달러의 갑문과 댐을 설치하는 사업을 따냈다. 또 한 번은 지역구를 위해 연방환경보호청EPA의 간부 지명을 거부했다. 결국 EPA는 납 페인트 규제에 대해 더 강한 입장을 취해야만 했다. 이것은 시카고 시민들에게 중대한 이슈였다.[6]

그는 또한 정부 관료들을 움직여서 일리노이주 참전용사들을 위해 더 많은 연금을 지급하게 만들었다.[7] 오바마는 일리노이주의 상이용사들이 전국에서 가장 낮은 수준의 연금을 수령하는 것을 보고 깜짝 놀랐다.[8] 그와 일리노이주의 고참 상원의원인 딕 더빈^{Dick Durbin}은 상이용사 연금을 증가시키기 위해 노력했으며 비협조적인 국가보훈처 관료들을 날카롭게 비판하는 것을 두려워하지 않았다. 이 일로 인해서 상이용사와 여타 일리노이 주민들은 오바마에 대해서 더 큰 존경심을 갖게 되었다.

결국 자신이 대표하는 주를 위한 그의 활동은 일리노이 지역 주민들의 강력한 지지로 나타났다. 그가 상원에 들어간 첫 해에 시카고 트리뷴과 WGN-TV가 공동으로 실시한 여론조사에 따르면 오바마는 높은 지지율을 기록했다. 오바마는 재임 9개월 만에 이루어진 조사에서 72%의 지지율을 기록했으며 그중 공화당 응답자들의 지지율은 57%였다. 2005년 5월 오바마의 지지율은 59%로 여전히 높았으며 공화당원의 42%가 상원의원으로서의 그의 활동에 지지를 표명했다.[9] 오바마는 ‘일리노이는 민주당이 이렇게 잘 할 수 있다는 것을 전국에 보여주는 역할을 하고 있다’며 자랑했다.[10] 2005년 오바마는 유

권자들이 뽑은 전국에서 가장 일 잘하는 상원의원이었다.[11]

에너지 비용은 유권자들에게 언제나 중요한 이슈였다. 일리노이는 전국 최대의 옥수수 생산지였으므로 에탄올은 지역 최대의 이슈이다. 오바마 상원의원은 전국에 에탄올이 85% 섞인 E85 에탄올 주유소를 설치하면 세금 혜택을 주는 법률 제정을 제안했다.[12] E85 주유기를 설치하면 세금을 30% 공제해 주는 것이 골자였다. 이 법률이 제안될 당시 일리노이주에는 여섯 개의 에탄올 공장이 있었으며 또 하나의 공장이 설립 중에 있었다. 2004년 일리노이주는 3억 2,500만 부셸의 옥수수를 사용해서 8억 7,500만 갤런의 E85를 생산했다.[13] 오바마는 일리노이의 문제를 항상 의제에 포함시키겠다고 약속했고 이 법률안은 그가 자신의 지역구에 한 약속을 지키고 있다는 증표가 되었다. 오바마는 이렇게 말했다. "우리나라는 에너지 독립에 대해 너무 오랫동안 말만 해왔다. E85는 실천으로 옮길 수 있는 기회다."[14]

E85는 옥수수에서 추출한 에탄올 85%와 휘발유 15%를 혼합해 만든다. 이라크전쟁으로 인해 많은 미국인들이 대체연료에 대해 훨씬 더 진지하게 고민하게 되었다. 오바마는 이렇게 지적했다. "뉴스를 보면 외국 휘발유에 대한 의존 때문에 우리가 세상에서 가장 위험하며 불안정한 지역과 지속적으로 연관될 수밖에 없음을 알 수 있다. 미국이 에너지 독립을 이룰 수 있는 포괄적인 계획이 필요하다."[15] 많은 미국인들 역시 세계 경제에서 경쟁하기 위한 좋은 방법은 대체 연료의 사용이라고 여기고 있다. E85 연료는 미국에 경제적으로 좋은 움직임일지도 모른다. 오바마는 이런 입장을 지지하면서 다음과 같이 말했다. "지금이야말로 이 일을 이루기 위한 기회다. 농부들의 미래와 우리 경제의 미래, 그리고 우리 환경의 미래를 위하는 기회이며 또한 우리나라를 자기 자신의 에너지 미래를 스스로 통제할 수 있을 만

큼 충분히 독자적이고 혁신적인 나라로 만들 기회다.”[16]

많은 정치평론가들이 보기에 일리노이주는 민의가 매우 잘 대변되는 주다. 매사추세츠주의 민주당 상원의원 테드 케네디는 다음과 같이 날카롭게 지적했다. “일리노이는 축복을 받았고 다른 모든 주는 부러워한다. 일리노이주는 미국 상원에 원투 펀치를 날린다.”[17] 그 ‘원투 펀치’가 바로 상원에서 제2위의 민주당 실력자인 딕 더빈과 버락 오바마이다. 오바마는 자신이 더빈의 후계자로 여겨지도록 처신했다. 더빈은 1997년부터 일리노이주를 대표하는 상원의원이었다. 일리노이 유권자 가운데 절반 이상이 그에 대해 호감을 갖고 있고 다른 의원들도 그를 존경한다.[18] 회기 중이면 더빈과 오바마는 매주 정기적으로 만나 커피를 마시면서 지역구 현안에 대해 논의했다.[19] 더빈과 오바마는 공동으로 연방 하원 대변인인 데니스 헤스터트Dannis Hastert(공화당, 일리노이주)에게 연방판사를 추천하기도 했다. 시카고 지역 판사의 공석은 일리노이주 출신의 세 명의 의원들이 초당적으로 협력할 수 있는 기회를 제공했다.[20]

오바마는 순회연설의 인기스타였다. 그를 모시려는 초청이 하루에도 수백 개가 넘었다.[21] 오바마는 자신의 지역구를 우선시해서 상원에 들어간 첫 해에는 일리노이주에서 열리는 졸업식에서만 연설을 했다. 그가 선택한 곳은 게일즈버그에 있는 녹스대학, 시카고의대, 시카고 남서부 지역에 있는 한 초등학교였다. 오바마의 언론담당 보좌관 줄리안 그린은 다음처럼 간략하게 정리했다. “우리는 시카고만이 아니라 남부를 포함해 일리노이 여러 곳으로 다니고자 했다.”[22] 그 후 대통령직에 도전하면서 그는 더 많은 지역을 방문하기 시작했고 전국 어디에서나 그가 연설하는 모습을 볼 수 있게 됐다.

오바마와 더빈은 무더위가 기승을 부리던 2005년 여름, 치솟은 에너지 비용을 감당하지 못하는 저소득 가정을 위해 4,760만 달러를 지원해 줄 것을 부시 행정부에 요구했다.[23] 농부들에게도 더위를 식혀주는 조치가 있었다. 더빈과 오바마가 연방 재난구호자금을 요구해받아낸 것이다.[24] 오바마는 이렇게 말했다. "지난여름은 더위와 가뭄이 구신했는데 대통령이 우리의 요구를 들어주셔서 정말 기쁘다. 연심히 일하는 우리 일리노이 농민들은 충분히 이런 도움을 받을 자격이 있다."[25] 오바마는 심지어는 허리케인 카트리나가 지나간 후 걸프만 지역의 농부들을 돕기 위해 열린 콘서트에도 참석했다.[26] 도로 또한 확충되었다. 도로확장법에 의한 5개년 계획에 따라 2,864억 달러의 예산안이 상원과 하원을 통과했다. 딕 더빈은 자신의 친구인 오바마에 대해 이렇게 칭찬했다. "잘 지켜보라. 이 정도는 아직 아무 것도아니다."[27]

국내 이슈들

버락 오바마는 자신의 인종적 정체성으로 인해 인종과 사회적 정의에 관한 이슈에 대해서는 대변인이 되어야 하는 입장에 놓인다. 그는교육과 같이 자신이 주 상원의원이 된 이후 줄곧 신경을 써 온 이슈에대해서 계속해서 강조했다. 그보다 더 두드러진 것은 그가 사회적 불평등, 가령 투표권이나 허리케인 카트리나에 대한 정부 조치와 같은일에 대해서 주도적으로 문제를 제기하는 사람으로 떠올랐다는 점이다. 오바마는 허리케인 카트리나에 대한 연방정부의 반응에 대해 공개적인 비판자였다. 미국 상원은 사회·경제적 측면에서 다양성이있는 곳이 아니다. 그리고 오바마는 재건기 이후 상원의원이 된 아프리카계 미국인으로는 단 세 번째일 뿐이었다. 그는 재빨리 허리케인으로 인한 재난 이후 연방정부가 보여준 느리고도 서투른 대응의 원인이 인종차별 때문이라는 주장을 일축했다.[28] 그는 사태수습이 엉망이 된 것은 인종차별 때문이 아니고 '관료주의적 무지'의 탓이라고 주장했다.[29]

좀 더 목소리를 내기 시작한 두 번째 해에, 오바마는 허리케인에 집을 잃은 희생자들을 수용하기 위해 카니발 크루즈 선사와 2억 3,600만 달러에 달하는 계약을 체결한 것을 공개적으로 비판했다.[30] 상원에서 가장 보수적인 사람에 속하는 톰 코번[Tom Coburn] 공화당 의원과 함께 오바마는 미국 희생자들에게 무상으로 배를 제공하는데 왜 그렇게 엄청난 금액을 카니발 사에 지불해야 하느냐고 공개적으로 따졌다.[31] 연방재난관리청[FEMA]은 카니발 사와의 계약은 그리스가 선박을 제공하기 전날 이루어졌다고 답변했다. 당시 그 유람선들은 대부분 아무도 태우지 않은 채 정박되어 있었다. 그 배에 수용될 사람도 실제로 허리케인을 피해 소개(疏開)된 이재민 보다는 정부 소속 직원들이 더 많았다. 망망대해에 떠다니는 집을 갖게 되는 것은 이재민들이 가장 원치 않는 일이었다. 오바마는 이것은 'FEMA가 저지른 정책 결정 실패의 최신 사례일 뿐'이라고 꼬집었다.[32]

오바마와 코번은 카트리나가 휩쓸고 간 지역에 대한 재건비용 관리를 위해 연방감시인을 임명하는 법안을 제출했다. 하원은 이 용도를 위해 2,000억 달러까지 허용하겠다고 약속했다.[33] 부시 행정부의 이런 재건 노력에 대해 오바마는 이렇게 논평했다. "카트리나가 막 휩쓸고 지나간 상황에서 조지 부시는 자신이 마침내 우리 가운데 가난과 인종 차별이 존재한다는 사실을 깨달았다고 말한다. 나는 부시가 거짓말을 하고 있다고 생각지 않는 것이 중요하다고 생각한다. 사실 거짓말을 하고 있다고 믿고 싶어지기도 한다. 특히 부시가 재건 책임자로 칼 로브$^{Karl Rove}$를 임명한 것을 보면 더욱 그렇다."[34] 하지만 오바마는 카트리나가 지나간 후의 대응 미숙에 대해 공화당만을 탓하지는 않았다. 그는 백악관으로 하여금 책임 있는 모습을 보이게 만드는 일은 양당 모두의 임무임을 지적했다. 그는 자신에게도 책임이 있다면서 다음처럼 고백했다. "나도 화가 나고, 분노가 치솟는다. 하지만 나는 또한 나에게도 어느 정도는 책임이 있음을 인정하고 싶다 … 우리는 다소 안일했다."[35] 이 책임감에는 뉴올리언스가 수 년 동안이나 문제를 안고 있었음에도 불구하고 아무도 이번 비극이 발생하지 않도록 예방 조치를 취하지 않았다는 점에 대한 인정이 들어 있었다. 오바마는 이렇게 말했다. "우리는 뉴올리언스의 주민들이 허리케인이 휩쓰는 동안에만 방치되어 있었던 것이 아님을 깨달아야 한다. 그들은 오랫동안 살인과 노상 폭력, 수준 낮은 학교, 낡은 주거환경, 형편없는 의료보장, 그리고 만연한 절망감 속에 방치되어 있었다."[36]

오바마는 특히 미국의 교육 중요성에 대해서 강하게 느끼고 있다. 그가 상원에 들어와서 가장 먼저 도입한 법률은 한 학생이 받을 수 있는 펠 보조금$^{Pell Grant}$ 한도를 연간 4,050달러에서 5,100달러로 상향 조정하는 법률이었다. 그는 이러한 인상이 저소득 가정 학생의 대학 학비 조달에 도움이 될 것이라고 믿었다.[37] 오바마는 교육을 공민권에 관한 문제로 보았다. 이 이슈는 그의 인종적 정체성에 긴밀하게 연계되어 있다. 왜냐하면 가장 수준이 낮은 학교들은 대부분 소수인종 학생들로 가득 차 있었기 때문이다. 아웃소싱과 세계화는 미국 젊은 이들을 경제적으로 더 치열하게 경쟁하도록 만들고 있었다.

미국 학생들은 가정에서도 새로운 도전에 직면한다. 텔레비전과 비디오 게임이 양서의 즐거움을 대체해 버렸다. 이를 오바마는 다음과 같이 표현했다. "우리 아이들은 이러한 유혹을 집에서만 접하고 있지 않다. 아이들은 모든 곳에서 이러한 유혹을 접하고 있다. 친구의 집일 수도 있고, 텔레비전에 나오는 사람들일 수도 있고, 반 지성을 치켜세우는 전반적인 문화일 수도 있다. 심지어는 대통령까지도 C학점 받은 것을 자랑한다. 이러한 태도는 위에서 밑으로 흐르기 마련이다."[38] 오바마는 교육 개선을 자신의 강령의 일부로 삼고 선거운동을 벌였으며, 선거에서 이기고 나자 그는 이렇게 단언했다. "워싱턴에 가서도 이 약속을 반드시 지키겠다."[39]

버락 오바마에게는 유권자의 투표권 문제가 대단히 중요했다. 아프리카계 미국인으로서 그는 사람들이 미국에서 투표권을 확보하기 위해 수 세기 동안이나 얼마나 큰 어려움을 겪었는가를 잘 이해하고 있다. 그는 투표권법^{Voting Rights Act} 연장을 지지했다. 그는 아직도 인종 차별이 존재하며 정부는 적절한 법률을 통해 차별을 방지해야 하다고 믿었다. 민주당과 공화당 양당이 모두 위 법률의 연장을 지지했다. 오바마를 포함한 많은 법률 제정자들은 소수인종의 투표권 보호를 위해서는 연방정부의 감독이 여전히 필요하며, 특히 남부 주들에서는 더욱 그렇다고 생각했다.[40] 오바마는 이렇게 지적했다. "남부의 주들이 투표권 제고에 진전을 보인 것은 사실이지만, 아직도 문제가 있음은 분명하다."[41]

상원의원 오바마가 투표권 문제를 얼마나 중요하게 여기는가는 그가 취한 또 하나의 입장에서도 드러난다. 현안이 된 이슈는 투표를 하기 위해서는 사진식별이 필요하다는 법률의 제정문제였다. 그는 이 법률은 소수인종과 가난한 사람들, 장애인, 노인들에게 불리하게 작용한다는 점을 들어 반대 입장을 취했다.[42] 소수인종들은 어느 인종이나 가난한 사람들이 그렇듯이 주 정부가 발행하는 신분증 발급에 필요한 자금 마련에 다른 사람들보다 훨씬 큰 어려움이 있었다. 노인

과 장애인들은 이동의 어려움 때문에 신분 증명에 필요한 서류를 확
보하는 데 어려움을 겪는 경우가 많았다. 이런 사람들은 민주당 쪽으
로 투표할 가능성이 많았고, 위의 규제 법률은 투표하러 나오는 사람
을 줄임으로써 미주적 절차에 방해가 될 가능성이 있었다.

　오바마는 부시 행정부가 제안한 '맑은 하늘'^{Clear Skies} 계획에 반대표
를 던졌다. 그는 "그 계획은 핵심적인 환경보호 조치들을 후퇴시키고
대기오염을 악화시키는 새로운 허점을 만들어 낼 것"이라고 말했
다.[43] 오바마의 투표는 그 법안에 대한 핵심적인 거부 투표 가운데 하
나였다. 법안은 수은, 이산화황, 산화질소의 배출에 대해서는 산업
총량을 정했으나 지구온난화의 주범인 이산화탄소 총량에 대한 규정
은 없었다.[44] 오바마는 이러한 조치는 부적절하며 대기오염으로부터
시민들을 보호할 수 없다고 주장했다. 링컨 샤피^{Lincoln Chaffee} 상원의원
(공화당, 로드아일랜드주)은 다음과 같이 탄식했다. "미국 상원이 기
후 변화에 대한 마지막 보루라니, 정말 부끄러운 일이다."[45]

　오바마의 상원의원 활동에 대해 대부분의 환경운동 단체들은 대단
히 만족해하고 있지만, 몇몇 단체는 그에 대해 회의적이다. 그가 액
화석탄을 에너지원으로 사용하는 방법을 지지하기 때문이다. 많은
환경 운동가들은 오바마 의원이 이 에너지원에 관심을 갖는 이유는
석탄 그 자체가 아니라 일리노이주 남부가 미국의 주요 석탄 생산지
가운데 하나라는 사실 때문이라고 믿고 있다. 이 장 앞부분에서 이미
살펴보았듯이 그는 일리노이주의 경제적 이익을 증진시키는 데 상당
한 관심을 갖고 있다. 오바마는 액화석탄은 미국의 에너지 독립에 도
움을 주는 또 하나의 에너지원이라고 밝힌 바 있다. 환경 운동가들은
액화석탄은 여전히 석탄일뿐이고, 화석 연료이므로 청정 연소 에너
지원이 아니라고 반박한다.[46]

오바마는 짐 버닝[Jim Bunning](공화당, 켄터키주) 상원의원과 함께 2007년 액화석탄연료지원법안[Coal-to-Liquid Fuel Promotion Act]에 지지 서명했다. 이 법안은 석탄에서 휘발유와 같은 정도의 배출율을 가지는 디젤 연료를 추출하는 새로운 연구와 시설에 대해 지원을 하는 법안이다.[47] 하지만 몇몇 환경운동가들은 여기에는 도저히 묵과할 수 없는 모순이 있다고 생각한다. 그들은 이 연료가 가져올 경제 성장이 그로 인해 야기되는 환경파괴를 상쇄하고도 남는다는 데에 동의하지 않는다. 오바마는 실용적인 입장을 견지하고자 했다. 그는 자국의 에너지원을 사용함으로써 유발되는 경제 성장이 더 청정한 대체 에너지원 개발에 필요한 자금을 확보해 줄 것으로 보았다. 이러한 입장은 만족스러운 결과를 도출하기 위해서 어떤 이슈의 양쪽 당사자 모두와 협력하고자 하는 오바마의 의지를 다시 한 번 부각시켜준다.

이러한 초당적 노력 가운데 하나가 존 매케인[John Sidney McCain III] 상원의원(공화당, 애리조나주)과 윤리개혁에 관해 협력한 일이다. 오바마를 이 논란이 많은 이슈에 배정한 것은 당시 상원 소수당 원내대표였던 해리 레이드[Harry Reid] 의원(민주당, 네바다주)이었다. 그가 오바마를 선택한 데는 그가 경험이 없다는 사실이 크게 작용했다. 아웃사이더로서 오바마는 개혁이 어떤 방향으로 가야할지에 대해 더 분명한 시각을 가질 수 있을 것이기 때문이다. 얽힌 이해관계가 없다는 것이 그의 가장 큰 자산으로 인정되었다.[48] 윤리개혁과 관련한 내용은 오바마에게는 새로운 것이 아니었다. 주 상원의원으로서 그는 25여년 만에 처음이라고 할 수 있는 윤리개혁 조치를 일리노이주에 도입하는 데 큰 기여를 했다.[49] 오바마는 이 문제를 상당히 진지하게 고민했으며, 더빈 상원의원과 더불어 향후 어떠한 로비스트로부터도 선물이나 식사 대접, 혹은 여행 편의 등을 제공받지 않겠다고 다짐했다.

현행 상원 규정에 따르면 약간의 선물은 받을 수 있다고 되어 있다. 하지만 오바마는 거의 성경 구절 그대로 만큼 청렴하게 비춰지길 원했고 따라서 부적절하다는 인상을 주는 것마저도 피하려고 노력했다.[50] 매케인과 오바마는 이 이슈에 관해서 긴밀히 협력했으나 그들의 관계는 때에 따라 기복이 있었다. 매케인은 오바마가 자신들이 공동으로 논의하던 초당적 모델을 지지하지 않은 것에 대해 화가 났으나 오바마는 자신의 당이 지지하는 모델이 더 맘에 들었다. 매케인은 오바마에게 편지를 보내 그와 같은 결정을 격렬히 비난하면서 그를 '부정직한' 사람이라고 불렀다.[51] 매케인은 오바마를 공개적으로 비난한 최초의 상원의원이 되었지만 이로 인해 그의 지지도가 올라가지는 않았다. 매케인은 양보를 안 하는 '심술쟁이'로 비쳐진 반면 오바마는 매케인을 존중하면서도 자신의 신념을 지킨 사람으로 존경을 받았다.[52] 오바마는 이렇게 말했다. "사람들은 매케인 의원을 주인공으로 여긴다. 하지만 나는 그를 역할 모델로 생각한다."[53] 매케인과 오바마는 곧 다시 화해했고, 미국을 위해 최선의 계획을 추진하기로 약속했다. 그들은 농담 삼아 서로를 '펜팔 친구'라고 부르며 개혁을 위해 초당적인 협력을 지속했다.[54] 하지만 곧 그들은 미국의 대통령직을 놓고 경쟁하는 관계가 되었으며 각자 자신이 속한 당의 지지를 획득하기 위해 노력하고 있다. 오바마는 초당적으로 실현 가능한 해결책 도출을 위해 공화당과 협력하려는 뜻이 있긴 하지만 의견이 다를 때는 거리낌 없이 자신의 소신을 밝혔다. 그는 이렇게 말했다. "아시다시피 나는 민주당원이고 민주당이 추구하는 가치에 대해 신념을 갖고 있다. 공화당의 의제 가운데는 내가 도저히 용인할 수 없는 부분이 있다. 그런 부분에 대해서는 과감하게 지적할 생각이다."[55]

많은 미국인들이 의료보장 체계의 사각지대에 놓여있는데 오바마는 이것을 국가 전체를 위태롭게 하는 문제로 보았다. 그는 이렇게 말했다. "오늘날 건강한 미국을 가장 심각하게 위협하는 것은 천재가 충분치 않다든가 새로운 발견을 못하고 있는 것이 아니다. 수 년 동안 실천 없이 토론만 함으로써 감당키 어려운 의료보장 비용에 대해 현실적인 대책을 내놓지 못하고 있는 우리의 무능력이 문제다."[56] 흑인으로서 오바마는 인종에 따른 건강 불평등 문제에 특별한 관심을 두었다. 오바마는 사람들이 '현실적으로 존재하는 건강 불평등의 간극을 어떻게 좁힐 것이며 어떻게 흑인들의 기대 수명을 다른 사람들과 비슷하게 연장시킬 것인지에 대해' 논의해야 한다고 주장했다.[57]

오바마 상원의원은 또한 의료진과 여타 의료 관계자들이 즉각적으로 접속할 수 있도록 의료보장 기록을 온라인 DB화해야 한다는 주장을 지지했다. 그러면 환자가 어느 곳에서 치료를 받든 현재의 의료진이 쉽게 환자의 전체 의료기록에 접근할 수 있다. 의료 사고로 미국에서만 연간 9만 8,000명이 목숨을 잃고 있으므로 이런 기술은 수많은 생명을 살릴 수 있다.[58] 전문가들 추산에 따르면 이렇게 함으로써 연간 1,400억 달러를 절감할 수 있고 그만큼 의료보장 비용을 낮출 수 있다.[59] 미국의 의료보장 수준에 존재하는 간극의 상당부분을 메울 수 있는 이 기술을 오바마는 매우 중요한 해결책중 하나라고 믿는다.

버락 오바마는 리차드 루가 상원의원(공화당, 인디애나주)과 팀을 이뤄서 조류독감 창궐 가능성에 대비해 더 철저한 준비를 하는 것이 중요하다는 것을 강조했다. 미국 농무성은 '포괄적인 조류독감 감시 체계구축 실패'에 대해 초당적 상원의원 모임의 질타를 받았다.[60] 실제로 조류독감은 미국 내의 가금류에 흔하게 존재한다. 하지만 조류독감으로 인한 인간의 사망을 유발시키는 것은 고병원성의 아시아계 유형이다. 미국에서는 아직 아시아계 유형이 발견되지 않았지만 이

런 종류의 질병에 변종이 생기고 전 세계적으로 확산되는 것은 시간 문제일 뿐이다.[61]

　조류독감과 관련해 또 하나 문제점은 백신 공급량이 충분하지 않다는 점이다. 많은 주들은 적절한 준비를 하고 있으나 몇몇 주는 조류독감이 전대미문의 규모로 발발할 수 있는 취약성을 안고 있다. 전문가들은 조류독감이 창궐하면 '전 세계적으로 5,000만 명이 사망하고 미국에서만 55만 명이 희생된 1918년의 스페인 독감에 필적하거나 어쩌면 능가하는' 규모가 될 수 있다고 경고했다.[62] 상원의원들은 한목소리로 부시 행정부에 의료산업계, 제약회사, 그리고 국제사회와 협력하여 조류독감 등 전 세계인에게 타격을 줄 수 있는 전염성 질병의 확산을 방지하는 계획을 수립하라고 촉구했다.[63] 오바마는 미국이 아닌 다른 지역에서 생활했으며 아프리카인 아버지를 두었다는 점에서 독특한 상원의원이다. 세계적인 시각을 갖고 있다는 점에서 그는 다른 사람과 구별되며, 이것은 또한 그의 의사결정에도 영향을 미친다. 그는 다른 나라에 영향을 미치는 문제는 미국에도 영향을 미칠 수 있다는 사실을 이해하고 있다.

　오바마의 선택 가운데 가장 논란이 되는 부분은 그가 2005년 집단소송법 개정안Class Action Fairness Act에 찬성한 일이다. 이 법률은 조지 W. 부시 대통령과 많은 공화당원들이 미는 것이었다. 하지만 이 법안에 찬성한 18명의 민주당 상원의원 가운데 오바마가 들어있다는 소식을 들은 전문가들은 깜짝 놀랐다.[64] 이 법안의 통과를 위해 금융회사들이 강하게 로비를 했고, 오바마의 선거 자금은 이런 유형의 그룹들에서 들어오고 있었다. 또한 검사 생활을 통해 오바마는 이런 종류의 소송의 성격과 그로 인한 비용에 대해서 상세히 알고 있었다. 2006년 11월호 「하퍼스」Harper's에서 켄 실버스타인Ken Silverstein은 그 결정에 대해 이렇게 말했다.

> 기질로 보아 그는 결코 정치 투사가 아니다. 아니 일반적으로 통용되는 의미에서 '진보적'이라고 할 수도 없는 사람이다. 여러 가지 의미에서 그는 공민적 공화당원civic republican이다. 공민의 선의를 믿는 사람이다. 이 개념은 여러 모로 진보주의와 비슷하다. 하지만 1960년대에 좀 더 공격적이며 권리를 기초로 하는 진보주의가 등장했다. 이 진보주의는 때로 사회 정의를 더 큰 보편선보다 우선시하는 경향이 있었다. 그 이후 위 두 개의 개념은 어느 정도 긴장 관계에 놓여왔다.[65]

오바마는 자신이 중요하다고 생각하면 정당의 노선에 얽매이지 않고 투표하는 모습을 보인다.

국제적 이슈들

2006년 오바마의 아프리카 여행은 커다란 뉴스거리였다. 이 여행은 전쟁으로 폐허가 되고 에이즈로 고통 받는 대륙에 미국이 관심을 가지고 있음을 보여주기 위한 것이었다. 오바마는 다음처럼 간단하게 언급했다. "내가 아프리카에 가는 건 아프리카가 중요하기 때문이다."[66] 오바마가 준비한 의제에는 종족 분쟁 해결과 여성의 권리 향상, 교육수준 제고, 더 효율적인 정부서비스 제공, 만연한 행정비리 종식에 관한 논의가 들어 있었다.[67] 오바마는 성공해서 자신의 가족과 민족으로 돌아오는 유명인사가 되어 아프리카에 도착했다. 그는 자신이 새로이 얻은 명성을 이용해 위의 문제에 관해 아프리카 사람들을 움직이길 바랐으며, 특히 무엇보다도 에이즈에 대한 경각심을 높이고자 했다.

에이즈는 사하라 남부의 아프리카에 만연해 있다. 남아프리카공화
국에만 5백만 명의 HIV 보균자가 존재한다. 달리 표현하자면 다섯
명 가운데 한 명이 보균자이며, 매일 900명의 남아프리카 공화국 사
람들이 에이즈 관련 질병으로 사망하고 있다는 뜻이다. 정부는 에이
즈 전염병 대처에 대해서 구식의 전혀 비과학적인 의견을 제공함으
로써 문제를 악화시키고 있다. 예를 들어 타보 음베키Thabo Mbeki
남아프리카공화국 대통령은 과학적인 모든 증거에도 불구하고 HIV
가 에이즈를 유발시킨다는 사실을 믿지 않는다. 보건장관 만토 차발
랄 음시망Manto Tshabalal Msimang은 시민들에게 항레트로바이러
스 약품을 사용하지 말고 '올리브유와 사탕무, 레몬, 아프리카 감자'
로 만든 자신의 가전 비법을 사용하라고 권장했다. 이런 무지에 깜짝
놀란 오바마는 이렇게 말했다. "보건 장관이 제공하는 정보는 정확한
정보가 아니다. 과학적으로 올바른 정보가 아니다."[68]

남아프리카공화국에서는 에이즈의 전염 경로와 치료에 대한 과학
을 불신할 뿐 아니라 바이러스 검사 자체가 두려움의 대상이며 때로
는 검사를 하면 실제로 HIV 바이러스에 감염된다고 여겨지기도 한
다. HIV에 감염되었다는 사실이 확인되면 그로 인해 받는 고통이 워
낙 컸기 때문에 사람들은 검사나 치료를 받는 대신 차라리 죽는 편을
택했다. 이런 부담을 줄여주기 위해 오바마와 그의 아내 미셸은 공개
적으로 HIV 검사를 받음으로써 검사는 부끄러운 일도 아니고 두려워
할 일도 아니라는 것을 알렸다. 오바마는 에이즈가 인류의 안전에 커
다란 위협이라고 생각한다. 그는 이렇게 말했다. "그 어느 때보다도
지금이 서로의 문제에 관심을 기울여야 할 때다. 예전에는 미사일이
우리를 겨누고 있고 독재자가 승승장구하는 게 문제였지만, 지금은

대규모 질병이 발생해 인류를 고난에 빠뜨릴 수 있는 상황이다.”[69]

아프리카 방문에 들고 간 의제에는 수단과의 외교 관계도 있었다. 유엔 안전보장이사회 영구회원국인 중국은 수단 내의 대량살상행위 근절에 적극 나서지 않는 수단정부를 제재하는 데 극히 미온적인 태도를 취했다. 중국은 수단 오일산업의 가장 중요한 자금원이었고 따라서 수단정부와 좋은 관계를 유지하는 데 이해관계가 걸려있었다.[70] 오바마는 이렇게 비난을 퍼부었다. “불행히도 우리의 외교정책은 미래의 위기를 예측하기보다는 과거의 일에만 초점을 맞추는 것 같다. 아프리카는 지금 당장 미국에 직접적인 위협으로 인식되고 있지 않으므로 외교정책 당국은 아프리카를 경시해도 된다고 믿는 경향이 있다. 그것은 잘못이라고 생각한다.”[71]

오바마는 당시 외교위원회 위원장인 리차드 루가 상원의원과 함께 호흡을 맞춰 견착식 미사일과 버려진 지뢰 등의 재래식 무기를 ‘협력적 위협 감축 프로그램’ Cooperative Threat Reduction Program 에 추가하는 법안을 추진했다.[72] 루가가 주도한 이 프로그램은 10년 이상 시행되고 있었으며 러시아에서 핵무기를 제거하는 데 큰 역할을 했다. 오바마와 루가는 위의 무기들처럼 쉽게 이전되는 무기들이 프로그램에 포함되지 않은 것에 대해 상당히 우려하고 있었다. 오바마는 이렇게 말했다. “이러한 무기들이 새어나가 전 세계에 퍼지는 데 얼마나 짧은 시간이 걸리는지, 그리고 그로 인해 아프리카에서 아프가니스탄에 이르기까지 얼마나 많은 소요와 폭력적 갈등이 일어났는지에 대해 우리 모두는 잘 알고 있다. 이 무기들을 없앰으로써 우리는 이 세상을 더 나은 곳으로 만들 수 있다.”[73]

2005년 8월, 오바마와 루가는 핵무기가 저장된 장소들을 둘러보기 위해 러시아를 방문했다. 저장소들의 보안은 허술했다. 상황은 매우 불안정했다. 핵무기, 화학무기, 생물학무기들에 대한 경계는 느슨했으며, 그 결과 러시아는 미국에 세 번의 조사를 허용했다. 이 조사의 목적은 좀 더 전문적인 훈련을 강화하고 철저한 감시가 이루어지게 하며 해당 무기고의 실제 내용물에 대한 인식을 높이는 것이었다.[74] 이 러시아 여행은 오바마가 상원의원이 된 후 첫 번째 해외여행이었다. 러시아 방문 경험이 많은 루가 상원의원과 함께 여행하는 것은 신참 상원의원에게는 배울 게 많은 좋은 경험이었다. 그는 이렇게 말했다. "스승과 제자처럼 느껴질 때가 많았다. 나는 대부분의 시간을 과정에 직접 참여하는 것보다는 조용히 지켜보는 데 사용했다."[75]

핵무기 저장소를 둘러본 일은 오바마에게 새로운 시각을 제공해 주었다. 위험한 무기들이 매우 부적절하게 관리되는 것을 보자 이것은 시급하게 다루어져야 할 이슈라는 생각이 강해졌다. 그는 이렇게 말했다. "사람들은 이 문제를 제쳐놓을 수도 있다. 그래도 당장 코앞에 닥치는 문제가 아니니 말이다. 하지만 이런 외면의 결과는 엄청나다. 이 일은 너무 늦어버린 다음에야 문제를 느끼게 되는 그런 종류의 이슈다."[76] 하지만 그 러시아 여행에서 암울한 전망만 본 것은 아니었다. 레닌 묘소를 둘러보면서 묘소 주변에 묻힌 많은 여성들이 독재자의 연인들이었다는 얘기를 듣자 오바마는 이렇게 한마디 했다. "레닌이 바람둥이인 줄은 미처 몰랐다."[77]

미국 대표단이 러시아를 빠져나오는 과정은 쉽지 않았다. 루가와 오바마는 다른 미국인 12명과 함께 러시아 출입국관리 공무원에 의해 공항에 억류되었다. 국제법이나 미국-러시아 수색면제 협정은 공용 항공기에 대한 수색을 금지하고 있었다. 하지만 출입국관리 공무원들은 막무가내로 수색을 고집했고 미군 조종사는 이에 강력하게 반발했다. 공항 공무원들은 미국인들의 여권과 서류를 압류했다. 교

착상태가 벌어지고 미국 정부와 러시아 정부가 개입하게 되었다. 3
시간이 지나고 (이 시간을 루가와 오바마는 잠깐 눈을 붙이는 시간으
로 활용했다) 사태는 해결되었다. 여권과 공식서류도 반환되었다. 러
시아 경비대 한 명이 사과도 했다. 언론은 이 사건을 대대적으로 보도
했지만 오바마는 방문 목적이 전면에 부각되기를 바랐다. "내가 목격
한 바를 묘사할 수 있다는 것은 대단한 능력이다. 사람들이 신경을 써
야 하는 일들은 너무나 많기 때문에 상원의원으로서 사람들의 주의
를 끌기 위해서는 본 일을 생생하게 전달할 수 있어야 한다."[78]

의정 활동

다른 곳에서도 다루었지만 오바마는 일리노이주 상원의원으로서
진보적이라는 평가를 받고 있었고 본 선거기간 동안 이런 성향을 중
도화시키려고 애썼다. 〈표 7-1〉과 〈표 7-2〉에는 연방 상원의원 첫
해 그의 의정활동에 대한 평가가 들어있다. 〈표 7-1〉은 선정된 이해
집단이 매긴 그의 순위이며 〈표 7-2〉는 내셔널 저널에 실린 그에 대
한 종합 평가 순위 및 경제, 외교, 사회정책에 관해 그가 기록한 점수
이다. 표들은 오바마가 주 상원의원으로서 진보적 성향의 투표를 했
음을 명확히 보여준다. 그는 낙태반대 운동가들이나 기업 이익집단
들 그리고 총기소지 로비스트들과 같이 전통적인 공화당 세력들로부
터는 낮은 평점을 받았다. 이와는 반대로 낙태 찬성론자들이나 소수
인종 이익집단들, 교육관계자들 그리고 환경보호론자들처럼 진보성
향의 세력들로부터는 높은 평점을 받았다. 내셔널 저널에 나온 숫자
들은 오바마가 상원의원 가운데서 가장 진보적인 집단에 속해있음을
명확히 보여준다.

〈표 7-1〉 오바마의 의정 활동 평가

이해 집단	평가년도	백분율 평가/등급
낙태 반대 운동 위원회	2005-2006	0
독립 비즈니스 전국 연합	2005-2006	12
미국 상무성	2005	39
미국 자유 인권 협회	2005-2006	83
전미 유색 인종 지위 향상 협회	2005	100
전미 교육 협회	2005	100
환경보호 유권자 연맹	2005	95
전미 공익 연구 그룹	2006	86
전미 총기 협회	2004	F
서비스산업 종사자 국제 연맹	2006	94
전미 자동차 노동조합	2005	93
미국 지방공무원 노동조합	2005	100
미국 민주주의 행동 연합	2005	100
네트워크, 사회정의를 위한 전미 가톨릭 로비	2005	100
미국 상이용사 협회	2006	80

http://votesmart.org/issue_rating_category.php?can_id=BS030017

오바마 상원의원은 자신을 선출해준 유권자의 충실한 대변인임을 보여주었다. 상원에 들어가면서 그는 몇 번이나 임기를 다 채울 예정이며 2008년 대통령 선거에 출마할 생각이 없다고 밝혔다. 하지만 이 말은 거짓이 되고 말았다. 2007년 2월 10일, 일리노이주 스프링필드에서 오바마는 추위에 떨면서도 환호를 울리는 수천 명의 지지자들 앞에서 대통령 선거 출마를 선언했다. 그의 약속이 처음부터 거짓이었다고 단정할만한 구체적인 이유는 없지만 그가 상원 임기 초부터 어느 시점에서든 대선 출마의 가능성을 염두에 두고 처신했음은 분명하다. 그는 이렇게 말했다. "제가 워싱턴에서 행사하게 될 힘은 여기 일리노이에서 느낀 엄청난 요구들, 예를 들어 의료보장이나 고소

<표 7-2> 오바마의 2005년 내셔널저널 순위

진보성 종합 평가	83%의 상원의원들보다 진보적
사회정책에서 진보적인가	77%의 상원의원들보다 진보적
경제정책에서 진보적인가	87%의 상원의원들보다 진보적
외교정책에서 진보적인가	76%의 상원의원들보다 진보적
보수성 종합 평가	18%의 상원의원들보다 보수적
사회정책에서 보수적인가	18%의 상원의원들보다 보수적
경제정책에서 보수적인가	12%의 상원의원들보다 보수적
외교정책에서 보수적인가	15%의 상원의원들보다 보수적

http://votesmart.org/issue_rating_category.php?can_id=BS030017

득의 직업, 교육개혁의 요구에는 훨씬 못 미칩니다. 제가 이루고자 하는 일은 어떤 이슈에 대해 모든 사람이 뭔가 행동이 필요하다고 동의하면 그 논의에 적극 참여해서 제가 아니라면 묻혀버렸을 사람들의 목소리가 협상 과정에 제기되도록 하는 것입니다."[79] 그는 외교문제, 특히 핵무기 감축 문제에 대해 신뢰를 줄 만한 경력을 쌓았다. 그가 강조한 이슈는 두 가지 더 있다. 하나는 의료보장으로 이는 2008년 선거에서 가장 중요한 국내 정책적 관심사가 될 가능성이 높다. 다른 하나는 환경 문제로 민주당 경선 유권자들이 특별히 관심을 갖는 사항이다.

8 오바마의 메시지 :
"보수의 미국도 없고, 진보의 미국도 없다."

아메리칸 드림에 대한 오바마의 견해, 정치개혁과 정치토론의 질적 개선
탈(脫)당파적인 사고의 정치, 결론

미국 문화는 수사법을 불신하고 말보다 행동을 더 선호하지만 그럼에도 불구하고 정치적 연설과 글은 미국 역사에 지대한 영향을 미쳤다. 예를 들어 링컨의 게티스버그 연설은 여러 주의 모임이었던 미국을 하나의 국가로 재정의 하는 데 기여했으며 온 국민의 의식 속에 평등의 중요성을 뚜렷이 부각시켰다.[1] 프랭클린 루스벨트의 초기 두 번의 대통령 취임사는 적어도 향후 50년 동안 유지될만한 국내정치 의제를 설정했으며 후기 두 번의 취임사는 제2차 세계대전 이후의 미국 외교정책에 막대한

영향을 끼쳤다.[2] 1896년 민주당 전당대회에서 윌리엄 제닝스 브라이
언은 포퓰리스트 농부들을 대변해서 대의원들에게 열변을 토했다.
이 유명한 '황금십자가' 연설은 거의 100년이 지난 후 제1회 농민지
원 콘서트^{Farm Aid concert}에서 재연되었다.[3] 물론 오바마를 위에서 어급
한 역사적 인물들과 같은 자리에 놓는 것은 성급한 일이다. 하지만 연
설가로서 그의 명성이 날로 높아지고 있음을 고려하면 그의 수사법
에 대한 연구도 나름대로 의미가 있을 것이다. 그가 2004년 민주당
전당대회에서 한 연설이 정치연설에 끼친 충격은 종종 말론 브란도
^{Marlon Brando}가 '욕망이라는 이름의 전차'를 통해 연화계에 끼친 충격
에 비견된다. 그리고 이 연설에 대한 열광적인 반응은 향후 그가 위에
거론한 인물들과 나란히 거론될 가능성이 있음을 보여준다.[4]

　이 장은 주로 그의 연설을 통해 그리고 가끔은 그의 글을 통해 오바
마가 제시한 메시지를 살펴보고 있다. 세 가지 중요 주제가 검토될 것
이다. 첫째 아메리칸 드림에 대한 그의 견해, 둘째 정치 개혁과 정치
토론의 품격 고양을 부르짖는 그의 노력, 셋째 파당 정치를 탈피하려
는 그의 입장이 그것이다. 각 주제에 대해 이 책은 그가 자신의 생각
을 연설과 글에서 어떻게 전개하고 있는지를 보여줄 것이며 또한
2008년 대선을 포함해 향후 그의 메시지가 유권자에게 얼마나 호소
력 있게 다가갈 것인가를 살펴볼 것이다.

아메리칸 드림에 대한 오바마의 견해

　미국 역사상 가장 기억에 남으면서도 강렬한 수사법 가운데는 '아
메리칸 드림'에 대한 정의 혹은 그 해석과 관련된 것이 적지 않다. 이
개념이 의미하는 바는 미국은 고정된 계급체계 안에서의 지위가 아니

라 개인의 근면을 통해 성공이 가능한 '기회의 땅'이라는 것이다. 1993년 클린턴 대통령은 '성실히 일하고 규칙을 지키면 타고난 재능만큼 성공할 수 있는 기회가 주어진다'는 말로 이 개념을 설명했다.[5] 이처럼 이 개념은 개인주의와 시장 경제에 대한 믿음에 기반을 둔다. 공화당과 민주당은 아메리칸 드림에 대한 기본 해석에서 약간 차이가 있다. 공화당이 프런티어와 카우보이라는 상징을 강조하는 반면 민주당은 대도시에서 생활하는 이민자의 경험을 중시한다.[6] 공화당의 해석은 경제성장을 이루는 데 제한적인 정부기능과 개인의 주도적인 역할을 강조하면서도 여기에 자원봉사와 같은 공동체적인 사고를 가미한다. 이와 같은 공화당 방식의 개념을 전달하는 데 특히 뛰어났던 사람이 레이건 대통령이었다. 1983년 한 기자 회견에서 그는 아메리칸 드림에 관한 개인주의적이면서도 물질주의적인 사고를 다음과 같은 말로 집약시켜 제시했다. "다른 무엇보다도 더 원하는 것은 이 나라가 누구나 언제든지 부자가 될 수 있는 나라로 남는 것이다."[7]

아메리칸 드림이라는 믿음을 지탱하는 계급 없는 사회, 능력사회라는 생각에 정면으로 도전하는 것은 대개 정치적으로 무척 위험한 일이다. 그러므로 대공황과 같은 국가적 위기를 제외하면 이렇게 무모한 짓을 벌인 정치인은 거의 없었다. 여기에 주목할 만한 예외가 있다면 그것은 1984년 민주당 전당대회 기조연설에서 레이건 대통령의 비전을 공격한 마리오 쿠오모^{Mario Cuomo}이다. 그는 대통령이 개인주의와 물질주의를 강조하면서 돈 많고 힘 있는 사람들에만 유리한 정책을 펴고 있으며 많은 사람들로 하여금 아메리칸 드림을 이룰 수 없게 버려두고 있다고 주장했다.[8] 전당대회의 연설이 선거에서 가지는 의미를 지나치게 확대해석해서는 안 되겠지만 1984년 레이건이 거둔 대승은 그가 말하는 아메리칸 드림의 비전이 쿠오모의 비판을 꺾은 것이라고 볼 수 있다. 1990년 미네소타주에서 폴 웰스톤^{Paul Well-}은 개인의 능력이 사회 속에서 개인의 지위를 결정한다는 계급 없는 사회의 '신화'에 도전하고서도 연방 상원 선거에서 승리했다.[9] 하지만 이러한 메시지를 던지고서도 승리를 거둔 그의 사례는 확실히 예외적인 경우였다.

오바마의 연설 곳곳에는 아메리칸 드림에 대한 언급이 들어있다. 물론 2004년 민주당 전당대회 기조연설의 경우도 그러하다. 연설의 일부 구절은 2006년 출간된 그의 책 『담대한 희망』의 부제로 활용되고 있다. 오바마는 그 개념의 핵심 줄기, 즉 개인주의적인 해석을 직접적으로 공격하지 않는다. 오히려 그는 이 견해에 경의를 표한다. 다만 그러면서도 아메리칸 드림이라는 개념 기저에는 공동체와 평등이라는 가치의 추구가 깔려있음을 사람들에게 설득하려고 노력할 뿐이다. 전당대회 기조연설에서 그는 부친의 '근면과 인내' 덕분에 자신은 '이전에 도착한 수많은 사람들에게 자유와 기회의 등댓불을 비추어 준 마법의 나라, 미국'에서 공부할 수 있었음을 지적한다.[10] 다른 연설에서 그는 '이 나라는 아메리칸 드림을 이룰 수 있는 나라이며, 성실히 일할 의지만 있다면 성취의 한계는 오로지 저 하늘일 뿐'이라고 말했다.[11] 그는 때로는 자신의 예를 들며 2000년과 2004년 두 번의 민주당 전당대회 사이에 가난한 무명인에서 명사가 되기까지의 여정을 털어놓기도 한다. 2000년, 그는 하원의원 선거에서 바비 러시에게 패했고 로스앤젤레스 공항에서 렌터카를 빌리려 하다가 처음에는 신용카드 승인을 거절당한 적도 있었다. 2004년 전당대회에서 그의 신분은 물론 대단히 상승되어 있었다. 보스턴에 있는 매사추세츠 대학 졸업식 축사에서 그는 자신의 얘기를 다음과 같이 마쳤다. "하지만 역시 미국은 있을 법하지 않은 곳이다. 역경 극복의 의지, 불가

능한 것을 가능케 할 수 있다는 믿음에 기반을 둔 나라다. 여러분에게
다음을 당부하고 싶다. 여러분은 여러분 자신의 성공과 성취의 길에
나섰다. 이제는 여러분이 그 와중에 이 나라를 계속 이렇게 지켜나가
는 데 기여할 차례다."[12]

위의 인용문에서 보이듯이 오바마가 생각하는 아메리칸 드림은 개
인주의와 경제적 성공을 넘어선다. 그는 우리 한 사람 한 사람이 누구
에게나 그 꿈이 살아있게 만들 의무를 지고 있다고 말한다. 수많은 졸
업식 축사에서 그는 언제나 졸업생들에게 성공한 인생의 잣대로서
부유함 그 이상을 보라고 당부한다. 가령 2005년 녹스대학 졸업식 축
사에서 그는 졸업생들에게 이렇게 말했다. "여러분은 학위증을 받고
이 졸업식장을 떠난다. 그리고 커다란 저택과 멋진 양복, 우리의 금
전문화가 구매하도록 부추기는 여러 가지 물건들을 열심히 쫓아갈지
도 모른다. 하지만 그러지 않기를 바란다. 돈 버는 일에만 일생을 쏟
는 것은 야망의 결핍을 의미한다. 그것은 여러분 자신에게 너무 작은
것을 요구하는 것이다."[13]

개인의 주도적 역할과 자본주의가 미국의 성공에 중요한 역할을 했
음을 그 역시 인정한다. 또한 상호 책임감과 평등한 기회보장이 없이
는 그것들이 아무런 의미가 없다고 주장한다.[14] 오바마는 공공 철학
으로 개인주의를 과도하게 신봉하면 일부에서 아메리칸 드림을 이룰
수 있는 능력을 상실하는 사람들이 생긴다는 주장을 펼쳤다. 세계관
으로서 개인주의와 자립정신의 한계에 대한 가장 강력한 발언 가운
데 하나는 2005년 허리케인 카트리나가 지나간 후에 나온 것이다. 그
는 그런 시각 때문에 뉴올리언스의 빈민들이 불필요한 고통을 당하
게 된 것이라고 주장했다. "최악의 상황에 대처할 계획을 수립하고
준비하는 책임자가 누구였던 간에, 그 사람은 모든 미국인이 트렁크

에는 음료수 통이 준비되어 있고, 100달러를 들여 휘발유를 가득 채운 스포츠유틸리티 차량[SUV]에 가족을 태우고 이동해서 신용카드로 호텔에 묵을 수 있는 능력이 있는 사람들이라고 가정했음이 틀림없다."[15]

더 크게 보자면 그는 부시 대통령이 내세운 '오너십 사회[ownership society]'라는 개념도 지나치게 개인주의적이라는 이유로 거부한다. 녹스대학 졸업생들에게 한 연설에서 그는 대통령을 비롯한 보수주의자들이 아메리칸 드림을 키우는 데 개인의 주도적인 역할과 인신의 자유가 지나치게 큰 역할을 한다고 강조한다며 비난했다. 그는 공동체와 평등이라는 또 다른 기반이 없으면 미국인들은 세계 경제의 도전에 맞서는 데 곤란을 겪을 수밖에 없다고 주장했다. 미국인의 생활수준에 관해 말하면서 그는 다음과 같이 주장했다.

이 점에 관해 국가가 할 수 있는 일이 많지 않다고 믿는 사람들이 있다. 그들은 정부를 나눠서 모든 사람에게 큼지막하게 자기 몫을 돌려주는 게 최선이라고 생각한다. 각 개인의 양만큼 배분해서 나누어준 다음 각자가 자신이 받은 몫을 이용해서 스스로 의료보장도 해결하고, 퇴직 후 계획도 세우고, 아이들도 키우며 교육시키도록 권장하는 것이다. 워싱턴에서는 이런 것을 '오너십 사회'라고 부른다. 하지만 과거에는 이것의 다른 이름이 있었다. 사회 다윈주의Social Darwinism라는 것이다. 모든 사람이 자기 자신을 책임지는 것, 이것은 유혹적인 생각이다. 많이 사고할 필요도 없고 문제를 해결하는 창의성도 필요치 않기 때문이다. 만일 누군가의 의료보장 비용이나 학업 비용이 감당할 수 없는 수준으로 올라가면 우리는 이렇게 말하기만 하면 된다. 운이 나쁘군. 해고당한 메이텍사 종업원들에게는 이렇게 말하기만 하면 된다. 인생이 공평한

건 아니다. 가난한 집안에 태어난 아이에게는 이렇게 말하면 된다. 신발 끈을 질끈 동여매고 죽도록 노력해 자수성가해라 … 하지만 한 가지 문제가 있다. 그렇게 해서는 문제가 해결되지 않는다. 이것은 우리의 역사를 무시하는 일이다. 이것은 철도와 인터넷을 가능하게 만든 것이 정부의 연구와 투자라는 사실을 무시하는 것이다. 우리가 번영을 이루게 된 것은 공립학교를 거치고 적당한 봉급과 혜택을 받으며 일한 대규모의 중산층의 노고 덕분이었다. 우리 경제가 우위에 서게 된 이유는 개인의 주도적 역할과 시장 경제에 대한 신념이었다. 하지만 또 한 가지 이유는 서로에 대한 배려 의식, 모든 사람이 이 국가에 이해관계가 있다는 생각, 우리 모두가 함께 문제를 해결해야 한다는 생각, 모든 사람이 기회에 도전할 권리를 갖고 있다는 생각이다. 그리고 이것이 우리에게 유례없는 정치적 안정을 제공해 주었다.[16]

위의 인용문은 오바마가 공동체와 평등이라는 개념을 어떻게 아메리칸 드림과 연결시키는가를 보여준다. 공동체적인 가치가 기반을 제공하고 평등주의적인 신념이 누구나 꿈을 이룰 수 있음을 보장한다. 이렇게 오바마는 개인주의와 공동체 그리고 평등이 서로 얽혀서 아메리칸 드림이라는 옷감을 짜고 있다고 생각한다. 하지만 최근의 정치적 수사에서는 뒤의 두 가지에 대한 언급이 두드러지게 나오지 않았으므로 오바마가 개인적으로 그것들에 대해 어떤 견해를 갖고 있는지 살펴보는 것도 의미 있는 작업이 될 것이다.

미국인의 삶에서 공동체주의적인 전통은 좀 더 뚜렷하게 보이는 개인주의적인 전통과 때로는 경쟁하고 때로는 보완하는 관계를 맺어왔다.[17] 공동체주의는 사람들이 원자론적인 개인이라는 생각을 거부하고 사람들을 소속감, 그리고 정치행위에서 보이는 것과 같은 공통의 도덕적 체계를 필요로 하는 사회적 존재로 보았다.[18] 종종 교회나 시민단체와 같은 비정부 조직들이 건강한 공동체 육성을 위해 매우 중요하게 여겨진다. 공공 영역에 참여하고 공동의 문제에 대해 숙고하는 것은 개인이 사회와 그 구성원간의 상호 의무를 인식하는 성숙한 시민으로 성장하는 데 도움을 준다. 이러한 인식은 권리와 의무 사이의 균형을 이해하고 또 사회 전반에 해를 끼쳐도 될 정도로 절대적인 권리는 거의 없다는 사실을 깨닫는 것과 일부 연관이 있다. 하지만, 오바마가 강조하지는 않지만, 미국인의 삶에는 '미국의 자문화중심주의의 억압적인 성격'을 조장하는 부정적인 유형의 공동체주의가 존재하는 것도 사실이다.[19]

오바마가 지닌 공동체주의적인 이상은 적어도 부분적으로는 그가 지역사회 활동가로 일했던 경험의 결과물이다. 처음에 그는 약간 방관자적인 입장이었다. 하지만 활동을 통해 공동체 내에서 더 깊은 관계를 맺게 되면서 그는 다음을 깨닫게 되었다. 즉 사람들, 혹은 그들이 사랑하는 사람들이 살아가면서 겪은 갖은 어려움을 통해 자기서사(自己敍事)가 만들어지고, 그들의 정치적 관점 형성에는 그 자기서사가 그들이 가진 좁은 자기 이해관계만큼이나 중요한 역할을 한다는 것이다.[20] 사람들이 지역 사회 활동에 참여하는 데는 직접적인 정치적 이익에 대한 기대보다는 질병으로 위기를 넘긴 경험이라든가 가족에게 문제가 생겨 고생하는 것을 보았던 체험이 더 큰 역할을 했다.

공동체주의적인 정서를 가져서인지 오바마는 종종 미국인들이 서로를 어떻게 바라보고 또 어떤 관계를 맺어야 하는지에 대해 언급하며, 특히 공감의 중요성을 강조한다. 뉴올리언스에 있는 제이비어대학^{Xavier University} 졸업식 축사에서 그는 공동체 내에서 타인을 배려한다는 게 무엇인지에 대해 다음과 같이 설명했다. "여러분도 아시겠지만 이 나라의 많은 사람들이 연방정부의 예산 적자에 대해 말하고 있다. 하지만 그 문제보다 공감의 결핍에 대해 더 많은 얘기를 해야 한다고 생각한다. 우리는 다른 사람의 입장에 서는 능력, 우리와 다른 사람의 눈으로 세상을 보는 능력이 결핍되어 있다. 배가 고픈 아이, 해고당한 철강 노동자, 마을을 덮친 허리케인으로 함께 이룬 소중한 터전을 일시에 잃어버린 가족들, 이런 사람들의 눈으로 사물을 볼 줄 알아야 한다."[21]

공동체주의적인 그의 성향은 때로는 그로 하여금 전통적으로 진보적이라고 불리는 정책방향에 어긋나는 입장을 취하게 만들기도 한다. 예를 들어 공동체 활동가로서 교회와 협력하여 일한 경험을 통해 그는 때로는 정부가 주도한 것보다 신앙을 기반으로 한 접근법이 사회적 문제를 해결하는 데 더 효과적이라는 결론을 내리게 되었다. 왜냐하면 그 방법이 인간의 경험에 대한 더 깊은 이해를 반영할 수 있기 때문이다. 종교와 정치의 관계를 폭넓게 다룬 한 연설을 통해 그는 총기규제 법률이 필요하다고 인정하면서도 다음과 같이 주장했다. "누군가 자신의 기분을 거슬렀다고 해서 군중에게 총을 난사하는 악당이 있다면, 우리는 도덕적인 문제를 접하고 있는 것이다. 그 젊은이의 가슴에는 구멍이 있다. 정부만 가지고는 메울 수 없는 구멍이 있는 것이다."[22] 오바마는 남캘리포니아의 복음주의자들에게 한 연설에서도 에이즈 예방과 관련해 비슷한 주장을 펼쳤다. 그 질병을 예방하는 데 콘돔이 중요한 역할을 한다는 사실을 강조하면서도 또한 '예방을 위해 정신적 요인이 중요' 함을 지적하고는 '남성과 여성의 관계, 성적인 것과 정신적인 것의 관계가 무너졌으며, 이를 복원할 필요가 있다' 고 역설했다.[23] 그는 흑인교회는 특정 공동체의 경험에 깊게 뿌리를 내리고 있으므로 역사적으로 보아 흑인교회야말로 사회변혁을 일으킬 수 있다고 지적한다. "그런 역사로 인해 흑인교회들은 굶주린 자를 먹이고, 헐벗은 자에게 옷을 입히고, 권력자와 통치자에게 굴하지 말라는 성경 말씀을 깊이 이해하고 있다."[24]

이른바 '종교적 좌파'라는 다른 사람들과 마찬가지로 그도 민주당원들을 향해 정교 분리 뒤에 숨지 말고 공적 영역에서 종교의 역할에 대해 더 진지하게 고민하라고 주장한다. 그는 프레드릭 더글라스, 에이브러햄 링컨, 마틴 루터 킹, 도로시 데이, 윌리엄 제닝스 브라이언 등 신앙에 의해 동기를 부여받고 종교적 언어로 변화를 외치던 과거의 지도자들을 사례로 든다. 하지만 이와 동시에 그는 공공정책은 종교적 이유만으로는 정당화될 수 없으며 반드시 토론과 이성에 근거를 두어야 한다고 경고한다. 예를 들어 그는 낙태반대론자들에게 '낙태를 하면 안 되는 이유가 무엇인지, 종교를 가진 사람, 그리고 종교가 없는 사람이라도 인정할 수 있는 근거를 밝혀야 한다'고 주장한다.[25]

권리와 의무 사이의 균형에 관한 공동체주의적인 생각을 주장할 때 그는 다시 한 번 아메리칸 드림에서 개인주의적 요인이 갖는 중요성을 인정하지만, 그 한계를 지적하는 것도 잊지 않는다. 예를 들자면 그는 아메리칸 드림을 성취가능하게 유지시킬 의무는 사회에 있지만 개인들 또한 자신에게 주어진 기회를 최대한 잘 활용해야 한다고 주장한다. 글로벌 경제 내에서 미국이 당면한 도전에 대해 얘기하면서 그는 청중들에게 다음과 같은 질문을 던졌다. "인도와 중국의 젊은이들은 더 좋은 점수를 받고 인력 시장에서 우리를 밀어내는 데 필요한 도구들을 갖춘 채 우리보다 더 일찍 졸업하고 있다. 솔직히 우리의 젊은이들이 그들보다 두 배나 더 열심히 공부한다고 얘기할 수 있는가? 또한 솔직히 우리 교사들이, 혹은 우리 부모들이 아이들을 두 배나 더 열심히 가르친다고 말할 수 있는가?"[26] 표현의 자유를 무책임하게 남용하는 문제를 비판하는 자리에서는 오바마는 이전의 어조와는 좀 다르게 개인주의의 한계를 지적한다. 그는 '끊임없이 밀려드는 섹스와 폭력, 물질주의로 공중파를 가득 채우는 대중매체 문화'가 미국 문화를 위협한다고 주장한다.[27] 이렇게 권리와 책임 사이에 균형을 추구함으로써 전통적인 진보주의에 대해 정치적으로 효과적인 도전을 던지는 오바마의 이러한 행보는 빌 클린턴의 접근법인 '제3의 길'을 연상시킨다.

공동체를 강조하는 메시지를 내보내는 것과 더불어 오바마는 아메리칸 드림은 평등의 추구를 필요로 한다고 강조한다. 비록 미국적 정서로 보자면 개인주의보다 덜 핵심적이며 또 역사적으로 무시된 경우도 없지 않지만 평등주의적 이상은 독립선언문 이래로 미국적 정신을 구성하는 한 요소였다. 오바마는 자신의 경선 선거운동에서 미국인은 종족이나 인종, 종교, 수입에 관계없이 인간적 품위라는 공통점으로 묶여 있다는 생각을 전달했다. 그리고 그 이후 평등이란 가치는 그가 전달하는 메시지의 핵심이었다.[28] 경선일 저녁 당선 소감문에서 그는 평등에 대한 신념을 민주당의 임무와 연결시켰다. "우리 당이 추구하는 가장 높은 이상은 기회를 확장하고, 소외된 사람들을 포용하고, 말 못하는 사람들의 목소리를 대변하고, 힘없는 사람들에게 힘을 주고, 밖에 있는 사람들을 끌어안아서 안으로 포용해 그들에게 아메리칸 드림을 조금이라도 가질 수 있게 만드는 것이다."[29] 그는 출생이란 우연 내지는 사건이 평생의 결과를 결정한다면 그것은 아메리칸 드림을 무너뜨리는 것이라고 주장한다. 그는 미국은 "모든 사람이 적어도 성실히 일하고, 성공하고, 또 자신의 꿈을 이룰 수 있는 기회를 갖는 공동체를 이룩해야 한다"고 주장한다.[30]

이러한 신념을 현실에서 구현하기 위해 그는 의료보장에서 파산구제법 개혁에 이르기까지 다양한 영역에서 좀 더 평등주의적인 공공정책을 주창했다. 파산구제와 관련해 그는 상원에서 돈이 많든 적든 모든 사람을 공평하게 대우해야 한다고 주장했다. "피산 남용을 엄격히 규제할 생각이라면 우리는 또한 부자와 권력층에 대해서도 책임을 묻겠다는 뜻을 분명히 해야 한다 … 성실히 일하는 중산층 국민들에게 이런 말을 한다고 생각해 보라. '여러분은 자신의 재정에 대해서 더 많이 책임져야 한다. 하지만 여러분이 몸 바쳐 일하는 회사는 원하는 만큼 얼마든지 책임을 회피해도 된다.' 과연 이 말이 보내는 메시지가 어떤 것이겠는가?"[31] 이와 비슷한 의도에서 그는 한동안 임신 여성에 대한 유급 휴가와 같은 유럽형 사회정책을 주장하기도 했다.[32] 그는 상속세 철폐는 다른 사회 계층에 속한 사람들의 경제적 운명을 갈라놓는다고 비판하면서 이렇게 주장했다. "일단 보통 미국인의 연봉 이상의 비용을 옷 한 벌 사는데 쓸 수 있는 분들이라면 세금을 조금 더 내는 것쯤은 충분히 감당할 수 있다."[33]

그는 종종 아메리칸 드림을 지탱하는 데 공공교육이 하는 역할과 연관 지어서 평등을 얘기한다. 그는 정부가 고등학교 무상교육제도와 제대군인 원호법을 통해 기회의 평등을 확대시켰다고 지적한다. 그는 '자유 사회에 필요한 재능과 자질은 재산이나 출생, 혹은 기타 우연한 조건과 무관하게 교육되어야 한다'는 토마스 제퍼슨의 선언을 인용하며 공감을 표한다.[34] 오바마는 현재의 교육 불평등은 자금력 차이에서 비롯되었으며, 이것이 위와 같은 이상을 붕괴시킨다고 지적한다. 교육에 관한 연설에서 오바마는 이렇게 주장했다. "너무나 많은 지역에서 아이들이 컴퓨터보다 쥐가 더 많이 우글거리는 임시 가옥으로 만든 학교에 다니고 있다."[35] 같은 연설에서 그는 로스앤젤레스의 한 고등학교에 대한 보고서를 인용하는데, 그 학교는 미용 기술에 대해서는 두 단계의 과정을 제공하지만 대학 진학을 위한 준비는 거의 시키지 않고 있다.[36] 평등 확대를 위한 교육의 역할을 강조하는 그의 태도는 그가 교육이 아메리칸 드림과 좀 더 근본적인 관계가 있다는 사실을 명확하게 이해하고 있음을 보여준다. 역사적으로 미국은 사회보장 프로그램을 만들어내는 데는 대부분의 경우 오랜 기간이 소요되었지만 이와는 대조적으로 공교육에 있어서는 정책이나 투자에서 선두를 달렸다. 이러한 사실은 정부가 모든 사람의 생계를 보장해야 한다는 유럽의 일반적 시각과는 달리 시민들이 적절한 생활수준을 이룰 수 있는 기회를 제공하는 것이 정부의 책임이라는 미국적 시각을 보여주는 것이다.[37]

오바마가 주제로 삼고 있는 평등과 공동체의 중요성이 함께 등장하는 것은 그가 아메리칸 드림이 당면한 글로벌 경제의 도전에 대해 논지를 펼칠 때이다. 그는 세계화가 경제 침체를 야기함으로써 아메리칸 드림을 무너뜨릴 위험성을 내포하고 있지만 또한 그것은 아메리칸 드림에 활력을 불어넣을 가능성도 갖고 있다고 주장한다. 연설을 통해 그는 종종 글로벌 경제가 만들어낸 경쟁과 이동성으로 인해 개인의 성공을 결정하는 데 기술이 점점 더 중요해지고 있다고 지적한다. 그는 중국과 인도는 교육제도, 그 가운데서도 수학과 과학, 기술 분야를 높은 수준으로 끌어올리고 있으며, 일리노이주의 노동자들은 이러한 나라의 노동자와 경쟁을 벌이고 있다고 언급한다.[38] 이러한 인식을 통해 그는 아메리칸 드림을 살아있게 만들기 위해서는 개인의 경쟁력만이 아니고 집단적인 조치가 필요하다는 결론에 이른다. 그러므로 그는 미국의 경쟁력 제고를 위해서는 교육의 질을 개선하고, 대학 교육의 부담을 낮추고, 해고 근로자의 직업 재교육 재원을 확충하고, 과학 연구를 최우선 순위에 두는 등 정부의 개입이 반드시 필요하다고 믿는다. 그는 또한 글로벌 경제의 충격을 완화하기 위해 의료보험과 연금을 보장하는 등의 안전망을 갖추어야 한다고 요구한 다.[39] 이 의제를 밀고 나가는 것이 민주당을 기회와 아메리칸 드림의 당으로 만드는 방법이라고 그는 주장한다.[40]

지금부터는 아메리칸 드림에 대한 오바마의 생각이 과연 대중의 호응을 얻을 수 있는가에 대해 살펴보기로 하겠다. 어떤 면에서 보면 그의 메시지는 성공을 거두었으며 그에게 상원의원 직함을 안겨주었고 대중 연설가로 유명세를 떨치게 만들어주었다. 아메리칸 드림의 미래라는 관심사는 세계화에 적응하기 위한 미국의 노력으로 매우 적절하기도 했다. 2006년 10월 오피니언 리서치가 조사한 설문조사에 따르면 절반을 약간 상회하는 사람들이(54%) 이제 대부분의 사람들에게는 아메리칸 드림을 이루는 것이 불가능하다고 답변했다.[41] 이런 결과는 1950년대나 1980년대에 이루어진 조사와는 매우 상반된 결과였다. 당시의 조사에서는 70% 이상의 대중들이 아메리칸 드림은 성취가능하다고 답변했다.[42]

미국인의 신념 체계에서 오바마가 주장하는 평등주의나 공동체주의 같은 가치들은 어쩌면 개인주의나 자유가 갖는 핵심적인 지위를 차지하지 못할지도 모른다.[43] 이것은 평등이나 공동체가 미국인들에게 아무런 의미도 없기 때문이 아니다. 잭슨 민주주의나 뉴딜 정책, 공민권 운동의 경우를 예로 들지 않더라도 정부 권력을 자본주의의 불평등을 개선하기 위한 방편으로 보던 100년 전의 진보주의 운동만 하더라도 평등의 추구에 의해 촉발되었다.[44] 공동체에 대한 믿음은 미국의 기초를 형성했을 뿐 아니라 제2차 세계대전 이후 미국 번영의 초석이 되었다.[45] 하지만 적어도 1980년대 이후에는 경제적 개인주의가 지배적인 가치였다는 점은 부인할 수 없는 사실이다. 최근의 여론조사들은 미국인들이 다른 선진 민주주의 국가의 시민들에 비해서 유별나게 경제적 요인보다는 정치적 평등에 더 집착하고 있음을 보여준다.[46] 게다가 미국인들은 일반적으로 자신들의 경제적 번영에 대해서 때로는 비현실적이라고 여겨질 정도로 낙관적으로 보려는 경향이 있다. 그러므로 그들은 소득을 재분배해야 한다는 주장을 받아들이려 하지 않는다.[47] 더구나 정부가 문제들, 특히 의료보장과 같은 영역에서의 불평등과 같은 문제들을 해결하기 위해 나서야 한다는 오바마의 요구는 미국 전반에 팽배한 정부에 대한 불신과 충돌을 일으킨다.[48]

오바마는 대중들이 인정하는 공공부문의 활동에는 한계가 있다는 사실을 인식한 것으로 보인다. 따라서 그는 사회 문제 해결을 위해 시장 중심 혹은 신앙 중심의 접근 방식을 포함해 비정부적인 방식도 포용할 수 있음을 강조한다.[49] 그는 또한 평등과 공동체에 대한 자신의 호소가 미국 역사에 뿌리를 두고 있음을 보여주려고 노력한다. 그럼으로써 자신의 호소를 더 설득력 있게 만들며, 또 청중들에게 현재의 정책적 난제와 그러한 문제에 대한 과거의 해결 노력을 연결시켜 얘기할 수 있는 틀을 제시하고 있다.

미국 자치단체 공무원 노동조합 총회에서 이루어진 연설을 통해 그는 오늘날 노동자들은 자신의 아이들이 더 밝은 미래를 갖게 될지, 대학 교육과 노년을 위한 비용 조달이 가능할지, 그리고 실직을 피할 수는 있을지에 대해 고민한다고 지적했다. 그는 이러한 문제를 체포와 경찰의 폭행, 그리고 끝내는 마틴 루터 킹의 암살에 이르는 어려움에도 불구하고 집단적으로 행동해서 성공을 거둔 1960년대 멤피스의 환경미화원들이 당면했던 문제에 비유함으로써 역사적 맥락 속에 자리 잡게 했다.[50] 또 다른 연설에서 오바마는 1930년대 정육업자들의 조직 활동 노력이 어떻게 공동체와 평등의 이념을 고양시켰는지 묘사했다.

> 상상해 보라. 이들은 그 창고 속에서 하루 종일 뼈 빠지게 일했다. 겨울에는 꽁꽁 얼고 여름에는 찜통더위를 겪었다. 기계에 끼어 동료들의 뼈가 부서지는 것도 보고 '노동조합'이란 단어를 꺼낸 것만으로 친구들이 해고당하는 것도 보았다. 하지만 일과가 끝나서 퇴근 시간을 기록하고 나오면 그들은 조직 활동을 위해 노력했다. 회합에 참석하고 홍보물을 돌렸다. 그들은 수십 년에 걸친 인종이나 종족에 따른 갈등을 접고 여성과 흑인, 이민자들을 지도부에 뽑았고, 한 목소리를 냈다.[51]

오바마는 에이브러햄 링컨과 같이 역사적으로 존경받는 인물들이 아메리칸 드림을 가능케 하는 정부의 역할에 대해 신념을 가지고 과학기술 연구에 대한 정부지원, 사회 간접 자본에 대한 투자, 고등교육 등을 강화한 사실을 지적하면서 자신은 이러한 신념을 공유하고 있다고 주장한다.[52]

역사적 사실과 연결시키는 노력과 더불어 그는 자신의 메시지에 들어있는 평등주의적 요소를 더 강한 호소력을 가지도록 포장한다. 예를 들자면, 위에서 보았듯이 교육이란 문맥 속에서 평등을 강조하는데, 교육은 아메리칸 드림과 긴밀한 관계에 있는 이슈다. 또한 노골적인 소득 재분배나 빈민층 대상의 프로그램보다는 육아 휴직이나 전 국민 의료보장처럼 모든 계층을 대상으로 함으로써 평등주의의 목표를 달성하는 정책을 선호한다. 소수자 우대정책을 지지하는 자신의 입장에 대해 오바마는 이렇게 말한다. "특정 인종이 아니라 전

국민을 대상으로 하는 프로그램에 중점을 두는 것은 단순히 좋은 정책이 아니다. 그것은 좋은 정치이기도 하다."[53] 기존 정책들 가운데서는 예를 들어 요보호아동지원제도Aid for Dependent Children보다는 사회보장제도와 같이 대상이 광범위한 프로그램이 더 일반적인 지지를 받으며, 더 많은 사람에게 혜택을 주는 행위가 정치적으로 현명함을 의미한다. 오바마는 아메리칸 드림이라는 맥락에서 이민을 옹호하는데 이는 어쩌면 정치적으로는 약간 위험하게 보일 수 있는 행동이다. 그는 이민은 '야망과 적응, 성실과 교육, 동화됨과 신분 상승'이라는 전형적인 미국 이야기를 반영한다고 주장한다.[54]

결론적으로 오바마의 수사법은 1970년대 후반에 일어난 조세저항 이후 널리 퍼진 개인주의와 정부의 역할에 대한 기존 관념에 도전한다. 하지만 자신의 메시지를 조심스럽게 다듬으며, 폴 웰스턴 전 상원의원이 소득 재분배 정책을 강하게 요구한 것과 같은 직접적인 공격을 퍼붓지 않는다. 그는 예전 일리노이주 상원의원으로서 더 분명하게 재분배 프로그램을 요구했으므로 사실 요즘의 그의 수사법은 예전의 입법경력과는 약간 배치되는 면이 없지 않다. 하지만 평등주의적 정서는 비교적 위기의 순간에 미국인들에게 더 호소력을 가진다는 사실을 고려하면 지금 그가 보여주는 조심성은 현명하다고 평가할 만하다.

정치개혁과 정치토론의 질적 개선

일리노이주 상원의원으로 활동할 때부터 오바마는 정치 개혁가의 입장을 견지했다. 그는 연방 상원의원이 되고서도 계속 이 입장을 유지했고, 윤리개혁위원회의 민주당 교섭창구가 되었다. 이러한 노력의 일환으로 그는 정치에서 돈과 커넥션이 하는 역할을 비판했다. 그는 모금이라는 필수적인 과정을 공직에 출마하려는 모든 사람들의 '원죄'라고 불렀다. 모금을 위해 정치인들은 로비스트나 부자들에게는 엄청난 시간을 쏟지만 의료보험 혜택을 받지 못하는 가난한 미국인들의 문제는 무시하게 되기 때문이다.[55] 이와 비슷한 맥락에서 그는 부시 행정부가 강력한 로비스트를 고용한 석유회사들에게는 수십억 달러씩 세금 혜택을 주면서 대체 에너지 계획에는 자금을 충분히 지원하지 않고 있다고 비판한다.[56]

개혁가적인 그의 성향은 단지 제도 개혁에만 한정된 것이 아니다. 그는 정치 담론의 품격과 품질을 개선하기 위한 광범위한 노력이 필요하다고 역설한다. 이미 3장에서 살펴보았듯이 그는 이 주제를 자신의 선거 유세에서도 종종 강조했다. 네거티브 유세를 하고 유권자를 호도하는 수사법을 사용하며 유권자들에게 중요한 기본적인 이슈에 대해서는 침묵한다고 앨런 키이스를 비난한 것이 그런 예이다.[57] 물론 네거티브 유세를 비난하는 것은 여론조사에서 40%나 앞서고 있는 후보에게 정치적으로 유리한 행위라 할 수 있다. 아직 두각을 나타내지 못하던 시절에는 오바마도 가끔 날카롭게 각이 서 있는 연설을 하곤 했다. 예를 들어 진보주의자 사이에서 폭발적 지지를 얻는 계기가 된 2002년의 이라크전쟁 반대연설에서 그는 백악관 정치고문 칼 로브를 '돈으로 움직이는 정치가'라고 불렀고 행정부의 다른 유명 인물들을 '책상머리 용사들'이라고 비웃었다.[58] 2000년 의원 선거의 적수였던 바비 러시도 오바마가 상대의 기록에 대해 거짓말을 하는 라디오 광고로 유권자를 호도하고 있다고 비난했다.[59]

공정하게 평가해서 그가 사용한 몇 번의 네거티브 공격은 현재의 선거 유세나 심지어는 역사적으로 이루어졌던 선거 유세와 비교해 보아도 미미하다고 할 수 있다. 게다가 오바마는 자신이 경선에서 상대에게 한참 뒤져 있을 때에도 거의 네거티브 공격을 하지 않았다. 어쨌건 오바마는 민주당 전당대회에서 미국인들 간에 분리를 조장하는 정치 전문가들을 날카롭게 비난했다. 좀 더 최근에는 분열된 대중은 쉽게 반정부성향의 보수주의자의 손에 떨어진다고 주장했다. 그는 다음과 같이 설명했다. "정치에 염증을 느끼고 역겨운 토론 분위기 때문에 양당 모두를 간단히 포기해버리는 양극화된 유권자는 정부라는 생각 자체를 무너뜨리고 싶은 사람들에게는 더할 나위 없이 잘 된 일이다. 왜냐하면 냉소적인 유권자는 결국 이기적인 유권자이기 때문이다."[60]

워싱턴에서 그는 전임 상원의원 폴 사이먼의 말을 인용해 정치가들은 '불쾌하지 않게 반대' 해야 한다고 요구하면서 다음과 같은 주장을 펼쳤다. "미국 국민들은 자신들의 목소리가 되라고 우리를 여기에 보냈다. 그들은 때로 이런 목소리가 커지거나 논쟁적이 되는 것 정도는 이해한다. 하지만 … 그들은 양당이 협심하여 국민의 일을 완수하기를 기대한다."[61] 이처럼 그는 종종 개인적 불화와 정책적 이견을 분리하고자 노력했다. 예를 들어 그는 사회보장제도와 공립학교를 민영화하려는 부시 대통령의 계획을 비판하면서, 적어도 칭찬하는 형식을 통해 비난하는 방식을 사용했다. "조지 부시가 나쁜 사람이라고 생각하지 않는다. 그가 조국을 사랑한다고 생각한다. 지금의 정부에 멍청이들만 가득하다고 생각하지 않는다. 똑똑한 사람들이 참 많다고 생각한다. 문제는 그들의 철학이 제대로 결과물을 내지 못하고 있는 데 있지 않다. 오히려 그들이 의도했던 결과들이 너무 잘 나오는데 심각한 문제가 있다."[62] 이와 비슷하게 그는 테러리즘에 대항해 싸우는 대통령의 권한을 확대하려는 부시 행정부의 노력을 비판하면서,

'그의 진정성'을 의심하지는 않지만 헌법에 대한 대통령의 해석에는 동의하지 않는다고 말했다.[63]

제도 개혁과 정치 문화 개혁을 연결시키면서 오바마는 현재 워싱턴에서 일어나고 있는 정치 '게임'을 비난했다. 그는 특정 사안이나 결정이 어떤 개인 혹은 어느 정당의 정치적 입지에 미치는 이해득실에만 집착하는 것은 기후변화나 의료보장과 같은 이슈에 대해 진지하게 토론하는 능력을 저해한다고 주장한다. 의료보장에 관한 한 연설에서 그는 이렇게 지적했다. "우리는 지금까지 꼬박 3주 동안 필리버스터filibuster(의사진행 방해 : 역주)에 대해 논의했다. 이에 비해 지난 1월 취임 선서를 한 이후 의료보장에 관해 논의한 횟수는 한 손으로 꼽을 정도다. 하지만 일리노이에 있는 유권자들에게 돌아가서 대화를 나눠보면 들리는 것은 온통 의료보장에 관한 얘기뿐이다."[64] 오바마가 보기에는 동성 결혼을 금지하는 헌법 개정안처럼 일부의 유권자 집단에 대해서만 정치적 흡입력을 발휘할 수 있는 이슈에 지나치게 초점을 맞추는 것도 워싱턴의 문제였다. 이 맥락에서 그가 가장 날카롭게 비판하는 것은 이라크 문제이다. 시카고 외교관계위원회에서 한 연설에서 그는 부시 행정부가 '목표지점에 대해 얘기하고 일요일 뉴스를 통해 미사일 명중 장면을 보여주는 정치적 전쟁'을 수행하고 있으며, 그럼으로써 '이라크에서 실제로 벌어지고 있는 전쟁에 대한 실용적인 해결'을 방해하고 있다고 강하게 비난했다.[65] 같은 연설에서 그는 정부가 전쟁과 관련해 '계속 버티느냐 아니면 후퇴하느냐'라는 지나치게 단순화된 단 두 개의 선택만을 강요함으로써 토론을 무의미하게 만들고 있다고 비난했다.

정치 토론의 품격 향상을 위해서 오바마는 자기 자신의 오류에 대해 스스로 점검하고 의심하고 인식하는 것이 필요하다고 주장한다.

정치에 있어서 종교의 역할에 관한 2006년 7월의 연설에서 주목할 만한 부분은 그가 자기 자신의 잘못에 대해 강조했다는 점이다. 그는 앨런 키이스가 예수도 그에게 투표하지 않을 것이라고 공격했을 때 자신의 신앙에 대해 공세적으로 대응하지 못했던 점과 낙태 문제에 대해 '기탄없이' 말하지 못한 것에 대해 후회했다.[66] 그 연설 후에 이루어진 인터뷰에서 자신의 전제를 검토하고 재확인하는 것이 무엇인지에 대해 이렇게 설명했다. "진보주의자와 민주당이 가진 장점은 사실이 우리 편이라는 것이다 … 그러므로 만일 우리가 기꺼이 모호성을 용인하고 우리 진영 안에서 서로 다른 의견을 제시한다면, 만일 우리가 기꺼이 우리 자신을 비판적으로 바라보면서 다른 시각에 대해 열린 마음을 가지고 또 받아들인다면, 언젠가 그 자리가 바로 미국 국민이 있는 자리일 것이다."[67]

조금은 역설적이게도 그는 과거의 정치 지도자들, 예를 들어 에이브러햄 링컨이나 시어도어 루스벨트, 마틴 루터 킹, 로버트 케네디 등의 이름을 거론하며 더 과감하고 더 비전을 제시하는 정치를 요구한다. "지금 우리의 발목을 잡는 것은 바로 우리 정치의 나약함이다. '할 수 없다' '글쎄' 하는 우리 정치다. 우리의 안정과 경제를 위험에 빠뜨리는 에너지 위기? 이것을 해결할 마법의 지팡이는 없다는 말을 우리는 듣는다. 해외로 사라지는 수천 개의 일자리? 같은 식으로 그것이 실상은 우리 경제를 더 건강하게 만든다? 미국 역사상 최악의 자연재해에 3일이나 능장을 부린다? 브라우니^{Brownie}(허리케인 카트리나 당시 연방재난관리청장 : 역주), 도대체 무슨 일을 그 따위로 합니까?"[68] 결론적으로 그는 평범한 미국인의 관심사에 접근하지 못하는 정치의 실패가 아메리칸 드림에 대한 위협이라고 여긴다. 그는 에밀리 리스트^{Emily's List} 연례 오찬 모임에서 한 연설에서 이렇게 말했다.

"미국인들은 여전히 모든 것이 가능한 나라인 미국에 대해 믿음을 갖고 있다. 다만 자신들의 지도자들이 그렇게 믿는다고는 결코 생각지 않는다. 이 사람들은 여전히 커다란 꿈을 꾸는 미국인들이다. 다만 그들은 지도자들이 그 꿈을 이룰 방법을 잊어버렸다는 것을 느낄 따름이다."[69]

여기서 다시 한 번 이러한 메시지가 호응을 받을 것인가라는 문제로 돌아가기로 하겠다. 미국 정치제도가 무너졌다는 믿음이 널리 퍼져 있음을 생각한다면 정치가들과 워싱턴을 비난하는 것이 잘못될 이유는 거의 없다. 하지만 비판만 하는 것은 무언가를 이루기 위해 반드시 필요한 제도 그 자체의 권위를 무너뜨리기 때문에 진보적 정치인에게 좋은 행보가 아닐 수 있다. 그러므로 오바마는 개혁을 추진하면서도 정교한 노선을 걸어야만 한다. 개선을 정당화하는 비판 행위로 인해 유권자들이 더 냉소적으로 변할 수 있기 때문이다. 그러므로 위에서 논의되었듯이 그는 한편으로는 현재의 정치를 비판하면서도 다른 한편에서는 현존하는 제도를 무너뜨리려고만 하는 비판론자들도 비판한다. 어찌 보면 오바마는 한 세기 전에 일어난 진보주의 운동의 지도자들과 비슷한 구석이 있지만 그는 당시 도입된 직접 민주주의와 같은 절차상의 개혁은 긍정적인 면과 부정적인 면을 동시에 갖고 있다는 사실을 깨달은 것으로 보인다. 바로 이것이 오바마가 절차상의 개혁보다는 정치의 '품격' 향상에 대해 더 많은 시간을 들여 얘기하는 이유이다. 자신의 저서 『담대한 희망』에서 그는 선거 자금 공적 조달이라든가 낡은 상원의 규정을 개정하는 등의 개혁에 대해서 긍정적으로 적고 있다. 하지만 그는 현재의 정치 상황에서 진정한 개선엔 절차에 대한 손질이 아닌, 정치적인 용기가 필요하다는 점을 강조해 언급한다.[70]

정치 토론의 중심을 일상적인 이슈로 다시 끌어오려는 오바마의 노력은 소수의 지지층에만 호소하는 정치적 관행에 싫증이 나고 도덕적 이슈를 가장 중요하다고 여기지 않는 많은 중도적 유권자들에게 매력적으로 여겨질 가능성이 높다. 문제는 대중이 정말로 관심을 기울이느냐이다. 미국인들은 '필요에 응답하기보다는 허영심을 채워주는' 정치인들, 그리고 정치를 드라마처럼 만드는 감정적인 호소에 익숙해져 있다.[71] 상원 선거 유세를 하면서 오바마는 더 적극적인 시민 정신을 요구했고 사람들은 그에 호응하는 것처럼 보였다. 하지만 대중들이 과연 '정치적 정크 푸드'에 대한 중독에서 벗어날 수 있을지는 아직 미지수이다.

오류와 의심에 대한 오바마의 강조는 인간적 품성으로서는 호소력이 있지만 현재와 같은 정치적 환경에서는 너무 복잡할지도 모르며, 지도자로서의 그의 이미지를 약화시킬 수도 있다. 뉘앙스를 강조하는 그의 어법과 관점의 차이를 기꺼이 용인하려는 그의 태도는 적어도 9·11사태 이후 대중이 마음속으로 정의하고 있는 의미의 능력 있는 지도자가 되기에는 결단력이 부족하지 않은가 하는 느낌을 갖게 만든다. 일부 전문가들은 '사려 깊다'는 그에 대한 평가가 갖는 부정적인 함의를 지적한다. 가령 2006년 출간된 오바마의 저서 『담대한 희망』에 대해 타임의 필자 조 클라인^{Joe Klein}은 "지겨워 죽을 정도로 신중하게 어떤 사안에 대해 '한편으로는 이렇고 다른 한편으로는 저렇고'라고 말하는 경우를 50번 이상이나 찾을 수 있었다"고 불평했다.[72] 다른 한편으로 보면 (오바마를 흉내 내어 보았다) 이런 스타일은 부시 행정부의 경직된 스타일에서 벗어나는 반가운 변화이기도 하다.

탈(脫)당파적인 사고의 정치

일리노이주 상원의원 시절 그는 비록 열린 사고를 하는 사람으로 알려지긴 했지만 '민주당 진보파의 총아'로 명성을 날렸다.[73] 경선 유세에서 오바마는 만일 자신이 선출되면 '민주당원답게 행동하겠다'고 약속했으며 본 선거 초반에는 그가 지나치게 진보적이라는 공화당의 공격을 받아넘겨야 했다. 상원의원 선거에서 공화당 후보 잭 라이언이 오바마는 '마오쩌둥보다 더 좌파적'이라는 공화당 스티브 로셴버거Steve Rauschenberger 상원의원의 언급을 널리 퍼뜨렸던 것이다.[74]

그 후 오바마는 조금 더 비이념적인 비전을 채택했고, 심지어는 지금까지도 공화당과 민주당의 사고를 규정하고 있는 1960년대의 정치 토론은 현재의 정책 이슈에 적용될 때는 적절하지 않은 '양자택일식' 선택을 강요한다고 주장했다.[75] 민주당 전당대회 연설에서 그는 이미 잘 알려진 대로 '진보의 미국도, 보수의 미국도 없고 오로지 미합중국만이 있을 뿐'이라고 열변을 토했다.[76] 상원에서 그는 종종 양당의 협력을 옹호하고 또 이를 실천으로 옮겨서 이민법 개정과 같은 이슈를 해결하거나 정부의 조달 관행과 에너지 정책을 개선하는 데 공화당과 협력했다. 에너지 정책의 경우 그는 세액 공제를 해주는 시장 중심적인 해법을 도입하자고 주장했는데, 이는 대개 공화당이 선호하는 방법이지 규제 중심의 전통적인 민주당식 접근법은 아니었다.[77] 이와 비슷한 경우로 그는 새로운 프로그램이나 새로운 관료층만으로 국가적인 문제들이 과연 해결될 수 있을까에 대해 회의를 드러내기도 했다.

시사 월간지인 「아메리칸 프로스펙트」American Prospect 와 인터뷰를 하는 중에 오바마는 자신을 자유주의적인지 진보적인지 아니면 중도적인지 정의해 보라는 요청을 받자 그는 이렇게 대답했다. "나는 그보다 위에 있다고 생각한다. 다른 뜻이 아니고, 그런 식의 분류를 좋아하지 않는다는 말일 뿐이다." 그러고 나서 그는 이렇게 덧붙였다. "최종 결과를 놓고 보았을 때 나는 폴 웰스턴이나 테드 케네디가 가졌던 모든 목표를 공유하고 있다. 하지만 그 목표를 어떻게 달성할 것인가를 두고 본다면 내가 훨씬 더 불가지론적이며 훨씬 더 유연하다."[78] 어떤 의미로 보자면 그는 이데올로기라는 개념 자체를 거부한다. 이데올로기는 사람들로 하여금 자신의 이론적 전제와 맞지 않는 사실을 무시하게 만든다고 주장한다.[79] 그는 정치에서 도덕주의와 실용주의를 '냉철한 이성과 대범한 마음으로' 결합시킨 정치적 역할 모델로 로버트 케네디를 든다.[80]

좋은 정책을 이끌어 내기 보다는 정치적 목적을 달성하기 위해 이라크나 동성 결혼과 같은 이슈를 정치화시키고 있다고 부시 행정부를 비난하기는 하지만, 그는 맹목적으로 이념을 추구한다는 이유로 자신이 속한 당에 대해서도 비판을 가했다. 예를 들어 그는 민주당 좌파는 당의 노선에서 조금이라도 벗어나는 일, 가령 대법원장으로 존 로버츠^{John Roberts}를 지지하는 일에 대해서 지나치게 편협하게 행동하고 있다고 비판했다. 그는 대다수 국민들은 세상을 '비이념적인 렌즈'를 통해 보고 있으며 미국인들은 '조지 부시가 비열하다거나 편견에 사로잡혀 있다고 보지 않으며 다만 그의 정부가 무책임하며 종종 무능하다는 사실을 알게 되었다' 라고 주장한다.[81] "민주당 내에서 이견을 용인하지 않고 국가를 위한 단 하나의 '진정한' 진보적 비전에 대한 충성만을 요구한다면 새로운 아이디어에 대한 열린 마음과 깊은 사고를 위험에 빠뜨리게 된다. 이는 우리나라의 발전을 위해 꼭 필요한 것인데도 말이다."[82] 하지만 그는 어중간한 해결책이나 타협 그 자체를 위한 타협만을 추구하는 중도주의를 취해서는 안 된다고 경고한다.[83] 그는 통상의 정치적 이념들을 제약이라고 보지만, 차이를 구분하기만 하는 것은 더 좋은 정책을 실현하는 데 도움이 되지 않는다고 얘기한다.

지나치게 당파적인 모습에 싫증을 느끼던 대부분의 평범한 유권자들에게 이런 메시지는 상당히 설득력이 있을 것으로 보인다. 하지만 이라크전쟁이나 부시 행정부에 대해 전반적으로 화가 나 있는 강성 민주당원들에게는 이런 태도가 그리 호소력이 있지 않을 게 분명하다. 좌파 성향의 비평가들은 오바마가 2006년 코네티컷주 민주당 상원의원 경선에서 이라크전쟁을 반대하던 후보인 네드 래먼트^{Ned Lamont}가 아니라 조 리버맨^{Joe Lieberman}을 지지한 일을 문제 삼는다. 이와 비슷하게 미국 애국법^{USA Patriot Act} 연장에 대한 찬성투표라든가 자신을 지지하는 정치 단체들을 활용해 중도적인 민주당 상원의원을 지지한 일은 진보적 성향을 가진 많은 사람들을 분노하게 만들었다. 좌파 쪽에서 그를 가장 심하게 비판하는 사람 가운데 한 사람인 「네이션」^{Nation}의 알렉산더 콕번^{Alexander Cockburn}은 이렇게 썼다. "오바마는 너무나 교활한 사람이다. 향후 20년간 민주당에는 전혀 어울리지 않을 모든 것을 상징하는 사람이다."[84] 오바마에 대해 조금 더 정교한 비판을 하는 좌파 비평가들은 그의 성향이 중도 쪽으로 움직인 것에 대해 비판을 하기는 하지만 현재처럼 돈이 많이 드는 선거 상황에서는 선거에서 이기면서 동시에 상원에서 소수 의견이나 반대 의견을 내는 것이 불가능하다는 점을 인정한다.[85]

더 일반적으로 얘기하자면 많은 사람들이 오바마에 대해 유대감을 갖고 있다는 사실은 그의 업적이 사람들의 기대에 미치지 못하면 실망하는 사람도 많으리라는 위험을 의미한다.[86] 마지막으로 그는 지나치게 기술 관료적인 모습을 피할 필요가 있다. 부시 행정부의 무능력에 대한 비판이 많은 사람들, 그중에서도 민주당원들에게는 호소력을 가질지 모르지만, 1998년 대통령 후보 마이클 듀카키스[Michael Dukakis]가 이념보다는 능력이 중요하다고 외치다 실패한 사실을 누구나 알고 있다.

결론

위에서 살펴보았듯이 평등과 공동체를 아메리칸 드림과 결합시키는 일, 정치와 정치토론을 개혁하는 일, 초당파적인 정치적 행보 등은 버락 오바마가 설파하는 중심 주제다. 그 중에서도 첫 번째 주제가 가장 정치적으로 민감하다는 사실은 그 주제에 관련한 그의 수사법이 보여주는 뉘앙스와 심지어는 조심스러운 태도가 인정하는 바이기도 하다. 개혁과 초당파적 행보는 유권자들의 광범위한 지지를 획득할 수도 있지만 이러한 생각을 실현하는 것은 표면적으로 보이는 것보다 훨씬 복잡할지도 모른다. 오바마는 지나친 당파성과 진실한 정치 논의의 부재가 아메리칸 드림을 가능하게 만드는 정책을 꺾는다고 주장하며, 이러한 주장을 통해 우리는 오바마의 말 속에서 위의 세 가지 개념이 연결되어 있음을 알 수 있다.

과거의 정치학 연구들을 보면 성공한 정치가들은 능력이나 리더십, 정직, 공감 등의 특성을 강조하는 개인 이미지를 잘 만들어낸 사람들이란 것을 알 수 있다.[87] 오바마도 분명 자신의 말에서 이러한 주제들을 강조한다. 그는 성공을 향한 자신의 역정을 아메리칸 드림과 결부시키는데, 이렇게 함으로써 미묘하게 자신이 능력이 있으며 성취를 이룬 사람이라는 이미지를 강화시킨다. 위에서 살펴보았듯이 그는 연설을 하면서 종종 공감의 중요성을 강조한다. 그가 수의 계약을 금지하려고 노력하거나 정치에서 돈의 역할을 비판하는 것에서 보이듯 오바마는 윤리적인 정부에 대해 강조함으로써 정직이라는 메시지를 더욱 강화시킨다. 언론의 대단한 주목을 받으면서 이루어진 2006년 8월 케냐 어행에서 그는 정부의 부패는 국가의 경제 기반을 무니뜨린다고 강조했다. 리디십은 그의 연설에서는 중요한 주제기 아니었다. 리더십에 대해 그가 언급할 때는 개인으로서 자기 자신이 아니라 민주당이란 맥락에서였다.[88] 더구나 비교적 복잡한 그의 연설은 지도자로서의 그의 이미지를 약화시킬 수 있다.

　정치가의 이미지는 그가 말하는 내용뿐만이 아니라 그가 말하는 형식에 의해 좌우된다는 사실은 분명하다. 리차드 페노[Richard Fenno]는 정치가는 대중과 효과적인 관계를 구축하기 위해 대본을 이용하지만 때로는 비언어적 행동도 종종 이용한다는 점에서 배우와 비슷하다고 주장했다.[89] 분명 오바마는 '자신만의 표현법'을 개발함으로써 청중의 가슴 속에 자신의 긍정적 자질을 더 강하게 각인시켰다. 한 가지 예를 들자면 그는 종종 손가락을 서로 약간 겹친 채 연설을 하는데, 이는 능력을 구성하는 명백한 요소 가운데 하나인 지성을 갖추고 있다는 느낌을 준다.[90] 더 넓게 얘기하자면, 그는 자신의 개인적 삶 속의 여러 가지 얘기들을 하면서 그 얘기들을 자신이 하려는 더 큰 메시지에 도움이 되게 활용하는 방식을 사용한다. 그의 연설 방식에 어떤 것들이 영향을 끼쳤는지 묻자, 그는 흑인교회와 변호사 경험, 그리고 '하와이와 인도네시아, 그리고 아마도 캔자스에서 지낸 겉핥기 경험'을 들었다.[91] 다양한 스타일이 섞여 있다는 사실은 한 나라 안에서 다양한 종류의 사람들이 성공적으로 살아갈 수 있다는 그의 기본 메시지에 대한 근거가 된다.

결론

1~8장은 무명
에서 스타덤에 오르기 까지 버락 오바마의 정치적 발자취를 살펴봤
다. 오바마의 경험이 미국 정치에 어떤 교훈을 주는가를 분석해 보는
것으로 우리는 이 책을 마치려고 한다. 또한 오바마가 대통령 선거에
서 어떻게 될지, 그가 민주당 후보로 확정되고 또한 대통령까지 될 수
있을 것인지 전망해본다.

교훈

　오바마의 정치 경력은 몇 가지 교훈을 던져준다. 첫째, 오바마는 진보적인 후보도 현대 미국정치의 후원금 모금에서 경쟁할 수 있다는 사실을 보여줬다. 하지만 이 과정에서 일부 타협도 불가피했다. 4장에서 논의한 바와 같이 오바마는 사람들이 기대하던 것보다 훨씬 정치의 재정적인 부분에서 뛰어나다는 사실을 보여줬고, 민주당의 스타 모금자 중 한 사람으로 부상했다.

　2007년 전반기, 오바마는 5,900만 달러를 25만 명으로부터 모았다. 이중 수천 명은 오바마에게 한 차례 이상 기부한 사람들이었다. 오바마의 선거운동본부는 2,260만 달러를 이 기간 중에 썼다. 버락 오바마는 이에 대해 "우리는 이 단계 대선운동사상 유례없는 풀뿌리 선거운동의 역사를 함께 이뤘다"고 말했다.[1] 인터넷을 이용해 유권자들과 후원자들을 모으는 방식도 혁신적이었다. 힐러리 클린턴은 2007년 1~6월에 6,300만 달러의 후원금을 모았지만 같은 기간 1,780만 달러를 썼다. 하지만 이 숫자가 모든 것을 설명해주는 것은 아니다. 2분기에 들어와 오바마는 힐러리보다 경선 선거운동용 자금으로 1,000만 달러를 더 모았다. 힐러리의 후원자들은 이미 경선과 본 선거를 위해 법적 최고 한도까지 다 채워 기부금을 낸 상태였다. 아이러니하게도 오바마는 본인이 현재 선거재정시스템을 개혁해야 한다고 주장하는 사람이다. 하지만 그의 성공으로 말미암아 정치 자금을 통제하면 안 된다는 주장에 힘이 실리고 있다. 특히, 정치 자금의 정부 통제를 반대하는 이들은 공공 보조금이 필요한 후보들은 경쟁력이 없는 후보들이라고 주장하며, 오바마가 정치 자금을 많이 모을 수 있었다는 사실이 자신들의 주장에 대한 타당성을 입증하는 것이라고 했다.[2] 주류 유권자들과 마찬가지로 민주당 주요 후원자들은 그의 총명함과 카리스마, 외교적 능력에 깊은 인상을 받았다.[3]

하지만 오바마가 누리는 이런 인기는 여타 후보들에게선 찾을 수 없는 매우 특이한 경우고, 선거에서 자금이 차지하는 비중은 결코 소홀히 다룰 수 없다. 2004년 선거 때 하원 96%와 상원 91%의 승리는 돈을 가장 많이 쓴 후보에게 돌아갔다. 2002년에도 돈을 가장 많이 쓴 후보가 하원의 95%, 상원의 76%를 휩쓸었다.[4]

'의회에서 돈이 영향력을 살 수 있는 가'라는 보다 큰 물음에 대해서는 오바마의 경험이 미국 정치의 현실을 반영한다고 할 수 있다. 비판자들은 그가 에너지 정책이나 금융서비스 규제 등에 관해 보다 많은 후원자들을 만족시킬 수 있도록 자신의 입장을 바꿨다고 공격한다.[5] 한 가지 예를 들어 보자면 일리노이주 상원에 있을 때 오바마는 고리대금업을 허용하면 안 된다는 입장을 보였지만 연방 상원에선 신용카드 대출이자를 최대 연 30%로 제한하는 법에 반대표를 던졌다.[6] 그의 저서 『담대한 희망』에서 오바마는 후원금 모금 활동이 그와 빈곤층 사이를 갈라놓을 수 있다는 점을 인정한다. "내 모금 활동의 결과로 내가 나에게 후원금을 내준 부자 후원자와 비슷하게 변했다는 것을 안다. 나는 내가 봉사해야 하는 빈곤한 이들이 있는 배고픔, 실망, 공포, 부조리, 고통의 세계에로부터 점점 멀어져 갔다."[7] 그러나 오바마의 전체적인 입법투표 성향을 살펴보면 그가 빈곤층에 책임을 다하고 있고 정부개혁에 노력하고 있다는 점을 알 수 있다.

오바마의 경험이 보여주는 두 번째 교훈은 상대편의 약점을 집중 공격하는 전략을 쓰지 않고도 정치적으로 효과를 거둘 수 있다는 것이다. 앞 장에서 논의한 바와 같이 오바마는 네거티브 선거운동을 피하면서도 성공적인 성과를 거뒀다. 상식적으로 네거티브 전략이 긍정적인 공약보다 더 어필하기 때문에 더 횡행한다고 생각하기 쉬운데 학문적 연구에 의하면 이런 상식은 사실과 다르다.[8] 네거티브 공격은 특히 정치에 무관심하며, 정치에 대해 많이 알지 못하는 유권자들을 정치판에서 더욱 멀어지게 한다는 것이다.[9] 오바마의 경험으로 인해 네거티브 정치 광고가 효율적이라는 기존의 정치상식이 깨질 가능성이 높아졌다.

오바마의 수사학을 통해 얻을 수 있는 세 번째 교훈은 좀 더 좁은 지지층에 어필하는 것보다 대중이나 다수에게 널리 어필하는 전략이 더 효과적일 수 있다는 것이다. 일부 평론가들은 오바마의 지적과 마찬가지로 미국 정치가 1960년대부터 시작된 '문화 전쟁'에 함몰돼 있다고 지적한다. 이로 말미암아 대부분의 유권자들에게 좀 더 중요한 문제인 의료보장이나 경제, 효과적인 교육제도 등이 무시되고 있다는 것이다.[10] 낙태나 동성 결혼 같은 이슈가 열정적인 일부 사람들을 끌어들이긴 하지만 중도계층의 유권자들이 정치에서 멀어지게 하기도 한다. 정치 엘리트와 후보들은 이데올로기적으로 더 분극화, 다극화하는 경향을 보이게 됐다.[11] 오바마는 이런 이데올로기적인 이슈로부터 멀어져 일상생활과 관련되는 이슈에 다시 관심을 기울이려 노력했다. 특히 베트남전쟁 시절의 정치적 관념에서 이제는 벗어날 때가 됐다고 강조해왔다. 지금까지는 이런 전략이 유권자들에게 먹혀들고 있는 것으로 보인다.

네 번째로 오바마의 경험은 백인이 아닌 소수 종족 후보들을 그 동안 압박해 왔던 '유리천장'(월스트리트저널이 만들어낸 신조어로 여성들의 고위직 진출을 가로막는 회사 내 보이지 않는 장벽 : 역주)이 조금씩 없어지고 있는 것이 아니냐는 관측을 가능케 한다. 1990년대 초 정치평론가 닐 피어스는 유권자 중 흑인이 65%이하라면 흑인 후보가 당선되긴 어렵다고 주장했다.[12] 예외적으로 지역 단위 선거에서 흑인 후보가 이기는 경우는 있었지만 주지사나 연방 상원의원 같은 주요 연방직에 선출된 적은 매우 드물었다. 오바마가 매우 특별한 정치인이긴 하지만 그가 승리한 것과 2006년 매사추세츠주 주지사에 드발 패트릭이 당선된 것을 보면 미국이 흑인 후보들을 위한 새로운 시대로 접어드는 게 아닌가 하는 추측이 가능하다. 양당 모두에서 흑인 정치인이 주 단위 선거에서 당선되는 경우가 크게 늘고 있고, 더 높은 자리로 올라갈 수 있는 징검다리가 되는 고위공무원 직급에도 이전보다 많이 진출하고 있다. 2004년 미국 전체에서 당선된 흑인 후보는 사상 최대 규모인 9,101명을 기록했다.[13] 다음 10년간 이 추세가 지속되는지 계속 지켜봐야 하겠지만 흑인 정치인들이 더 높은 선출직을 맡는데 경쟁력을 갖춰가고 있다는 사실은 분명하다.

마지막으로 오바마의 2004년 일리노이 상원 선거운동은 경선 과정이 생각했던 것보다 합리적이란 교훈을 던져 준다. 일부 정치학자들은 후보를 당에서 직접 뽑는 편이 더 나을 것이란 주장도 편다.[14] 상원의원 선거 한 차례를 지나치게 확대해석하는 위험이 있긴 하지만 대부분의 정치평론가들은 오바마와 잭 라이언이 양당을 대표하는 가장 적합한 후보였다고 평가한다. 이에 더해 공화당 인사들이 선택한 앨런 키이스보다는 잭 라이언이 모든 기준으로 볼 때 훨씬 더 나은 후보였다는 점에서도 의견 일치가 대체로 이뤄지고 있다.

대선 선거 전망

오바마가 2004년 민주당 전당대회에서 기조연설을 한 후부터 그가 대통령에 대한 야망을 갖고 있다는 관측이 흘러나오기 시작했다.

2006년 10월 자신의 저서 『담대한 희망』을 홍보하기 위해 다니는 과정에서 오바마는 유명 토크쇼 진행자인 오프라 윈프리는 물론 뉴욕 타임스의 보수파 칼럼니스트 데이비드 브룩스 같은 수많은 이들로부터 대통령에 출마할 것을 권유받았다. 2006년 10월22일, NBC의 '언론과의 만남' 코너에 출연한 오바마는 자신이 출마를 고려중이라고 인정했다. 그 후 그는 2007년 2월 정식으로 출마 선언을 했다. 이 섹션은 오바마의 대선 출마가 얼마나 가능성 있는지 앞으로 선거과정에서 어떤 '와일드카드' 가 등장할지 살펴본다.

오바마에게 유리한 점은 본 선거에서 그가 유권자들의 연합전선을 형성하기에 좋은 위치라는 것이다. 존 주디스와 루이 테이세이라는 앞으로 탈산업화된 직종에서 매우 전문적인 분야에 종사하는 숙련지식층과 소수인종, 여성, 그리고 백인 노동계층이 민주당 재기의 기반이 될 수 있을 것이라고 전망한다.[15] 오바마는 이중 최소한 3개 그룹의 지지를 받을 수 있다. 이는 2장과 3장에서도 논의된 바 있다. 그는 부유한 교외 지역에서 특히 많은 지지를 끌어내는데 성공했고, 주에서 서비스 직종 숙련자들이 더 많이 사는 지역에서도 많은 지지를 받았다. 시카고 흑인 거주지와 히스패닉 거주지도 오바마를 지지했다. 2004년 본 선거가 끝난 후 실시된 출구조사에서 그는 여성들로부터 남성들보다 6%포인트의 지지를 더 얻은 것으로 나타났다.[16] 백인 노동자층이 그에 대해 어떻게 생각하는지는 이보다 덜 분명하다. 3장에서 언급한 바와 같이 오바마는 2004년 본 선거에서 농촌 지역과 쇠퇴하는 산업화 지역에서 선전했고, 경제에 대해 걱정하는 유권자들의 지지를 얻었다. 하지만 그는 같은 해 열렸던 민주당 경선에서는 댄하인스에게 이들 지역의 표를 내준 경우가 많았다. 댄 하인스에겐 오바마보다 노조의 지지가 더 몰렸다.

2008년 민주당 경선에 이 논리를 적용해 보자면 그는 사활이 걸린 뉴햄프셔 경선에서는 매우 선전할 것으로 전망된다. 뉴햄프셔에 여유 있고 숙련된 전문가 계층이 늘어나고 있기 때문이다. 그는 또한 남부 여러 주에서 흑인들의 지지를 받을 것으로 보이지만 이전에 오바마의 '흑인 정체성'을 둘러싼 의문이 제기된 것에서 미루어 볼 때 이는 장담할 수 없다. 2007년 1월 실시된 워싱턴포스트/ABC뉴스 여론조사는 힐러리 클린턴과 1대1로 붙었을 때 오바마가 흑인 층의 지지도에서 힐러리에게 26% 포인트로 뒤지고 있는 것으로 나타났다. 백인 층에선 이렇게 많이 뒤지지 않았다.[17] 경선이 가장 먼저 치러지며 노조의 입김이 강한 아이오와주의 결과는 전망하기가 더욱 어렵다. 정치적 영향력 확대에 대한 갈망에서 예년보다 경선을 앞당겨 치르는 네바다주도 마찬가지로 결과 전망이 힘들다. 사우스캐롤라이나 경선은 1월 말 치러질 예정이며, 2월 5일엔 경선 레이스에서 프로풋볼 결승전 슈퍼볼과 비교할 만한 '슈퍼화요일' 경선이 실시된다. 플로리다, 캘리포니아, 뉴욕 같이 큰 주들이 자신들의 영향력을 덩치에 맞게 확대하고 싶어 경선을 일찍 치르기로 한 때문이다. 이렇게 되면 경선 레이스는 처음이 나중보다 훨씬 중요해지기 때문에 과거와는 다른 전략을 써야 한다. 2월 첫째 주가 지나면 선두 주자 외에는 경선 레이스에서 생존 자체가 힘들어질 것이다.

오바마는 정치 이슈적인 측면에서도 유리한 점이 꽤 있다. 유력 경쟁자인 힐러리 로댐 클린턴 상원의원과는 달리 그는 이라크전에 대해 처음부터 반대 입장을 취했다는 점을 강조할 수 있다. 이는 민주당 경선에서도 그에게 유리하게 작용할 것이다. 반전 입장은 본 선거에서도 그에게 타격을 주지는 않을 전망이다. 경제에 대해 강조하는 그의 선거 전략은 세계화에 불안해하는 유권자들에게 어필할 가능성이 크다. 낙태나 동성 결혼 같은 '문화 전쟁' 측면에서 매우 진보적인 자신의 입장을 상쇄하기 위해 그는 공화당의 고정 지지계층인 복음주의 기독교도들에게 에이즈와의 전면전 같은 이슈를 제기하며 다가가려고 노력하고 있다. 복음주의 기독교도들은 그가 과거 상원의원 선거에서 별로 지지를 얻지 못했던 몇 안 되는 계층 중 하나다. 이중 대다수로부터 지지를 얻긴 힘들겠지만 입장을 바꾸는 유권자들도 일부 있을 것으로 추정된다. 최소한 그는 그가 종교에 적대적이라는 이미지는 다소 씻을 수 있을 것으로 보인다.

유권자들은 2008년 경선에선 스타일과 내용이 확연하게 달라진 선거운동을 기대하고 있다. 이 전망이 맞는다면 오바마는 유리하다. 그의 정책이나 국가 관리에 대한 초당적 접근 방식은 부시 행정부와 매우 다른 행보로 비춰질 것이다. 스타일 면에서 다른 점들도 눈에 띌 것이다. 빌 클린턴은 여러 번 '최초의 흑인 대통령'이란 평가를 받았는데, 뉴욕 타임스 칼럼니스트 모린 다우드는 이와 비슷하게 장래에 오바마가 '최초의 여성 대통령'이란 평가를 받을 수 있을 것으로 전망하고 있다. 모린 다우드는 "오바마의 스타일이나 접근방식은 부시 같은 사람들과 비교해 볼 때 현저히 페미니즘적이다. 그는 패션 잡지에 실리기 위해 자연스럽게 포즈를 잡는가 하면 오프라 윈프리 쇼에 출연해 자신의 감정을 털어놓는다. 또 '더 뷰'The View(에미상을 수상한 ABC방송의 여성 대상 토크 쇼 : 역주)에 나와 여자들과 함께 요리를 만들기도 한다. 6년 간 근육질 키우는 남자만 보다가 오바마를 보면 아주 편안해진다"고 썼다.[18] 정치평론가들과 여론조사 기관은 벌써 1년째 민심의 향방을 측정하기 위해 노력하고 있다. 민주당 혹은 공화당 유권자들에게 누구를 당 후보로 더 선호하는지를 물어보는 전국적 여론조사는 별 가치가 없다. 경선 승리는 주별로 결정되기 때문이다. 하지만 이런 전국 여론조사 결과를 보면 힐러리에 대해서는 호의적이지 않은 의견이 많은 반면, 오바마가 지명도를 얻기 시작했고, 긍정적으로 유권자들에게 비치고 있다는 사실이 분명해 보인다. 2007년 8월 실시된 USA투데이/갤럽 전국여론조사 결과를 보면 오바마에 대해 긍정적으로 생각하는 응답이 48%, 그에 대해 들어보지 못했다는 응답이 34%였으며, 9%는 아직 모르겠다고 답했다. 이에 반해 힐러리 상원의원에 대해서는 긍정적으로 생각한다는 응답이 47%, 부정적으로 생각한다는 응답이 49%였으며 그에 대해 들어보지 못했다는 답변은 하나도 없었다. 3%는 아직 모르겠다고 대답했다. 만약 민주당과 공화당 후보가 본 선거에서 맞붙는다면 민주당 후보가 공화당 후보를 누르는 것으로 나타났다. 하지만 힐러리 상원의원이 이길 가능성이 몇% 포인트 차이로 더 많은 것으로 조사됐다.[19]

2008년 대선 과정에서 정치적 영향력을 높이기 위해 각 주들은 너도 나도 경선 날짜를 앞당겼다. 슈퍼화요일로 불리는 2월 5일, 미국 전체의 절반에 달하는 주들이 경선을 하는 소위 '전국적 경선'이 열린다. 2007년 8월 기준으로 아이오와에서 실시된 여론조사에서는 뚜렷한 선두주자가 나타나지 않는 모습이었지만 힐러리와 에드워즈가 앞서가는 가운데 오바마가 이들을 바짝 뒤쫓고 있는 것으로 조사됐다. 뉴햄프셔에서는 오바마가 힐러리를 따라잡고 있는 것으로 나타났다. 2007년 7월 28일 실시된 아메리칸 리서치 그룹 여론조사에 따르면 힐러리와 오바마의 선호도는 모두 31%였고, 에드워즈가 14%였다. 이런 경향은 사우드캐롤라이나에서도 뚜렷이 나타난다. 하지만 플로리다와 캘리포니아에서는 힐러리가 여전히 오바마보다 15~20%의 우위를 계속 유지하고 있다. 일리노이에서는 오바마가 힐러리보다 약간 앞서고 있지만 힐러리의 뉴욕에서의 압도적 우위는

흔들릴 기세가 없다. 뉴욕에선 응답자 절반이 클린턴을 지지한다고 했다.[20]

이런 여론조사 결과가 흥미롭긴 하지만 이는 후보에 대한 풀뿌리 민심이나 선거운동본부가 이를 실제 표와 연결시킬 수 있다는 능력을 반영하는 것은 아니다. 오바마나 힐러리 모두 경선 기간 내내 견딜 수 있을 만큼 넉넉한 선거 자금과 조직을 갖고 있다. 만약 각 주에서 열린 경선의 득표 비율에 따라 그 주의 대의원 수를 배정하는 현재 제도상 어떤 후보도 대의원 수에서 과반을 얻지 못한다면 민주당 중진의 중재로 후보를 전당대회에서 정하는 상황이 발생할 수도 있다. 1976년 공화당 전당대회에서 이런 일이 마지막으로 발생했다. 현역 대통령인 포드가 과반이 넘는 대의원 수를 확보하지 못하자 로널드 레이건이 자신이 공화당 후보가 돼야 한다고 주장하고 나섰다. 포드는 결국 공화당 대선 후보 자리를 확정지었지만 내부 분란이 너무 격화돼 결국 본 선거에서 민주당에게 패하는 요인이 됐다.

오바마의 대권 도전에서 또 한 가지 유의할 점은 오바마가 전국 무대에서 쌓은 경험이 별로 없다는 사실이다. 그의 연설이 강력하고 유권자를 끌긴 하지만 그는 대선에선 유권자에게 더 어필하기 위해 자신의 메시지를 가다듬어야 할 지 모른다. 한 가지 예로, 2006년 9월 오바마가 대선 출마자들의 메카로 꼽히는 톰 하킨 스테이크 레스토랑에서 한 연설은 별다른 반응을 얻지 못했다. 지성에 너무 호소하는 아카데믹한 내용이었기 때문이다.[21] 8장에서 논의한 바와 마찬가지로 그의 연설은 때때로 전하는 메시지가 분명하지 않고 뉘앙스만 강조하는 모호한 내용을 담고 있다. 2006년 말 오바마는 뉴햄프셔에서 자신의 열혈 팬들과 만났지만 이들이 오바마가 전하는 메시지 때문에 오바마를 추종하는 팬이 됐는지는 분명치 않다.

여기에 더해 그는 전국적 관심이 쏠리는 선거의 압력을 받아 본 적이 없다. 주 상원의원 선거구가 비교적 당선되기 쉬운 곳이었고, 2004년 상원 본 선거도 정상적이기보단 기이했기 때문에 그는 공화당의 전면 공격을 받아 이를 견뎌냈다고 말하기 힘들다. 지금은 대단히 호의적인 언론들도 대선에선 그에 대해 집요하게 공격을 할 것이 분명하다. 워싱턴포스트 소속 미디어 평론가 하워드 커츠는 "기자들은 가장 존경받는 공적 인물에 대해서도 그의 어두운 면을 캐낼 수 있는 능력이 있다. 오바마가 자신의 순진한 이미지를 대선 선거판의 진흙탕까지 가지고 간다면 오프라 윈프리가 아무리 따뜻하게 그를 보호한다 해도 도움이 되지는 못할 것이다"라고 논평했다.[22]

실제로 2006년이 되면서 그는 벌써 일리노이 지역 언론의 공격 대상이 되고 있었다. 첫째 그는 지역 선거의 '반개혁적' 후보들을 지지한다는 이유로 비판을 받았다. 2006년 민주당 쿡카운티위원회 의장 경선에서 개혁주의자인 포레스트 클레이풀을 지지하지 않는다는 것이 그중 한 이유였다. 비판자들은 그가 자신의 정치 생명을 보호하기 위해 개혁주의자라는 윤리적 권위를 희생했다고 목소리를 높였다.[23] 같은 자리를 위한 본 선거에서 신문 칼럼니스트들은 공화당 후보의 낙태에 대한 입장에 대해 오바마가 오해를 초래할 수 있는 지지 편지를 보냈고, 진부한 정치꾼을 지지한다고 그를 마구 공격해댔다.[24] 2006년 경선에서 그는 주 재무장관 선거에 나와 이긴 후보 알렉시 지아놀리어스를 지지하는 광고에 출연했다. 지아놀리어스는 오바마의 2004년 상원 선거를 후원한 재정지원자였지만 조직폭력단에 은행 대출을 알선했다는 소문이 나 논쟁에 휩싸여 있는 인물이었다. 오바마는 불법 혐의로 기소된 정치 자금 후원자 토니 레즈코에게 집을 싸게 샀다는 의혹에도 휩싸여 언론의 집중공격을 받았다.

　2004년 상원 선거운동 당시 오바마의 카리스마는 일반 유권자와 오바마 사이의 거리를 좁히는 데 일조했다. 그의 직원 한 사람은 "유권자들이 오바마와 만나고 나면 그를 너무도 좋아하게 됐다"고 회고했다.[25] 하지만 대선 선거운동은 이와는 다른 역동성을 갖고 있다. 유권자들과 친밀하게 만날 수 있는 초기 몇 개의 경선을 제외하면 직접 얼굴을 대하며 소위 '소매점' 정치에 걸맞은 대인관계를 맺을 만한 기회가 별로 없다. 오바마가 많은 청중에게 연설을 효과적으로 잘 하긴 하지만 그는 아직 마크 할퍼린과 존 F 해리스의 책『이기는 방법』에 나온 '기묘한 쇼' 같은 인터넷 블로거, 라디오 토크쇼 호스트나 케이블TV 평론가들의 논평에 대비하는 방법을 배워야 한다.[26] 오바마에게 긍정적인 점은 그가 이런 부류의 사람들과의 접촉을 두려워하지 않는다는 것이다. 그는 인기 있는 진보 블로그인 데일리 코스 같은 곳에 자신의 입장을 올려놓으며 이들과 소통을 시도하고 있다.

　오바마는 인터넷을 다른 어느 후보보다 더 많이 활용하는 편이다. 2007년 4월 오바마가 유명한 네트워크 사이트인 마이스페이스닷컴에서 맺은 '친구'는 154만 3,000명에 달했다. 같은 기간 힐러리가 맺은 친구는 4만 1,500명에 불과했다. 오바마의 마이스페이스닷컴 친구 숫자는 다른 민주당 후보들을 모두 합친 것보다 50%나 많다. 유명 인터넷 동영상 사이트인 유튜브에서 오바마의 연설을 본 사람의 수도 280만 명에 달하는데 이는 민주당 후보 전체를 합친 것보다 200만 명이나 더 많은 것이다.[27]

　그는 '데일리 쇼'나 '케이스 올버맨과 함께 카운트다운' 같은 케이블TV 쇼에도 출연했다. 그와 그의 측근들은 네거티브 언론 공격에 순발력 있게 대처하는 편이다. 한 가지 예를 들면,「하퍼스 매거진」이 그의 후원금 모금 방식을 비판하는 기사를 게재했을 때 그는 재빨리

인터넷 사이트에 그에 대한 반격을 조목조목 논리 정연하게 펼쳐 올려놓았다.[28]

예측하기 힘든 와일드카드 이슈 중 하나는 그가 '대통령답게' 비춰질 수 있을 것인가다. 그는 다른 후보들보다 젊고, 연방 고위직을 지낸 경험도 상대적으로 짧다. 특히 9·11 이후 달라진 외교환경에 그가 잘 적응할 수 있을지 의문스럽다는 공격이 계속 제기된다. 오바마는 '경험이 없다'는 반복적인 공격에 대해 이미 여러 차례 "딕 체니와 도널드 럼즈펠드는 엄청난 경험이 있었지만 내가 보기에 미국 역사상 가장 참담하게 실패한 외교정책을 밀고 나갔다"는 논리로 방어하고 있다.[29] 그는 또한 자신의 경력과 위대한 대통령으로 꼽히고 있는 링컨의 경력을 비교하면서 워싱턴 정치 경험이 짧은 사람이 오히려 강한 대통령이 될 수 있다는 메시지를 던진다. 그가 일리노이주의 수도 스프링필드의 옛 의사당 앞에서 한 출마 연설은 이런 함축적인 비교 내용을 담고 있다.[30] 앞 장들에서 논의한 바와 같이 리더십 문제는 그의 이미지에 있어서 아킬레스건이라 할 수 있다. 2004년 그와 맞부딪친 경선 후보자들은 이를 그의 잠재적 약점으로 봤다. 〈표 3-2〉의 출구조사에서도 그가 유권자들에게 리더십 관련해서는 점수를 많이 따지 못한 것으로 나타난다. 가끔 자기 자신을 비하하는 말도 대통령으로 적절치 못하다는 평가를 받을 수 있다. 2006년 말 오바마 비판론자들은 그가 유명세와 경력으로 유권자에게 어필하면서 대통령이 돼야 하는 근본적인 정책적 이유를 설명하는 데는 소홀히 했다고 공격했다.[31]

흥미롭게도 오바마는 대통령 당선 가능성을 높이는 요소들은 어떤 것이 있는가에 대한 기존의 상식에 기꺼이 도전하려는 모습을 보이고 있다. 예를 들면, 그는 청소년기 마약 사용에 대해 사과하지 않는다. 또한 '잘못된 행동이나 계산을 단 한 번이라도 하면 정치적 커리

어에 종지부를 찍을 수 있다’ 는 기존의 관념도 잘못된 것이라고 주장한다.[32] 하지만 유권자들이 후보들에게 원하는 특징이 진정성이라고는 하지만 2000년 공화당 대선 경선 당시 유명했던 존 매케인의 ‘솔직 담백한 연설’ 은 매케인을 오히려 상원에 그대로 돌려보내는데 일조했을 뿐이다.

레이스 자체가 또 하나의 와일드카드가 될 수 있다. 과거 대선에 출마했던 흑인 정치인 다섯 명(셜리 치솜, 제시 잭슨, 캐럴 모슬리-브론, 알 샤프톤, 앨런 키이스) 중 누구도 당의 대선 후보로 확정되지 못했다. 여론조사에선 대다수의 미국인들이 흑인 후보에게 표를 던질 의사가 있다고 답한다.[33] 하지만 현실 정치에선 유권자들이 자신도 모르게 잠재의식에 따라 표를 찍는 관행을 되풀이 한다. 정치 광고에서 누군가가 은근히 인종적 문제를 자극한다면 잠복해 있는 인종 문제에 불이 붙을 수도 있다.[34] 앞 장에서 논의한 바와 같이 오바마가 지닌 독특한 배경은 백인들이 흑인 후보에게 가지고 있는 부정적 선입견에 대해 예방주사를 놓는 것과 비슷한 효과가 있다. 하지만 그는 백인 후보보다 흑인 후보들이 자신들을 마케팅 하는 것이 좀 더 복잡하다는 사실로부터 자유롭지 않을지도 모른다. 흑인 후보들은 흑인 유권자들에게 현 정치 제도와 백인 공직자들을 믿어도 되며, 백인 유권자들에겐 인종 문제가 별 것 아니라고 설득해야 한다. 이는 백인 후보들에 비해 굉장히 복잡하고 힘든 일이다.[35]

오바마는 좋은 대통령이 될 수 있을 것인가

정치학자들은 좋은 대통령이 가지고 있는 자질 몇 가지를 구분해냈다. 대중과 소통하는 능력, 조직을 얼마나 잘 꾸려나갈 수 있나, 정치

력, 비전, 지적 능력, 그리고 감성적 지능 등이다.[36] 많은 경우 대통령
이 임기를 마치고 떠나기 전까지는 이런 자질들을 보유하고 있는 지
따져보는 일이 쉽지 않다. 따라서 지금부터 얘기하는 부분은 다소 추
측성이 가미돼 있다. 하지만 오바마가 매우 특별한 지적 능력을 보유
하고 있다는 사실은 분명하다. 이에 더해 그와 함께 일해 본 동료들은
그의 인간적 성숙성과 감성적 지능을 높이 평가한다.[37] 그가 공직에
진출하기 훨씬 전부터 그는 지적 능력과 감성적 능력을 겸비하고 있
었다고 그의 법학대학원 지도교수 중 한 명은 말한다. "그는 매우 특
별했다. 만약 다른 학생이 오바마 같은 통찰력을 보유하고 있었으면
다른 이들의 질시나 경계의 대상이 됐겠지만 오바마는 그렇지 않았
다. 그는 다른 사람들이 하는 말을 듣고 이를 발전시키는 능력을 갖추
고 있었고, 다른 사람들을 기분 나빠하지 않게 하면서 다른 이들의 말
속에서 가치를 찾아내는 자질이 있다."[38]

　오바마가 위에서 말한 다른 자질에선 어떤 정도의 면모를 갖추고
있는지를 말하긴 쉽지 않다. 그는 분명히 대중 소통에 필요한 여러 가
지 기술들은 습득한 것으로 보인다. 2장과 3장에서 언급한 대로 그의
연설은 그와 입장이 다른 많은 사람들을 설득할 수 있는 면모를 갖췄
다. 그는 또한 제스처나 시선 같은 비언어적 도구들도 효과적으로 사
용한다. 하지만 8장에서 논의한 내용에 따르면 그의 연설은 일반 유
권자들이 받아들이기에 너무 은유적이고 상징적이란 의문도 제기되
고 있다.

　정치적 기술은 권력 분점 구조에 내재된 걸림돌을 넘을 수 있는 능
력을 필요로 한다. 또한 다른 정치 엘리트와도 효과적으로 함께 일할
수 있어야 한다.[39] 전자에 관한 오바마의 능력을 평가해보기 전에, 다
음 대통령이 맞닥뜨릴 과제가 엄청나다는 점을 지적해야 할 것이다.

차기 대통령은 엄청난 규모의 연방 재정적자를 해결해야 한다. 베이비붐 세대들의 퇴직이 시작됐고, 이라크전쟁 비용도 지불해야 한다. 9·11 이후 높아졌던 시민들의 정부에 대한 신뢰는 대부분 소진됐다. 신뢰가 있어야 사회보장제도가 빈곤계층을 제때 못 보살피는데 대한 사회적 불만이 다소나마 누그러질 수 있는데 말이다.[40] 오바마가 대통령이 되면 이런 난관을 극복해야 하는데, 사람들이 그에게 가진 기대감이 너무 높아져 그가 무슨 일을 해도 실망스러울 것이란 점도 사정을 더욱 복잡하게 만든다. 유권자들은 종종 미국 정치제도가 액션을 촉진하기 보다는 액션을 좌절시킨다는 점을 간과하기 때문에 더더욱 배신감을 느낄 수 있다. 실제 그는 그가 충분히 개혁적이지 않다는 좌파 진영의 비판을 받고 얼마 전부터 미국의 제도가 좌절을 불러일으킨다고 강조하고 나섰다.[41] 그가 워싱턴의 로비스트들과 정치 브로커들로부터 후원금을 모으는 능력을 갖췄다는 점은 좌파 진영에 비판의 빌미를 제공하고 있긴 하지만 그가 워싱턴 중앙무대 주요 선수들의 인정을 받았다는 뜻도 된다.[42] 그가 일리노이주 상원의원 시절 보인 의정활동은 좋은 평가를 받고 있다. 하지만 주 상원은 워싱턴에 비하면 매우 작은 무대다.

오바마가 대통령이 되면 성공할 수 있을지에 대한 가상 질문은 오바마의 조직능력 그리고 비전과 관련돼 있다. 고위공직을 맡아 본 경험이 적어 조직능력에 관한 의문을 불러오고 있는 것이다. 여기엔 보좌관들이 솔직하게 말할 수 있는 분위기를 만들어 주는 일, 팀워크를 촉진하는 일, 여러 가지 효과적인 기구들을 만드는 일이 포함된다.[43] 하지만 선거운동본부의 한 보좌관에 따르면 그는 부하 직원들의 직언을 매우 열린 마음으로 받아들이는 것으로 보인다. 이 보좌관은 "오바마에게 무슨 얘기를 하면 한 귀로 듣고 한 귀로 흘리지 않을 것이란 확신이 든다"고 말했다.[44] 오바마는 시카고의 도심빈민지역 주택건설프로젝트를 그 정도의 사이즈와 예산규모로 키워낸 능력이 있고, 유권자등록프로그램 같은 시민운동에서도 대성공을 거뒀다. 하지만 이들 프로젝트의 규모는 대통령직에서 해야 할 일에 비하면 소규모다. 만약 대통령 선거운동본부를 잘 꾸려나가는 것도 큰 조직을 효과적으로 관리하고 이끌어나가는 능력이라면 그는 매우 잘하고 있는 듯 보인다. 그의 선거운동본부엔 열정적이며 능력 있는 사람들이 많이 모여 있다. 비전 측면에서 보자면 오바마는 문제를 개념화하는 능력이 뛰어나다는 칭찬을 많이 받아왔다. 하지만 그가 이런 추상적인 아이디어를 어떻게 특정 정책으로 연결해 창조적으로 문제를 풀 것인지는 미지수다.[45]

오바마가 대통령이 된다면 국제적으로도 많은 인기를 끌 것으로 보인다. 인도네시아에서 어린 시절을 보낸 점은 개도국에 친근감을 줄 수 있다. 하지만 어릴 때 외국에 살았던 경험으로 인해 의도하지 않든 의도했든 간에 일부가 그를 잘못 판단할 수도 있다. 오바마는 인도네시아에 살 당시 급진주의적 무슬림 학교인 '마드라사'에 다녔다는 비판을 받았다. 보수신문인 워싱턴 타임스와 같은 계열인 인사이트 매거진이 이를 제일 처음 보도했다. 폭스뉴스도 이를 받아 전했다. 보도는 부정확한 것이었고, 오바마 보좌진은 폭스뉴스를 "지독하게 책임감이 없는 보도 채널"이라고 비난했다.[46] 오바마가 대통령이 된다면 "세계에 직접 얘기할 수 있는 대통령이 될 것"이며 "세계 각국에서 미국의 동맹을 되살리고 강화할 것"이다.[47] 대통령이 된다면 그는 군의 현대화를 이끌고 군사력을 키우며 해외 원조도 늘릴 것이다.

버락 오바마는 미국 뿐 아니라 세계 정치무대에 의미 있는 기여를 할 수 있는 잠재력이 있다. 수십 년 간 미국 정치는 민주당, 공화당의

입장이 갈려 대립을 반복했지만 그는 초당적인 정책 이슈들을 내놓
고 있다. 그 동안은 네거티브 선거운동이 판을 쳤지만 오바마는 다른
후보들의 인격을 손상하기 보다는 자신이 어떤 가치를 대변해야 한
다는 점을 실증했다. 오바마는 미국 정치의 새 얼굴을 대변한다. 그
리고 그는 다음 세대 앞에 기다리고 있는 도전과 기회에 대해 다른 이
들이 관심을 갖도록 영감을 불어 넣고 있다.

부록

민주당 전당대회 기조연설 「더 나은 내일」
대통령 출마 선언 전문

민주당 전당대회 기조연설 「더 나은 내일」

2004년 7월 27일
매사추세츠주, 보스턴

이 나라가 한데로 모이는 곳이자 링컨의 땅인 위대한 주 일리노이를 대표해 이 자리에 서게 된 것에 대해 깊은 감사를 표하는 바입니다. 오늘은 제게 특히 명예로운 날입니다. 솔직히 말해서, 저 같은 사람이 이곳에 설 수 있으리라 생각한 사람은 많지 않습니다. 제 아버지는 케냐의 작은 마을에서 태어나고 자라 미국에 공부하러 온 유학생이었습니다. 그는 염소 떼를 몰며 자랐고, 양철지붕으로 된 허름한 학교에 다녔습니다. 그의 아버지, 즉 나의 할아버지는 하인이자 요리사였습니다.

하지만 나의 할아버지는 아들을 위해 담대한 꿈을 가졌습니다. 제 아버지는 열심히 공부하고 끈기 있게 노력해 미국이라는 마법 같은 나라에서 공부할 수 있는 장학금을 따냈습니다. 미국은 그전에 왔던 수많은 이들에게 지유와 기회를 주었으며 그 둘의 상징으로 우뚝 서 있는 나라였습니다. 여기서 공부하는 동안 제 아버지는 어머니를 만났습니다. 그녀는 그가 태어난 곳의 세계 반대편인 캔자스에서 태어난 미국인이었습니다. 그녀의 아버지 즉 제 외할아버지는 대공황 시절을 농사와 유정 굴착을 하며 견뎌낸 분이었습니다. 진주만 공격 다음날 그는 조지 패튼 장군의 부대에 자원입대를 했고 유럽 전역에서 적과 맞섰습니다. 고향에서는 제 외할머니가 폭탄 조립 공장에서 조립 일을 하며 아이들을 키웠습니다. 2차 세계대전이 끝난 후 그들은 제대군인 원호법의 혜택으로 공부를 했으며, 연방주택청으로부터 주택을 구매했고, 기회를 찾아 서쪽으로 이사를 했습니다.

그들 또한 자신들의 딸을 위해 담대한 꿈을 품었습니다. 두 대륙에 공통적인 꿈입니다. 내 조부모와 외조부모는 모두 자식에 대한 엄청난 사랑 뿐 아니라 이 국가의 가능성에 대한 신뢰를 공통적으로 갖고 있었습니다. 그들은 내게 아프리카 어로 '축복받았다' 는 뜻의 '버락' 이라는 이름을 지어주었습니다. 포용력이 넘치는 미국에서는 이름이 성공을 가로막는 걸림돌이 되진 않으리라 믿었기 때문입니다. 그들은 부자는 아니었지만 내가 살고 있는 곳에서 가장 좋은 학교에 가기를 바랐습니다. 관대한 미국에서는 부자가 아니라도 잠재된 능력을 발휘할 수 있다고 생각했기 때문이었습니다. 이들은 지금은 모두 돌아가셨습니다. 그렇지만 저는 오늘밤 그분들이 하늘에서 자랑스럽게 저를 보고 있다는 사실을 알고 있습니다.

제 다채로운 배경에 감사하면서 저의 부모의 꿈이 내 소중한 딸들에게도 실현돼야 한다는 사실을 인식하며 오늘 저는 이 자리에 섰습니다. 제 이야기는 더 많은 미국 성공 스토리의 일부분입니다. 저는 이 땅에 저 이전에 왔던 수많은 이들에게 빚을 지고 있습니다. 이런 스토리는 미국 이외의 어느 다른 나라에서도 가능하지 않을 것입니다. 오늘밤 우리는 미국의 위대함을 다시 살리기 위해 모여 있습니다. 미국이 위대한 이유는 높은 빌딩을 많이 보유하고 있기 때문이 아니고, 강대한 군사력 때문도, 미국의 경제적 규모 때문도 아닙니다. 우리의 자긍심은 200년 전 만들어진 독립선언문에 요약돼 있는 아주 간단한 전제에 기초해 있습니다. "우리는 모든 사람들이 평등하게 태어났다는 자명한 사실을 믿는다. 모든 사람들은 창조주가 부여한 양도할 수 없는 권리를 타고 났다. 이 권리 중에는 삶에 대한 권리, 자유와 행복을 추구할 수 있는 권리가 포함돼 있다"는 내용입니다.

이것이 바로 미국의 진정한 비범함입니다. 시민들의 소박한 꿈에 대한 믿음, 작은 기적이 일어날 수 있다는 것에 대한 믿음 말입니다. 밤에 아이들을 침대에 뉘어 재울 때 다음날이면 그들에게 음식을 먹일 수 있고, 옷을 입힐 수 있고, 안전하게 그들을 보호할 수 있으리라는 믿음입니다. 갑자기 누군가 문을 두드리고 우리를 체포해 갈 것이란 걱정 없이 우리가 생각하는 바를 말할 수 있고, 생각하는 바를 글로 쓸 수 있다는 믿음입니다. 아이디어가 있다면 뇌물을 주거나 영향력 있는 사람의 자녀를 고용하지 않고도 누구나 사업을 시작할 수 있다는 믿음입니다. 보복 당할 것이란 두려움 없이 정치 과정에 참여할 수 있고, 우리가 행사하는 한 표가 의미가 있을 것이란 믿음입니다. 항상 그럴 순 없어도 대다수의 경우 말이죠.

올해 이번 선거에서 우리는 우리의 가치와 책임을 다시 한 번 확실히 할 것을 요구받고 있습니다. 냉혹한 현실 앞에서 우리가 어떻게 하고 있는지, 우리 조상들의 유산을 제대로 계승하고 있는지, 미래 세대들에게 어떤 세상을 물려줄 것인지를 재확인해야 한단 얘기입니다. 민주당, 공화당, 무당파를 망라한 미국 시민 여러분께 오늘 밤 저는 얘기합니다. 우리는 더 해야 할 일이 많습니다. 일리노이주 게일스버그 메이택 공장에서 일하는 제가 만난 노동자는 일자리를 잃었습니다. 메이택 공장이 멕시코로 이전하기 때문입니다. 그는 이제 한 시간에 7달러 주는 일자리를 위해 자신의 자녀들과 경쟁해야 합니다. 이 노동자를 위해 우리는 무언가를 해야 합니다. 제가 만난 해고된 가장 한 명은 눈물을 억지로 삼키며 자기 아들에게 필요한 한 달 4,500달러 어치 약을 의료보장 혜택 없이 어떻게 사야 할지 걱정하고 있었습니다. 이 가장을 위해 무언가를 해야 합니다. 이스트 세인트루이스에 사는 젊은 여학생은 성적도 좋고, 열의도 있고, 공부를 계속하고 싶어 하지만 돈이 없어 대학 진학을 포기해야 합니다. 그녀와 마찬가지 입장에 있는 수천 명의 다른 사람들을 위해 더 많은 일을 해야 합니다.

　제 말을 오해하진 마세요. 제가 작은 마을이나 대도시, 레스토랑이나 사무실 빌딩에서 만난 사람들은 정부가 자신들의 모든 문제를 해결해 주리라고 기대하진 않습니다. 그들은 발전하기 위해서는 열심히 일해야 한다는 사실을 알고, 열심히 일하고 싶어 합니다. 시카고를 둘러싸고 있는 교외 카운티에 가서 사람들과 얘기를 나눠 보면 그들은 자신들이 내는 세금이 복지기구나 국방부에 의해 낭비되는 것을 원치 않는다고 말합니다. 도심빈민지역에 가서 물어보면 그곳 주민들도 아이들을 교육하는 것은 정부 혼자가 하는 것이 아니라고 말합니다. 그들은 부모가 아이들을 잘 키워야 하며, TV를 끄게 하고 기대 수준을 높여주고, 책을 읽는 흑인은 백인 흉내를 내는 것에 지나지 않는다는 허위 선전이 잘못된 것이란 점을 아이들에게 알려줘야 한다는 것을 잘 알고 있습니다. 국민들은 정부가 모든 문제를 해결해주길 결코 바라는 것은 아닙니다. 단지 정책의 우선순위만 약간 바꿔도 미국의 모든 어린이에게 괜찮은 삶에 도전해 볼 기회가 평등하게 열릴 수 있다는 사실을 그들은 알고 있습니다. 그들은 우리가 더 잘할 수 있다는 사실을 압니다. 그리고 그런 선택을 하고 싶은 겁니다.

이번 선거에서 우리는 그런 선택의 기회를 제공하려 합니다. 민주당은 이 나라가 제공할 수 있는 가장 좋은 가치들을 대표하는 후보를 선택했습니다. 그 후보는 존 케리입니다. 존 케리는 지역 사회, 신뢰와 희생의 가치에 대해 잘 이해하고 있습니다. 평생 그런 가치들에 기초해 살았기 때문입니다. 베트남에서 영웅적인 복무를 하고 난 뒤 검사와 부지사를 거친 그는 20년 동안 상원의원으로 이 나라에 봉사했습니다. 우리는 그가 쉬운 결정 대신 어려운 결정을 내리는 모습을 반복적으로 지켜봤습니다. 그의 가치와 경력은 우리 자신의 가장 좋은 점만 대표하는 것들입니다.

존 케리는 미국이 열심히 일하면 그 대가를 누릴 수 있는 국가라는 점을 믿습니다. 그래서 그는 외국으로 공장을 옮기는 기업들 대신 국내에서 일자리를 창출하는 기업들에게 감세 혜택을 주려고 하는 겁니다. 존 케리는 모든 미국인들이 워싱턴의 정치인들이 누리는 것과 같은 의료보장 혜택을 누릴 수 있다고 믿습니다. 존 케리는 거대정유 회사의 이익이나 외국 유정에 볼모로 잡히지 않고 에너지 독립을 이룰 수 있다고 믿습니다. 존 케리는 세계가 부러워하는 미국의 헌법에 보장된 자유에 대한 확고한 신념이 있습니다. 그는 절대 우리의 기본적인 자유를 희생하지 않을 것이며, 믿는바가 다르다고 우리가 서로 갈라지게 놔두지도 않을 것입니다. 존 케리는 위험한 세상에서 전쟁도 하나의 선택이 될 수 있지만, 결코 첫 번째 선택은 될 수 없다고 믿습니다.

얼마 전 저는 일리노이주 이스트 몰린에 있는 해외참전용사 회관에서 사무스란 이름의 젊은이를 만난 적이 있습니다. 그는 187~189㎝에 달하는 큰 키에, 눈이 투명하고 잘 웃는 잘생긴 남자였습니다. 그는 자신이 해군에 입대했고 그 다음 주 이라크로 향한다고 말했습니다. 그는 자신이 자원입대한 이유에 대해 국가와 지도자들에게 절대적 믿음을 가지고 있고, 자신이 마땅히 해야 할 의무라고 했습니다. 그는 우리가 자식에게 바랄 수 있는 모든 걸 갖춘 젊은이였습니다. 하지만 난 나 자신에게 물어야 했습니다. '우리는 사무스가 우리에게 해 주고 있는 것만큼 그를 위해 뭔가를 해주고 있는가.' 저는 고향으로 돌아올 수 없는 900명이 넘는 남자와 여자, 아들과 딸들, 남편과 부인에 대해 생각했습니다. 사랑하는 사람이 벌어오는 생계비가 더 이상 없을 때 남은 가족들이 어떻게 살아가야 하는지, 팔다리가 잘린 상태로 혹은 신경쇠약증에 걸려 돌아온 사랑하는 사람을 맞아야 하는 고향의 가족들, 그렇지만 보충병 신분이기 때문에 장기의료보장 혜택이 없는 이들을 만났습니다. 우리의 젊은이들을 사지로 보낼 때 우리에게는 관련 숫자를 흐리거나 그들이 왜 가야 하는지에 대한 진실을 숨기지 않아야 할 신성한 의무가 있습니다. 우리에겐 또한 그들이 없는 동안 그 가족들을 돌봐야 하고, 군인들이 돌아오면 이들을 돌봐줘야 할 의무가 있습니다. 이와 더불어 전쟁에서 이기지 못할 정도의 충분한 병력이 없고, 평화를 보장할 수 없으며, 세계로부터 존경을 받을 수 없다면 전쟁에 뛰어들지 말아야 할 엄숙한 책임이 있는 것입니다.

이제 분명하게 말하겠습니다. 이 세계에는 우리의 적들이 존재합니다. 이 적들을 추적해 찾아내야 합니다. 이들과 싸워 이겨야 합니다. 존 케리는 이를 잘 알고 있습니다. 그가 베트남에서 중위로 복무할 때 동료들을 보호하기 위해 자신의 목숨을 아끼지 않았던 것처럼 그는 미국을 안전하게 하기 위해 군사력이 필요한 순간이 온다면 결코 망설이지 않을 것입니다. 존 케리는 미국을 믿습니다. 그리고 그는 우리들 중 일부만 부유해지는 것은 결코 충분치 않다는 것도 잘 알고 있습니다. 미국은 개인주의로도 유명하지만 미국이란 대하소설은 개인주의란 재료 하나만으로 완성되지 않기 때문입니다.

그것은 우리가 한 나라의 국민이라는 믿음입니다. 만약 시카고 남부 빈민가에 글을 읽을 수 없는 아이가 산다면 그 아이가 제 자식이 아니라도 제게 중요한 문제입니다. 만약 형편이 어려운 노인이 약값이 없어 약이나 임대료 중 하나를 택일해야 한다면 그 노인이 제 할머니가 아니라도 저는 제 인생이 비참하다고 느낄 것입니다. 만약 아랍계 미국 가족이 적절한 절차나 변호사의 도움 없이 체포되거나 신문을 받는다면 이는 곧 나의 시민적 자유를 위협하는 일이 될 것입니다. 내가 이 땅에 사는 우리 동포들의 보호자 역할을 한다는 이 기본적인 믿음이 이 나라가 굴러갈 수 있게 하는 원천입니다. 이로 인해 우리는 각자 개인적인 꿈을 추구하면서도 미국이라는 하나의 가족으로 함께 할 수 있는 것입니다. '이 플루리버스 유넘'^{E pluribus unum}(1955년까지의 미국의 표어, 현재는 In God We Trust : 역주). 우리는 여럿으로 이뤄진 하나입니다.

하지만 제가 이렇게 말하고 있는 동안에도 우리를 갈라놓으려고 하는 자들이 있습니다. 음모와 술수를 부리며 네거티브 정치 광고를 하는, 이기기 위해서는 뭐든지 하는 정치인들입니다. 오늘밤 저는 그들에게 말합니다. 미국은 진보적 미국과 보수적 미국으로 갈라져 있지 않습니다. 미합중국이 있을 뿐입니다. 미국은 흑인의 미국과 백인의 미국, 라틴계의 미국, 그리고 아시아인의 미국으로 갈라져 있지 않습니다. 정치 분석가들은 이 나라를 레드 스테이츠^{Red States}와 블루 스테이츠^{Blue States}로 나누고 쪼개는 걸 좋아합니다. 레드 스테이츠는 공화당을, 블루 스테이츠는 민주당을 지지하는 주입니다. 하지만 이들에게도 알려줄 소식이 있습니다. 블루 스테이츠에서도 위대한 신을 경배합니다. 레드 스테이츠에서도 연방요원들이 자신의 자유를 침해하며 돌아다니는 것을 싫어합니다. 블루 스테이츠에서도 부모들이 어린이 야구팀을 위해 코치를 하며, 레드 스테이츠에서도 동성 연애를 하는 사람들을 친구로 두고 있습니다. 이라크전에 반대하는 애국자들도 있고, 이라크전에 찬성하는 애국자들도 있습니다. 우리는 모두 미국 국기에 대한 충성을 맹세했고, 미합중국을 기꺼이 수호할 준비가 된 같은 나라의 사람들입니다.

결국 끝에 가서는 선거는 이런 선택으로 귀결됩니다. 냉소주의 정치에 참여할 것인가, 아니면 희망의 정치에 참여할 것인가 하는 선택입니다. 존 케리는 희망에 참여하라고 우리를 부릅니다. 존 에드워즈도 희망에 동참하라고 합니다. 저는 맹목적인 긍정주의를 애기하는 것이 아닙니다. 우리가 실업에 대해서 애기하지 않는다면 언젠가는 실업이 사라질 것이라고 생각하는 그런 의도된 무지함을 말하는 게 아닙니다. 무시한다고 해서 의료보장 문제가 사라질 것이라고 생각하는 그런 태도를 말하는 게 아닙니다. 네, 저는 뭔가 훨씬 근본적인 것에 대해 애기하고 있는 것입니다. 모닥불 주변에 둘러 앉아 자유를 노래했던 노예들의 그런 희망, 미국으로 오려고 수만 리 바닷길을 헤쳤던 이민자들의 희망, 메콩강 삼각지 유역을 용감하게 순찰하고 있는 젊은 중위의 희망, 어려운 조건들을 헤쳐가려는 물레방아 제조꾼

아들의 희망, 그리고 비쩍 마르고 우스운 이름을 가졌지만 미국이 자신을 받아 줄 것이라 믿었던 한 어린이가 가진 희망을 말하는 것입니다. 담대한 희망 말입니다.

결국에 가서는 이것이 신이 우리에게 주신 가장 큰 선물이자, 이 나라의 근본입니다. 아직 일어나지 않은 일들에 대한 믿음, 더 나은 미래가 기다리고 있다는 믿음 말입니다. 저는 우리가 중산층에게 좀 더 나은 삶을 줄 수 있고, 노동자계층 가족에겐 기회의 길을 열어줄 수 있다고 믿습니다. 저는 우리가 실업자에게 일자리를 줄 수 있고, 집이 없는 사람들에게 집을 줄 수 있고, 미국 전역의 도시 젊은이들을 폭력과 절망으로부터 구출해 낼 수 있다고 믿습니다. 저는 역사적인 전환점에 서 있는 지금, 미국이 제대로 된 선택을 할 수 있고 미국 앞에 있는 도전에 당당히 맞설 수 있다고 믿습니다.

오늘밤, 당신이 만약 저처럼 에너지로 충만하다면, 저처럼 당장 무엇인가를 해야 한다는 긴박감을 느낀다면, 저처럼 열정에 넘친다면, 저처럼 희망에 넘친다면 그리고 우리가 무엇을 해야 할지 알고 있다면 저는 한 치의 의심도 없이 믿습니다. 플로리다에서 오리건까지, 워싱턴에서 메인까지, 시민들은 11월에 일어설 거라고 말입니다. 그리고 존 케리가 대통령 취임 선서를 할 것이며, 존 에드워즈가 부통령 취임 선서를 할 것이라고 말입니다. 그렇게 된다면 이 나라는 약속했던 바를 되찾을 수 있을 것입니다. 긴긴 정치적 어둠을 뚫고 더 나은 내일이 올 것입니다. 감사합니다. 그리고 신의 축복이 함께 하길 기원합니다.

Delivere to the
Democratic National Convention

A Brighter Day

Boston Massachusetts, July 27, 2004

On behalf of the great state of Illinois, crossroads of a nation, land of Lincoln, let me express my deep gratitude for the privilege of addressing this convention. Tonight is a particular honor for me because, let's face it, my presence on this stage is pretty unlikely. My father was a foreign student, born and raised in a small village in Kenya. He grew up herding goats, went to school in a tin-roof shack. His father, my grandfather, was a cook, a domestic servant.

But my grandfather had larger dreams for his son. Through hard work and perseverance my father got a scholarship to study in a magical place: America, which stood as a beacon of freedom and opportunity to so many who had come before. While studying here, my father met my mother. She was born in a town on the other side of the world, in Kansas. Her father worked on oil rigs and farms through most of the Depression. The day after Pearl Harbor he signed up for duty, joined Patton's army and marched across Europe. Back home, my grandmother raised their baby and went to work on a bomber assembly line. After the war, they studied on the GI Bill, bought a house through FHA, and moved west in search of opportunity.

And they, too, had big dreams for their daughter, a common dream, born of two continents. My parents shared not only an improbable love; they shared an abiding faith in the possibilities of this nation. They would give me an African name, Barack, or "blessed," believing that in a tolerant America your name is no barrier to success. They imagined me going to the best schools in the land, even though they weren't rich, because in a generous America you don't have to be rich to achieve your potential. They are both passed away now. Yet, I know that, on this night, they look down on me with pride.

I stand here today, grateful for the diversity of my heritage, aware that my parents' dreams live on in my precious daughters. I stand here knowing that my story is part of the larger American story, that I owe a debt to all of those who came before me, and that, in no other country on earth, is my story even possible. Tonight, we gather to affirm the greatness of our nation, not because of the height of our skyscrapers, or the power of our military, or the size of our economy. Our pride is based on a very simple premise, summed up in a declaration made over two hundred years ago, "We hold these truths to he self-evident, that all men are created equal. That they are endowed by their Creator with certain inalienable rights. That among these are life, liberty and the pursuit of happiness."

That is the true genius of America, a faith in the simple dreams of its people, the insistence on small miracles. That we can tuck in our children at night and know they are fed and clothed and safe from harm. That we can say what we think, write what we think, without hearing a sudden knock on the door. That we can have an idea and start our own business without paying a bribe or hiring somebody's son. That we can participate in the political process without fear of retribution, and that our votes will he counted - or at least, most of the time.

This year, in this election, we are called to reaffirm our values and commitments, to hold them against a hard reality and see how we are measuring up, to the legacy of our forbearers, and the promise of future generations. And fellow Americans - Democrats, Republicans, Independents - I say to you tonight: we have more work to do. More to do for the workers I met in Galesburg, Illinois, who are losing their union jobs at the Maytag plant that's moving to Mexico, and now are having to compete with their own children for jobs that pay seven bucks an hour. More to do for the father I met who was losing his job and choking back tears, wondering how he would pay $4,500 a month for the drugs his son needs without the health benefits he counted.on. More to do for the young woman in East St. Louis, and thousands more like her, who has the grades, has the drive, has the will, but doesn't have the money to go to college.

Don't get me wrong. The people I meet in small towns and big cities, in diners and office parks, they don't expect government to solve all their problems. They know they have to work hard to get ahead and they want to. Go into the collar counties around Chicago, and people will tell you they don't want their tax money wasted by a welfare agency or the Pentagon. Go into any inner city neighborhood, and folks will tell you that government alone can't teach kids to learn. They know that parents have to parent, that children can't achieve unless we raise their expectations and turn off the television sets and eradicate the slander that says a black youth with a book is acting white. No, people don't expect government to solve all their problems. But they sense, deep in their bones, that with just a change in priorities, we can make sure that every child in America has a decent shot at life, and that the doors of opportunity remain open to all. They know we can do better. And they want that choice.

In this election, we offer that choice. Our party has chosen a man to lead us who embodies the best this country has to offer. That man is John Kerry. John Kerry understands the ideals of community, faith, and sacrifice, because they've defined his life. From his heroic service in Vietnam to his years as prosecutor and lieutenant governor, through two decades in the

United States Senate, he has devoted himself to this country. Again and again, we've seen him make tough choices when easier ones were available. His values and his record affirm what is best in us.

John Kerry believes in an America where hard work is rewarded. So instead of offering tax breaks to companies shipping jobs overseas, he'll offer them to companies creating jobs here at home. John Kerry believes in an America where all Americans can afford the same health coverage our politicians in Washington have for themselves. John Kerry believes in energy independence, so we aren't held hostage to the profits of oil companies or the sabotage of foreign oil fields. John Kerry believes in the constitutional freedoms that have made our country the envy of the world, and he will never sacrifice our basic liberties nor use faith as a wedge to divide us. And John Kerry believes that in a dangerous world, war must be an option, but it should never he the first option.

A while back, I met a young man named Shamus at the VFW Hall in East Moline, Illinois. He was a good-looking kid, six-two or six-three, clear-eyed, with an easy smile. He told me he'd joined the Marines and was heading to Iraq the following week. As I listened to him explain why he'd enlisted, his absolute faith in our country and its leaders, his devotion to duty and service, I thought this young man was all any of us might hope for in a child. But then I asked myself: Are we serving Shamus as well as he was serving us? I thought of more than 900 service men and women, sons and daughters, husbands and wives, friends and neighbors, who will not be returning to their hometowns. I thought of families I had met who were struggling to get by without a loved one's full income, or whose loved ones had returned with a limb missing or with nerves shattered, but who still lacked long-term health benefits because they were reservists. When we send our young men and women into harm's way, we have a solemn obligation not to fudge the numbers or shade the truth about why they're going, to care for their families while they're gone, to tend to the soldiers upon their return, and to never ever go to war without enough troops to win the war, secure the peace, and earn the respect of the world.

Now let me be clear. We have real enemies in the world. These enemies must be found. They must be pursued and they must be defeated. John

Kerry knows this. And just as Lieutenant Kerry did not hesitate to risk his life to protect the men who served with him in Vietnam, President Kerry will not hesitate one moment to use our military might to keep America safe and secure. John Kerry believes in America. And he knows it's not enough for just some of us to prosper. For alongside our famous individualism, there's another ingredient in the American saga.

A belief that we are connected as one people. If there's a child on the south side of Chicago who can't read, that matters to me, even if it's not my child. If there's a senior citizen somewhere who can't pay for her prescription and has to choose between medicine and the rent, that makes my life poorer, even if it's not my grandmother. If there's an Arab American family being rounded up without benefit of an attorney or due process, that threatens my civil liberties. It's that fundamental belief - I am my brother's keeper, I am my sister's keeper - that makes this country work. It's what allows us to pursue our individual dreams, yet still come together as a single American family. "E pluribus unum." Out of many, one.

Yet even as we speak, there are those who are preparing to divide us, the spin masters and negative ad peddlers who embrace the politics of anything goes. Well, I say to them tonight, there's not a liberal America and a conservative America - there's the United States of America. There's not a black America and white America and Latino America and Asian America; there's the United States of America. The pundits like to slice-and-dice our country into Red States and Blue States; Red States for Republicans, Blue States for Democrats. But I've got news for them, too. We worship an awesome God in the Blue States, and we don't like federal agents poking around our libraries in the Red States. We coach Little League in the Blue States and have gay friends in the Red States. There are patriots who opposed the war in Iraq and patriots who supported it. We are one people, all of us pledging allegiance to the stars and stripes, all of us defending the United States of America.

In the end, that's what this election is about. Do we participate in a politics of cynicism or a politics of hope? John Kerry calls on us to hope. John Edwards calls on us to hope. I'm not talking about blind optimism here - the almost willful ignorance that thinks unemployment will go away if we just don't talk about it, or the health care crisis will solve itself if we just ignore it. No, I'm talking about something more substantial. It's the hope of slaves sitting around a fire singing freedom songs; the hope of immigrants setting out for distant shores; the hope of a young naval lieutenant bravely patrolling the Mekong Delta; the hope of a millworker's son who dares to defy the odds; the hope of a skinny kid with a funny name who believes that America has a place for him, too. The audacity of hope!

In the end, that is God's greatest gift to us, the bedrock of this nation; the belief in things not seen; the belief that there are better days ahead. I believe we can give our middle class relief and provide working families with a road to opportunity. I believe we can provide jobs to the jobless, homes to the homeless, and reclaim young people in cities across America from violence and despair. I believe that as we stand on the crossroads of history, we can make the right choices, and meet the challenges that face us. America!

Tonight, if you feel the same energy I do, the same urgency I do, the same passion I do, the same hopefulness I do - if we do what we must do, then I have no doubt that all across the country, from Florida to Oregon, from Washington to Maine, the people will rise up in November, and John Kerry will be sworn in as president, and John Edwards will be sworn in as vice president, and this country will reclaim its promise, and out of this long political darkness a brighter day will come. Thank you and God bless you.

대통령 출마 선언 전문

2007년 2월 10일
스프링필드, 일리노이

오늘같이 추운 날씨를 뚫고 멀리서 온 여러분께 감사의 말씀을 드리는 것으로 오늘 연설을 시작하겠습니다.

우리가 이렇게 추운 날씨에도 불구하고 여기 온 데에는 이유가 있습니다. 너무 자기비하적인지는 몰라도 저의 마음 깊은 곳에서는 여러분이 여기에 온 것이 저 때문만은 아니라고 잘 알고 있습니다. 여러분이 여기 온 것은 이 나라가 더 나아질 수 있다고 믿기 때문입니다. 전쟁에 직면해서 여러분은 평화가 올 수 있다고 믿습니다. 또 절망에 직면해서 희망이 올 수 있다고 믿습니다. 여러분을 소외시켰던 정치,

지금에 만족하라고 했던 정치, 우리를 너무도 오랫동안 분열시켰던 정치에 직면해 여러분은 우리가 하나가 될 수 있다고 믿습니다. 가능함을 향해 함께 나아가는, 좀 더 완전한 단결체가 될 수 있다고 믿습니다.

그래서 우리는 오늘 여기까지 왔습니다. 이제 여러분에게 내가 어떻게 여기까지 왔는지 말씀드리겠습니다. 여러분 중 상당수는 아시겠지만 저는 이 위대한 주에서 태어나지 않았습니다. 저는 일리노이 주로 20년 전에 이사했습니다. 당시 저는 매우 젊었고, 대학을 졸업한 지 일 년밖에 되지 않았을 때입니다. 저는 시카고에서 아무도 아는 사람이 없었습니다. 친척도 돈도 없었습니다. 하지만 지역 교회들이 1만 3,000달러의 연봉을 받는 지역사회 봉사자 자리를 제게 제의했습니다. 당시 제가 이 자리를 받아들였던 이유는 미국을 더 나은 곳으로 만드는데 조그만 역할을 할 수 있겠다는 단순하지만 힘 있는 생각 때문이었습니다.

일을 하면서 시카고에서 가장 못사는 지역을 가보게 됐습니다. 목사님, 그리고 평신도들과 함께 공장이 문을 닫아 고통을 겪고 있는 지역 사회를 살피게 됐습니다. 그리고 사람들의 문제가 본질적으로는 이 지역에 국한된 것이 아니라는 사실을 깨달았습니다. 철강 공장을 폐쇄하겠다는 결정은 멀리 떨어진 지역에 있는 경영 간부가 내린 것이었고, 이 지역 학생들의 컴퓨터나 교과서가 부족한 것은 1,000여km 떨어진 곳에 있는 정치인이 우선순위를 잘못 배정했기 때문이었습니다. 그리고 이 지역 어린이가 폭력에 물들 때 그의 가슴에 뻥 뚫린 구멍은 정부 혼자는 매워줄 수 없는 것이란 사실을 알게 됐습니다.

이 지역에서 저는 그동안 배웠던 것과는 비교할 수 없는 제 인생에서 가장 좋은 교육을 받았습니다. 그리고 제 기독교 신앙의 진정한 의

미를 깨달았습니다.

이 일을 3년 동안 한 후 저는 법학대학원으로 갔습니다. 필요한 이들에게 법이 어떤 역할을 해 줄 수 있는지 알고 싶었기 때문입니다. 저는 인권변호사가 됐고, 헌법을 가르쳤습니다. 그리고 얼마 후엔 우리가 소중히 여기는 자유와 평등은 각성한 유권자들이 활동적으로 참여할 때 가능하다는 것을 깨닫게 됐습니다. 이런 생각을 가지고 저는 이곳 일리노이의 주도 스프링필드에서 주 상원의원이 된 것이었습니다.

이곳 스프링필드에서 저는 미국적인 모든 것들이 하나로 모이는 걸 목격했습니다. 농민과 교사, 비즈니스맨, 노동자 등 저마다의 사연이 있는 사람들이 테이블에 한 자리씩 차지하고 자신의 사연을 얘기하고 싶어 했습니다. 저는 이때 만난 사람들과 지금도 우정을 지속하고 있습니다. 오늘 청중 중에는 이때 사귄 친구들도 보이는군요.

여기서 우리는 비위에 거슬리지 않게 타인과 다른 의견을 제시하는 법을 배웠습니다. 타협할 수 없는 원칙 몇 가지를 지키는 한 타협도 가능하다는 것을 배웠습니다. 그리고 서로의 말을 들을 용의가 있다면 사람들에게서 가장 나쁜 점 대신 가장 좋은 점을 끌어낼 수 있다는 것을 배웠습니다.

그래서 우리는 망가져 있는 사형제도시스템을 개혁할 수 있었습니다. 필요한 어린이들에게 의료보장 혜택을 줄 수 있었습니다. 또 일하는 가족들을 위해 세금제도를 좀 더 공평하고 공정하게 만들 수 있었고, 냉소주의자들이 절대 할 수 없다고 했던 정치윤리제도 개혁안을 통과시킬 수 있었습니다.

북부, 남부, 동부, 서부가 만나는 바로 이곳 스프링필드에서 저는 미국인들이 본질적으로 품위 있는 사람들이란 사실을 다시 깨달을 수 있게 됐습니다. 이런 품위가 있기 때문에 우리는 좀 더 희망적인 미국을 만들 수 있을 것이란 사실을 깨닫게 됐습니다.

그것이 제가 링컨이 '분열된 집'을 넘어 함께 설 것을 호소했던 옛 의사당 건물의 그림자 아래에서 여러분 앞에 서서 미국 대통령 후보로 나설 것을 선언하는 이유입니다. 공통의 희망과 공통의 꿈이 아직 남아 있는 이곳에서 말입니다.

이렇게 대통령 후보가 되겠다고 선언하는 것이 좀 뻔뻔하고 좀 대담하다는 것을 저는 알고 있습니다. 저는 제가 워싱턴이 돌아가는 방식에 대해 많이 배우지 못했다는 것을 압니다. 하지만 워싱턴에서 그곳이 돌아가는 방식이 어떻게 바뀌어야 하는지를 알 만큼의 시간은 보냈다고 생각합니다.

미국을 건국한 선조들의 천재성은 그들이 정부 시스템을 바뀔 수 있도록 만들었다는 데 있습니다. 우리는 그렇게 할 수 있다는 용기를 내야 합니다. 정부 시스템을 바꿔본 적이 있기 때문입니다. 우리에겐 애국자들이 뭉쳐 압제를 펴는 제국을 무릎 꿇게 만든 역사가 있습니다. 연방을 분리해야 한다는 요구에 맞서 우리는 통일을 지켜냈고 노예들을 해방해냈습니다. 대공황에 맞서 우리는 사람들에게 일자리를 줬고 수백만 명을 빈곤으로부터 구해냈습니다. 우리 해안에 도착한 이민자들을 반갑게 맞았고, 서부로 가는 철도를 개척했으며, 달에 인류를 보냈고, '정의가 거센 강물처럼 흐르게 하라'는 킹 목사의 연설도 들었습니다.

필요한 때가 올 때마다 새로운 세대가 일어나 요구되는 일을 해냈습니다. 오늘 우리는 다시 소명을 요구받고 있습니다. 우리 세대가 이제 그 소명에 답할 때입니다. 그것은 바로 극복하기 어려워 보이는 난관에 직면했을 때도 이 나라를 사랑하는 사람들은 변화를 가져올 수 있다는 포기하지 않는 믿음입니다.

그것이 바로 에이브러햄 링컨이 깨달았던 사실입니다. 그 또한 때로는 회의하고 때로는 패배했습니다. 뒤로 물러날 때도 있었습니다. 하지만 그의 의지와 그의 연설이 이 나라를 움직였고 사람들을 해방시켰습니다. 이는 남과 북, 노예와 노예가 아닌 사람들이 더 이상 분열되면 안 된다는 그의 대의를 추종하는 수백만 명의 사람들이 있었기 때문에 가능했습니다. 인종을 불문하고, 남녀를 불문하고, 지위를 망론하고 이들은 링컨이 타계한 한참 후에도 자유를 위한 행진을 계속했습니다. 오늘날 우리에겐 하나가 된 미국인으로 새천년의 도전 앞에 맞설 수 있는 기회가 있습니다.

이런 도전이 어떤 것을 말하는지 우리 모두는 잘 압니다. 끝이 보이지 않는 전쟁, 우리의 미래를 위협하는 석유에 대한 의존, 아이들을 제대로 가르치지 못하는 학교, 아무리 열심히 일해도 넉넉해지지 않는 삶을 꾸려 나가는 가족들, 이런 도전들에 대해 우리는 잘 압니다. 지난 수 년 간 이런 어려움에 대해 들었고, 수 년 간 우리가 얘기해 온 어려움들입니다.

이런 도전을 극복하지 못하고 있는 것은 건전한 정책이나 현명한 계획이 없었기 때문이 아닙니다. 리더십이 없었기 때문입니다. 우리 정치가 치사하고 초라해졌기 때문입니다. 의미 없고 사소한 일에 방해받는 것이 차라리 익숙하고, 어려운 결정을 내리는 것을 의도적으로 회피하며, 거대한 문제를 해결하기 위해 소매를 걷어 붙이기보다는 쉽게 딸 수 있는 정치적 점수에 매달리는 것을 더 선호해 왔기 때문입니다.

지난 6년 간 우리는 엄청난 규모로 누적되고 있는 재정적자가 아무 문제도 아니라는 말을 들어왔습니다. 의료보장에 드는 비용이 천문학적으로 증가하고, 월급은 오르지 않는 것도 별 문제가 아니라고 들어왔습니다. 기후변화 역시 허풍이며, 강경한 대화 태도와 잘못 시작된 전쟁이 외교, 전략, 통찰력을 대신할 수 있다고 들어왔습니다. 그리고 모든 것이 잘못돼 허리케인 카트리나 사태가 났을 때, 이라크전 사망자가 눈덩이처럼 불어날 때 우리는 우리의 위기가 다른 누구가의 잘못이라고 들어왔습니다. 우리는 우리의 진정한 실패를 보지 못하도록 다른 곳에 주의를 뺏겼고, 다른 당이나, 동성 연애자, 이민자들에게 책임을 돌리도록 들어왔습니다.

그리고 우리가 환멸감과 절망으로 현실을 외면할 때 빈자리는 냉소주의자, 로비스트, 특수 이익집단으로 채워졌습니다. 정부는 그들만이 참여할 수 있는 게임으로 바뀌고 말았습니다. 그들이 수표에 이서하면 여러분이 그 돈을 메워 넣고 여러분이 편지를 쓰면 그들이 원하는 사람을 만나 원하는 바를 관철시킵니다. 그들은 자신들이 정부를 소유하고 있다고 생각하지만 우리는 오늘 이를 되찾기 위해 여기에 섰습니다. 그런 정치는 이제 종말을 고했습니다. 이제는 새로운 장을 열 때입니다.

우리는 벌써 일부 진전을 이뤄냈습니다. 저는 워터게이트 이후 가장 대규모의 윤리개혁 법안을 통과시키는데 앞장섰다는 사실이 매우 자랑스럽습니다. 하지만 워싱턴은 아직도 많이 바뀌어야 합니다. 쉽지는 않을 겁니다. 그래서 우선순위를 정해야 합니다. 우리는 어려운 결정을 내려야 할 것입니다. 개혁과 변화를 가져오는 데 정부가 중대한 역할을 할 테지만 돈이나 계획만 가지고 이를 이뤄내진 못할 겁니다. 우리 한 사람 한 사람이 우리 삶 속에서 의무를 다해야만 합니다. 우리의 아이들에게 성취의 윤리를 철저히 가르치고, 좀 더 경쟁력 있는 경제 시스템을 만들어야 하며 지역사회를 강건하게 해야 하고, 일

부 희생을 나누어야 합니다. 이제 시작합시다. 이 어려운 일을 함께
합시다. 이 나라를 바꿉시다.

　디지털 시대에 맞게 경제를 변화시킨 세대가 됩시다. 학교에 높은
기준을 부여하고 이를 이루기 위한 자원을 줍시다. 능력 있는 교사들
을 대거 고용하고, 그들이 책임을 다하면 더 높은 보수와 더 많은 지
원을 줄 수 있도록 합시다. 대학등록금을 내립시다. 과학연구에 투자
합시다. 그리고 도심 한가운데와 농촌 지역까지 초고속 인터넷망을
깝시다.

　경제가 바뀌어 노동자들이 부를 함께 할 수 있는 나라가 되게 합시
다. 그들에게 회사에서 약속한 각종 의료, 연금 혜택이 제대로 돌아
올 수 있게 합시다. 열심히 일한 미국인들이 은퇴 후에도 넉넉한 삶을
살 수 있도록 연금을 모을 수 있게 합시다. 노동조합과 노동기구들이
일하는 계층을 다시 중산층으로 끌어 올릴 수 있도록 합시다.

　미국에서 빈곤을 끝내는 세대가 됩시다. 일을 하고 싶어 하는 사람
은 누구나 직업을 구할 수 있는 교육을 받고 일자리를 구할 수 있어야
합니다. 공공요금과 집값을 낼 만큼의 월급을 받을 수 있어야 합니
다. 일하러 갔을 때 아이들을 안전하게 보살필 수 있는 보육 시스템의
혜택을 받을 수 있어야 합니다. 그렇게 만듭시다.

　마침내 의료보장 위기를 수술하는 세대가 됩시다. 예방에 좀 더 주
력한다면, 만성질병에 좀 더 효과적인 치료를 제공한다면, 관료주의
를 극복하기 위해 기술을 활용한다면 치솟는 비용을 줄일 수 있습니
다. 지금 현재, 바로 이곳에서 다음 대통령의 첫 번째 임기 말까지 전
국민의료보장을 성취할 수 있는 세대가 되자고 선언합시다.

　석유의 폭정으로부터 마침내 미국을 해방시킬 수 있는 세대가 됩시
다. 우리 땅에서 나는 바이오에탄올 같은 대체에너지 생산을 늘리고,

자동차를 좀 더 에너지 절약형으로 만듭시다. 온실가스 배출을 줄일 수 있는 시스템을 만듭시다. 지구온난화에 따른 이 위기를 혁신의 기회로, 일자리 창출의 기회로, 비즈니스를 위한 인센티브로 만들어 세계의 모범이 됩시다. 우리가 한 일로 미래 세대가 자긍심을 느낄 수 있는 그런 세대가 됩시다.

가장 중요하게는 9월 그날 무슨 일이 있었는지를 결코 잊지 않는 세대가 됩시다. 테러리스트들에게 모든 수단을 써서 맞서는 세대가 됩시다. 이 문제에 관해선 정치가 우리를 더 이상 갈라놓지 못합니다. 우리는 이 나라를 안전하게 만들기 위해 함께 협력해야 합니다. 저는 공화당 딕 루가 상원의원과 함께 세계에서 가장 위험하고 통제되지 않는 무기를 통제하고 폐기하는 법안을 제정했습니다. 우리는 더 강한 군대를 만들어 테러리스트를 추적하는데 협력해야 합니다. 그들의 돈줄을 죄고 우리의 정보 능력을 더 발전시켜야 합니다. 하지만 세계 각국과 동맹 관계를 회복해야만, 그리고 이전처럼 희망과 기회라는 이상을 세계 수백만 명에게 수출해야 우리의 적들에게 최종적으로 승리할 수 있습니다.

하지만 이 모두는 우리가 이라크전을 끝내기 전까지는 실현될 수 없습니다. 여러분 대부분은 제가 초기부터 전쟁에 반대했다는 사실을 알겁니다. 나는 이라크전이 비극적 실수라고 생각했습니다. 사랑하는 이를 잃은 가족을 위해 우리는 오늘 슬픔을 함께 합니다. 가슴이 찢어진 가족들을 위로하고 열매 맺지 못한 젊은 삶에 슬퍼합니다. 미국이여, 이젠 우리의 군을 집으로 데려올 때입니다. 다른 누군가의 정치적 입장 차이로 인한 내전은 미국인들이 아무리 많은 목숨을 희생한다고 해도 해결할 수 없다는 사실을 인정할 때입니다. 그래서 저는 2008년 3월까지 우리의 전투 병력을 철수시키는 계획을 세웠습니

다. 이라크인들에게 우리가 그곳에 영원히 있지 않을 것임을 알려주
는 것만이 수니파와 시아파가 한 테이블에 앉아 평화협상을 벌이도
록 압력을 가할 수 있는 마지막이자 가장 좋은 방법입니다.

마지막으로 이 전쟁에서 더 늦기 전에 바로잡아야 할 것이 하나 더
있습니다. 가장 많은 것을 희생한 재향군인들을 제대로 보살피는 일
입니다. 그리고 그들이 사랑하는 군을 제대로 재건해 그들의 용맹을
명예롭게 해야 합니다. 우리가 이 일을 시작하는 세대가 됩시다.

이 모든 것을 할 수 없다고 생각하는 사람들이 있다는 것을 저는 압
니다. 회의론이 이해가 가긴 합니다. 하긴 4년마다 두 당의 모든 후보
들이 비슷한 공약을 내걸어 왔고 올해 역시 마찬가지일 겁니다. 대통
령에 출마하는 후보들이 나라 곳곳을 돌아다니며 일목요연하게 정리
된 공약을 말하고 멋진 연설을 할 겁니다. 모두들 자신들이 대통령이
되기 걸맞은 그 특별한 자질을 지니고 있다고 과시할 겁니다. 하지만
너무도 많은 경우 선거가 끝나고 축제의 색종이가 치워지면 이런 약
속들은 기억에서 지워졌고 로비스트와 특수 이익집단이 대신 무대에
들어섰습니다. 그러면 사람들은 이전처럼 다시 실망해 정치를 외면
했고, 스스로 자신의 문제를 해결하러 나섰습니다.

그렇기 때문에 이 선거운동은 저에 대한 것이 되어선 안 됩니다. 이
운동은 여러분에 대한 것입니다. 우리가 함께 어떤 일을 할 수 있는지
에 대한 것입니다. 이 선거운동은 여러분의 희망과 여러분의 꿈을 실
천해 줄 도구와 의식이 돼야 합니다. 이 선거운동은 여러분의 시간,
여러분의 에너지, 여러분의 조언을 필요로 할 겁니다. 우리가 바른
방향으로 나갈 때는 우리를 더욱 밀어주고, 그렇지 않을 때는 우리에
게 알려주세요. 이 선거운동을 통해 시민권의 참된 의미를 되찾고,
공통의 목적을 되살려야 하며, 변화를 바라는 수백만 명의 목소리를

몇 가지 걸림돌이 꺾을 수 없다는 사실을 확인해야 합니다.

우리 힘만으로는 이런 변화를 이끌어낼 수 없습니다. 분열된다면 우리는 반드시 실패합니다. 하지만 키가 크고 구부정한 스프링필드 출신 변호사의 삶은 우리에게 다른 미래가 가능하다는 것을 보여줍니다. 그는 말에 힘이 있다는 사실, 확신에 힘이 있다는 사실을 말해줍니다. 그리고 그는 인종과 종교, 신념과 지위 차이에도 불구하고 우리는 모두 한 나라 국민이라고 말합니다.

그는 희망 안에 힘이 있다는 사실을 얘기합니다.

링컨이 노예제 철폐를 위해 세력을 모을 때 그는 "우리 가운데는 생소하거나, 부조화스럽거나, 심지어는 적대적인 요소들도 있지만 우리는 그럼에도 불구하도 동서남북에서 모여 하나가 됐습니다. 그리고 싸워서 이겨 나갈 것입니다"라고 말했습니다.

그것이 오늘 이곳에 모인 우리의 목적입니다.

그것이 제가 이 레이스에 참여한 이유입니다.

타이틀을 거머쥐기 위한 것이 아니라 여러분과 함께 이 나라를 바꾸기 위해서입니다.

저는 정의와 기회를 위해 이 싸움에서 이기고 싶습니다. 더 나은 학교와 더 나은 일자리, 전 국민을 위한 의료보장 혜택을 위해 이 싸움에서 이기고 싶습니다.

저는 우리의 연합을 공고히 하는 일을 끝까지 마무리하고 더 나은 미국을 건설하고 싶습니다.

여러분이 이 불가능해 보이는 과업에 동참한다면, 숙명이 부르는 것을 듣는다면, 내가 보는 것을 본다면, 끝이 없는 가능성이 우리 앞에 펼쳐져 있는 것을 안다면, 이젠 무기력을 떨쳐 버릴 때가 됐습니다. 두려움을 벗어버릴 때가 됐습니다. 그리고 과거 세대와 미래 세대에게 우리가 지고 있는 빚을 갚을 때가 됐습니다. 여러분이 그럴 준비가 돼 있다면 저도 그 대의를 짊어질 준비, 여러분과 함께 행진할 준비, 여러분과 함께 일할 준비가 됐습니다. 오늘부터 함께 해야 할 일을 마무리 짓고 지구에 새로운 자유기 데어나게 합시다.

- http://origin.barackobama.com/2007/02/10/remarks_of_senator_barack_obam_11.php에서
2007년 4월 16일 발췌

Full Text of Senator Barack Obama's Announcement for President

Springfield, IL, February 10, 2007

Let me begin by saying thanks to all you who've traveled, from far and wide, to brave the cold today.

We all made this journey for a reason. It's humbling, but in my heart I know you didn't come here just for me, you came here because you believe in what this country can be. In the face of war, you believe there can be peace. In the face of despair, you believe there can be hope. In the face of a politics that's shut you out, that's told you to settle, that's divided us for too long, you believe we can be one people, reaching for what's possible, building that more perfect union.

That's the journey we're on today. But let me tell you how I came to be here. As most of you know, I am not a native of this great state. I moved to Illinois over two decades ago. I was a young man then, just a year out of college; I knew no one in Chicago, was without money or family connections. But a group of churches had offered me a job as a community organizer for $13,000 a year. And I accepted the job, sight unseen, motivated then by a single, simple, powerful idea - that I might play a small part in building a better America.

My work took me to some of Chicago's poorest neighborhoods. I joined with pastors and lay-people to deal with communities that had been ravaged by plant closings. I saw that the problems people faced weren't simply local in nature - that the decision to close a steel mill was made by distant executives; that the lack of textbooks and computers in schools could be traced to the skewed priorities of politicians a thousand miles away; and that when a child turns to violence, there's a hole in his heart no government alone can fill.

It was in these neighborhoods that I received the best education I ever had, and where I learned the true meaning of my Christian faith.

After three years of this work, I went to law school, because I wanted to understand how the law should work for those in need. I became a civil rights lawyer, and taught constitutional law, and after a time, I came to understand that our cherished rights of liberty and equality depend on the active participation of an awakened electorate. It was with these ideas in mind that I arrived in this capital city as a state Senator.

It was here, in Springfield, where I saw all that is America converge - farmers and teachers, businessmen and laborers, all of them with a story to tell, all of them seeking a seat at the table, all of them clamoring to be heard. I made lasting friendships here - friends that I see in the audience today.

It was here we learned to disagree without being disagreeable - that it's possible to compromise so long as you know those principles that can never be compromised; and that so long as we're willing to listen to each other, we can assume the best in people instead of the worst.

That's why we were able to reform a death penalty system that was broken. That's why we were able to give health insurance to children in need. That's why we made the tax system more fair and just for working families, and that's why we passed ethics reforms that the cynics said could never, ever be passed.

It was here, in Springfield, where North, South, East and West come together that I was reminded of the essential decency of the American people -. where I came to believe that through this decency, we can build a more hopeful America.

And that is why, in the shadow of the Old State Capitol, where Lincoln once called on a divided house to stand together, where common hopes and common dreams still, I stand before you today to announce my candidacy for President of the United States.

I recognize there is a certain presumptuousness - a certain audacity - to this announcement. I know I haven't spent a lot of time learning the ways of Washington. But I've been there long enough to know that the ways of Washington must change.

The genius of our founders is that they designed a system of government that can be changed. And we should take heart, because we've changed this country before. In the face of tyranny, a band of patriots brought an Empire to its knees. In the face of secession, we unified a nation and set the captives free. In the face of Depression, we put people back to work and lifted millions out of poverty. We welcomed immigrants to our shores, we opened railroads to the west, we landed a man on the moon, and we heard a King's call to let justice roll down like water, and righteousness like a mighty stream.

Each and every time, a new generation has risen up and done what's needed to be done. Today we are called once more - and it is time for our generation to answer that call.

For that is our unyielding faith - that in the face of impossible odds, people who love their country can change it.

That's what Abraham Lincoln understood. He had his doubts. He had his defeats. He had his setbacks. But through his will and his words, he moved a nation and helped free a people. It is because of the millions who rallied to his cause that we are no longer divided, North and South, slave and free. It is because men and women of every race, from every walk of life, continued to march for freedom long after Lincoln was laid to rest, that today we have the chance to face the challenges of this millennium together, as one people - as Americans.

All of us know what those challenges are today - a war with no end, a dependence on oil that threatens our future, schools where too many children aren't learning, and families struggling paycheck to paycheck despite working as hard as they can. We know the challenges. We've heard them. We've talked about them for years.

What's stopped us from meeting these challenges is not the absence of sound policies and sensible plans. What's stopped us is the failure of leadership, the smallness of our politics - the ease with which we're distracted by the petty and trivial, our chronic avoidance of tough decisions, our preference for scoring cheap political points instead of rolling up our sleeves and building a working consensus to tackle big problems.

For the last six years we've been told that our mounting debts don't matter, we've been told that the anxiety Americans feel about rising health care costs and stagnant wages are an illusion, we've been told that climate change is a hoax, and that tough talk and an ill-conceived war can replace diplomacy, and strategy, and foresight. And when all else fails, when Katrina happens, or the death toll in Iraq mounts, we've been told that our crises are somebody else's fault. We're distracted from our real failures, and told to blame the other party, or gay people, or immigrants.

And as people have looked away in disillusionment and frustration, we know what's filled the void. The cynics, and the lobbyists, and the special interests who've turned our government into a game only they can afford to play. They write the checks and you get stuck with the bills, they get the access while you get to write a letter, they think they own this government, but we're here today to take it back. The time for that politics is over. It's time to turn the page.

We've made some progress already. I was proud to help lead the fight in Congress that led to the most sweeping ethics reform since Watergate.

But Washington has a long way to go. And it won't be easy. That's why we'll have to set priorities. We'll have to make hard choices. And although government will play a crucial role in bringing about the changes we need, more money and programs alone will not get us where we need to go. Each of us, in our own lives, will have to accept responsibility - for instilling an ethic of achievement in our children, for adapting to a more competitive economy, for strengthening our communities, and sharing some measure of sacrifice. So let us begin. Let us begin this hard work together. Let us transform this nation.

Let us be the generation that reshapes our economy to compete in the digital age. Let's set high standards for our schools and give them the resources they need to succeed. Let's recruit a new army of teachers, and give them better pay and more support in exchange for more accountability. Let's make college more affordable, and let's invest in scientific research, and let's lay down broadband lines through the heart of inner cities and rural towns all across America.

And as our economy changes, let's be the generation that ensures our nation's workers are sharing in our prosperity. Let's protect the hard-earned benefits their companies have promised. Let's make it possible for hard-working Americans to save for retirement. And let's allow our unions and their organizers to lift up this country's middle-class again.

Let's be the generation that ends poverty in America. Every single person willing to work should be able to get job training that leads to a job, and earn a living wage that can pay the bills, and afford child care so their kids have a safe place to go when they work. Let's do this.

Let's be the generation that finally tackles our health care crisis. We can control costs by focusing on prevention, by providing better treatment to the chronically ill, and using technology to cut the bureaucracy. Let's be the generation that says right here, right now, that we will have universal health care in America by the end of the next president's first term.

Let's be the generation that finally frees America from the tyranny of oil. We can harness homegrown, alternative fuels like ethanol and spur the production of more fuel-efficient cars. We can set up a system for capping greenhouse gases. We can turn this crisis of global warming into a moment of opportunity for innovation, and job creation, and an incentive for businesses that will serve as a model for the world. Let's be the generation that makes future generations proud of what we did here.

Most of all, let's be the generation that never forgets what happened on that September day and confront the terrorists with everything we've got. Politics doesn't have to divide us on this anymore - we can work together to keep our country safe. I've worked with Republican Senator Dick Lugar to pass a law that will secure and destroy some of the world's deadliest, unguarded weapons. We can work together to track terrorists down with a stronger military, we can tighten the net around their finances, and we can improve our intelligence capabilities. But let us also understand that ultimate victory against our enemies will come only by rebuilding our alliances and exporting those ideals that bring hope and opportunity to millions around the globe.

But all of this cannot come to pass until we bring an end to this war in Iraq. Most of you know I opposed this war from the start. I thought it was a tragic mistake. Today we grieve for the families who have lost loved ones, the hearts that have been broken, and the young lives that could have been. America, it's time to start bringing our troops home. It's time to admit that no amount of American lives can resolve the political disagreement that lies at the heart of someone else's civil war. That's why I have a plan that will bring our combat troops home by March of 2008. Letting the Iraqis know that we will not be there forever is our last, best hope to pressure the Sunni and Shia to come to the table and find peace.

Finally, there is one other thing that is not too late to get right about this war - and that is the homecoming of the men and women - our veterans - who have sacrificed the most. Let us honor their valor by providing the

care they need and rebuilding the military they love. Let us be the genera-
tion that begins this work.

I know there are those who don't believe we can do all these things. I
understand the skepticism. After all, every four years, candidates from both
parties make similar promises, and I expect this year will be no different.
All of us running for president will travel around the country offering ten-
point plans and making grand speeches; all of us will trumpet those quali-
ties we believe make us uniquely qualified to lead the country. But too
many times, after the election is over, and the confetti is swept away, all
those promises fade from memory, and the lobbyists and the special inter-
ests move in, and people turn away, disappointed as before, left to struggle
on their own.

That is why this campaign can't only be about me. It must be about us -
it must be about what we can do together. This campaign must be the
occasion, the vehicle, of your hopes, and your dreams. It will take your
time, your energy, and your advice - to push us forward when we're doing
right, and to let us know when we're not. This campaign has to be about
reclaiming the meaning of citizenship, restoring our sense of common pur-
pose, and realizing that few obstacles can withstand the power of millions
of voices calling for change.

By ourselves, this change will not happen. Divided, we are bound to fail.

But the life of a tall, gangly, self-made Springfield lawyer tells us that a
different future is possible.

He tells us that there is power in words.

He tells us that there is power in conviction.

That beneath all the differences of race and region, faith and station, we
are one people.

He tells us that there is power in hope.

As Lincoln organized the forces arrayed against slavery, he was heard to say: "Of strange, discordant, and even hostile elements, we gathered from the four winds, and formed and fought to battle through."

That is our purpose here today.

That's why I'm in this race.

Not just to hold an office, but to gather with you to transform a nation.

I want to win that next battle - for justice and opportunity.

I want to win that next battle - for better schools, and better jobs, and health care for all.

I want us to take up the unfinished business of perfecting our union, and building a better America.

And if you will join me in this improbable quest, if you feel destiny calling, and see as I see, a future of endless possibility stretching before us; if you sense, as I sense, that the time is now to shake off our slumber, and slough off our fear, and make good on the debt we owe past and future generations, then I'm ready to take up the cause, and march with you, and work with you. Together, starting today, let us finish the work that needs to be done, and usher in a new birth of freedom on this Earth.

주

1장

1. 웬디 란 · R.M. 허숀 "Political Advertising and Public Mood: A Study of Children's Political Orientations", Political Communication 10(1999): 387~407; 킴 프레드킨 칸 · 패트릭 J.케니, *No Holds Barred: Negativity in U.S. Senate Campaigns*(Upper Saddle River, NJ: Pearson/Prentice Hall, 2004), 105~6.

2. 태머린 드러먼드, "The Barack Obama Story", *San Francisco Chronicle*, April 1, 1990, 5.

3. 버락 오바마, *Dreams from My Father: A Story of Race and Inheritance*(New York: Three Rivers Press, 2004), 85.

4. Ibid., 93.

5. 커스틴 션버그 · 킨 마커, "The Not-So-Simple Story of Barack Obama's Youth", *Chicago Tribune*, March 25, 2007, 1.

6. 오바마, *Dreams from My Father*, 120.

7. Ibid., 133.

8. Ibid., 152.

9. Ibid., 231.

10. Ibid., 229.

11. Ibid., 163.

12. 밥 섹터려 · 존 맥코믹, "Portrait of a Pragmatist", *Chicago Tribune*, March 30, 2007, 1.

13. 존 쿠어, "From Mean Streets to Hallowed Halls", *Philadelphia Inquirer*, February 27, 1990, C01

14. 드러먼드, "The Barack Obama Story", 5.

15. 테런스 J. 피츠제랄드, "Barack Obama", *Current Biography*, July 2005, 54~63.

16. 버논 재럿, "Project Vote Brings Power to the People", *Chicago Sun-Times*, August 11, 1992, 23.

17. 데이비드 잭슨 · 레이 롱, "Showing His Bare Knuckles", *Chicago Tribune*, April 4, 2007, 1.

18. 살림 무와킬, "Candidate Not What He Seems Foes Insist", *Chicago Sun-Times*, February 12, 1996, 29.

19. 조 프롤릭, "Chicago: A Newcomer to the Business of Politics", *Cleveland Plain Dealer*, August 3, 1996, 29.

20. 오바마, *Dreams from My Father*, viii.

21. 스콧 터로, "The New Face of the Democratic Party-and America," Salon.com (March 30, 2004).

22. 윌리엄 피네건, "The Candidate", *New Yorker*, May 31, 2004.

23. 제니터 엘리슨, telephone interview with Keith Boeckelman, October 12, 2006. (Ms. Allison was a staffer for the Illinois Senate Health and Human Services Committee from 2003 to 2004).

24. 노암 쉬버, "Race against History: Barack Obama's Miraculous Campaign," *New Republic*, May 24, 2004, 21~26.

25. 터로, "The New Face of the Democratic Party-and America,"

26. Ibid.

27. 엘리슨, interview 2006.

28. 일리노이 주 의회 통계국, *Final Legislative Synopsis and Digest of the 93rd General Assembly: 2003~2004* (Springfield: State of Illinois, 2005), 932.

29. 론 포니어, "State Lawmakers Say Presidency Would Be a Big Leap for Obama", *Quincy(IL) Herald-Whig*, June 27, 2001, 1A.

30. 데이비드 조엔스 · 폴 클레프너, *Almanac of Illinois Politics-1998*(Springfield: Institute for Public Affairs, 1998).

31. 데이비드 조엔스, *Almanac of Illinois Politics-*(Springfield: Institute for Public Affairs, 2000), 91.

32. 조엔스 · 클래프너, Almanac of Illinois Politics-1998.

33. Ibid.

34. 일리노이주 상공회의소, "*2003~2004 Senate Ratings*", http://www.ilchamber. org/99/doc/2003-4SenateRatings.xls

35. 포니어, "State Lawmakers Say", 1A.

36. 살림 무와킬, "Ironies Abound in 1st District", *Chicago Tribune*, March 20, 2000, 17.

37. 스콧 포넥, "Running against Rush", *Chicago Sun-Times*, April 19, 2000, 8.

38. 아만다 리플리, "Obama's Ascent", *Time* (November 15, 2004), 74~76, 78, 81.

39. 무와킬, "Ironies Abound in 1st District", 17.

40. "우리가 러시를 지지하는 이유", *Chicago Defender*, March 18, 2000, 1.

41. 스티브 닐, "Attorney General May Be Obama's Calling", *Chicago Sun-Times*, April 19, 2000, 8.

42. 스티브 닐, "A Dozen to Consider if Mayor Skips Race", *Chicago Sun-Times*, May 8, 2000, 8.

43. 버락 오바마, *The Audacity of Hope*: Thoughts on Reclaiming the American Dream (New York: Crown Publishers, 2006), 4.

44. 제이콥 와이스버그, "The Path to Power", *Men's Vogue*, September/October 2006, 224.

2장

1. 대니얼 엘라자, *American Federalism: A View from the States*(New York: Harper & Row, 1984).

2. 케빈 맥더모트, "Obama Defends His Religious Views, Values", *St. Louis Post-Dispatch*, October 6, 2004, B01.

3. 미국 통계청, quickfacts.census.gov/qfd (accessed September 25, 2006)

4. 피터 F. 나덜리 · 마이클 크라사, "Regional Animosities in Illinois: Perceptual Dimensions", *in Diversity, Conflict, and State Politics: Regionalism in Illinois*, ed. Peter F. Nardulli (Champaign: University of Illinois Press, 1989), 264~68.

5. 데이비드 케니 · 로버트 E. 하틀리, *An Uncertain Tradition: U.S. Senators from Illinois* (Carbondale: Southern Illinois University Press, 2003), 141, 147.

6. 케니 · 하틀리, *An Uncertain Tradition*, 217.

7. 캐롤 머린, "Looking at Obama in '04 and Seeing Simon in '84", *Chicago Sun-Times*, November 3, 2004, 16.

8. 게런스 프랜크-러타, "The Next Generation", *American Prospect*(August 2004), 13 ~17.

9. 케니 · 하틀리, *An Uncertain Tradition*, 236.

10. 토머스 하디, "Senate Stunner: Braun Wins", *Chicago Tribune*, March 18, 1992, 1.

11. Ibid.

12. 케니 · 하틀리, *An Uncertain Tradition*, 205.

13. Ibid., 206~7.

14. Ibid., 232~34.

15. 에릭 크롤, "Building from the Base", Illinois Issues, January 2004, 23.

16. Ibid., 24.

17. 캐롤 머린, "None of Your Business about My Vote", *Chicago Tribune*, March 3, 2004, 1.

18. 크롤, "Building from the Base", 25.

19. Ibid., 24.

20. Ibid., 24.

21. 조슈아 그린, "A Gambling Man", *Atlantic Monthly*, January/February 2004, 34-38.

22. 존 체이스. "Pappas Is Picking up One

Vote at a Time", *Chicago Tribune*, February 22, 2004, 1(Metro).

23. 메리 매싱게일, "Senate Hopeful Uses Props to Illustrate Waste", *Springfield State Journal Register*, February 6, 2004, 16.

24. 마크 브라운 "Seems Everyone's Got Latino Endorsements in Dem Race", *Chicago Sun-Times*, February 12, 2004, 2.

25. 피터 사보드니크, "Illinois Senate Candidate Compared to Moseley Braun: Barack Obama May Benefit as Top Candidates Vie", *The Hill* (February 10, 2004), http://www.thehill.com/campaign/073003_obama.aspx.

26. 스티브 닐, "In the Washington Tradition, Obama Is a Coalition Builder", *Chicago Sun-Times*, March 5, 2003, 55.

27. 페리 베이컨, "The Exquisite Dilemma of Being Obama", *Time*, February 20, 2006, 24~28.

28. 캐롤라인 포터, interview with Keith Boeckelman, October 24, 2004. (Ms. Porter was Chair of the Knox County Democratic Party from 2000 to 2004).

29. 크롤, "Building from the Base", 24.

30. 로라 워싱턴, "If He Can Turn Out His Black Base, and Build a Coalition of White Progressives and Other People of Color, He's Got it", *Chicago Sun-Times*, September 8, 2003, 39.

31. 데이비드 멘델, "Obama Banks on Credentials, Charisma", *Chicago Tribune*, January 25, 2004, 1.

32. 크리스 매튜스, *Hardball*(New York: Perennial, 1989), 155~56.

33. 노엄 쉬버, "Race against History: Barack Obama's Miraculous Campaign", *New Republic*, May 24, 2004, 21~26.

34. Ibid.

35. 멘델, "Obama Banks on Credentials, Charisma", 1.

36. 포터, interview, 2006.

37. 존 체이스럿·데이비드, "Senate Rivals Struggle to Wash Off Mud Stains", *Chicago Tribune*, March 14, 2004, 1.

38. 마이크 로빈슨, "Senate Candidates Aim Their Fire at Bush", *St. Louis Post-Dispatch*, February 5, 2004, B2.

39. 리암 포드, "Democratic Hopefuls Back Tax Increases", *Chicago Tribune*, February 13, 2004, 1.

40. 크롤, "Building from the Base", 23.

41. 브라이언 브뤼그만, "Illinois Lawmaker Announces", *Belleville News-Democrat*, December 9, 2003, 3B; Sarah Okeson, "Lawmaker Trying to Be '1 out of 100'", *Peoria Journal-Star*, November 6, 2003, B3.

42. 대니얼 듀건, "One-liners Show Deep Differences with President", *Elgin Courier News*, February 28, 2004, A1; 론 잉그램, "Obama Stakes His Case in Decatur for Senate Nomination", *Decatur Heral and Review*, March 5, 2004, A3.

43. 스티브 닐, "What Gives Obama Hope Is That He Is the Clear Favorite of Informed Voters", *Chicago Sun-Times*, August 18, 2003, 41.

44. 스콧 포넥, "Obama Takes Jab at Fitzgerald as He Starts Run", *Chicago Sun-Times*, January 22, 2003, 8.

45. 에릭 크롤, "Democratic Candidate Says Fitzgerald Betrayed State", *Arlington Heights Daily Herald*, January 22, 2003, 11.

46. 제레미아 포세델, telephone interview with Keith Boeckelman, November 27, 2006. (Mr. Posedel was the downstate coordinator for Barack Obama's 2004 Senate campaign).

47. 스티브 닐, "Each Did a Good Job of Outlining Their Legislative Agenda", *Chicago Sun-Times*, October 17, 2003, 47.

48. 닐, "What Gives Obama Hope", 41.

49. 존 체이스, "TV Spots Pay Off in Ryan, Hull Senate Bids", *Chicago Tribune*, Feb-

ruary 23, 2004, 1.

50. Ibid.

51. 릭 피어슨·존 케이시, "Unusual Match Nears Wire", *Chicago Tribune*, November 2, 2004, 1 (Metro).

52. 에릭 크롤, "Candidate Refuse to Clear the Air", *Arlington Heights Daily Herald*, February 20, 2004, 15.

53. 에릭 조른, "His Biggest Mistake Isn't in Divorce File", *Chicago Tribune*, February 28, 2004, 18.

54. 존 카스, "Hull Learning Nothing Fair in Illinois Politics", *Chicago Tribune*, February 29, 2004, 2.

55. 데이비드 멘델·몰리, "Opponents Take Aim at Hull on His Divorce, Other Issues", *Chicago Tribune*, February 24, 2004, 3.

56. 에릭 크롤, "Hull Responds in Ads About His Divorce", *Arlington Heights Daily Herald*, March 6, 2004, 4.

57. 앤드류 허먼, "New Poll Shows Obama Pulling Ahead of Hull", *Chicago Sun-Times*, February 26, 2004, 30.

58. 릭 피어슨, "Obama, Ryan Out Front", *Chicago Tribune*, March 9, 2004, 1.

59. 크리스텐 맥쿼리, "Obama Surges to Lead in Southtown Poll", *Elgin Courier News*, March 6, 2004, A1.

60. 쉬버, "Race Against History", 21~26.

61. 릭 피터슨, Obama, Ryan Out Front", *Chicago Tribune*, March 9, 2004, 1.

62. 앱든 팔라쉬, "Hynes Pounces on Obama at Last Debate", *Chicago Sun-Times*, March 11, 2004, 10.

63. 존 패터슨, "Pro-choice Advocates Defend Obama Votes", *Arlington Heights Daily Herald*, March 10, 2004, 15.

64. Ibid.

65. "Drugs, Divorce Dominate Senate Race", *St. Louis Post-Dispatch*, March 12, 2004, B6.

66. 데이비드 멘델, "Obama Routs Democrat-

ic Foes", *Chicago Tribune*, March 17, 2004, 1.

67. 돈 로즈, "Beyond Race or Not", *Chicago Tribune*, May 2, 2004, 1 (Perspective).

68. 게리 워시번·H. 그레고리 마이어, "Hynes Loss Puts Machine in Doubt", *Chicago Tribune*, March 18, 2004, 1

69. 데브라 피켓, "Sunday Lunch with Dan Hynes", *Chicago Sun-Times*, December 26, 2004, 18.

70. 쉬버, "Race Against History", 21~26.

71. 포세델, interview, 2006.

72. 체이스, "TV Spots Pay Off in Ryan, Hull Senate Bids", 1.

73. 포세델, interview, 2006.

74. 모니카 데비, "As Quickly as Overnight, a Democratic Star Is Born", *New York Times*, March 18, 2004, 20.

3장

1. "Senate Race of Generation", *Chicago Tribune*, March 17, 2004, 28.

2. 린 스위트, "Running to the Right", Illinois Issues, January 2004, 18.

3. Ibid., 18~21.

4. 케빈 맥더모트, "Obama, Ryan Will Battle in Key Senate Campaign", *St. Louis Post-Dispatch*. March 17, 2004, A1.

5. 제프 스미드, "Ryan Describes Three Themes in U.S. Senate Contest with Obama", *Carbondale Southern Illinoisan*, March 20, 2004, 1.

6. 버나드 숀버그, "Ryan Says Obama Is Seeking Universal Health Care", *Peoria Journal Star*, June 15, 2004, B3.

7. 에릭 크롤과 존 페터르슨, "GOP, Ryan Begin to Take Aim at Obama". *Arlington Heights Daily Herald*, March 29, 2004, 15.

8. "Jack Ryan Woefully Unprepared for Attack on Obama". *Springfield State Journal-Reg-*

ister, April 18, 2004, 21.

9. 데이브 맥킨리, "Ryan's Chart Is Off-State Jobs Not Off the Chart", *Chicago Sun-Times*, April 16, 2004, 6.

10. "Intrusive Cameraman Raises Questions about Jack Ryan", Peoria Journal-Star, June 3, 2004, A5.

11. 탐 폴란섹, "No Rest for the Winners", *Chicago Sun-Times*, March 18, 2004, 7.

12. 스테판 킨저, "Illinois Senate Campaign Thrown into Prurient Turmoil", *New York Times*, June 23, 2004, 14.

13. 에릭 크롤, "Ryan Denies Sex Club Claim", *Arlington Heights Daily Herald*, June 22, 2004, 1.

14. 버나드 숀버그, "Ryan Still Running: Some in GOP Say They've Been Misled", *Springfield State Journal Register*, June 23, 2004, 1.

15. "Reactions Swirl around 'Ryan Papers'", *Decatur Herald and Review*, June 23, 2004, A5.

16. 케빈 맥더모트와 조엘 커리어, "Illinois GOP Committee Is Divided on Ryan's Future", *St. Louis Post-Dispatch*, June 24, 2004, 1.

17. 에릭 크롤, "Ryan Gets the Cold Shoulder from GOP Congressmen", *Arlington Heights Daily Herald*, June 25, 2004, 1.

18. 릭 피어슨·루돌프 부시, "With Successor in Mind, GOP Plots Ryan's Exit", *Chicago Tribune*, June 25, 2004, 1.

19. 스캇 포넥·스테파니 짐머만, "Sex Scandal Drives Ryan from Race", *Chicago Sun-Times*, June 26, 2004, 4.

20. 에릭 크롤, "Illinois' Bizarre year in Politics", *Arlington Heights Daily Herald*, December 27, 2004, 1.

21. "News", *Mattoon Journal Gazette*, July 11, 2004, B8.

22. 메이-링 호프굿, "Obama the Demorats' Next Big Thing", *Cox News Services*, July 15, 2004.

23. 짐 데이, "Anatomy of an Election Fisaco", *Champaign-Urbana News Gazette*, October 16, 2004, A4.

24. 애드 팬슬로, "GOP Left to Grasp Senate Straws", *Aurora Beacon News*, July 16, 2004, A1.

25. 스캇 포넥, "Ditka Takes a Pass on Senate", *Chicago Sun-Times*, July 15, 2004, 4.

26. 데이브 멘델, "Running as if He's Got a Rival", *Chicago Tribune*, July 13, 2004, 1.

27. 데이브 멘델, "Political Phenomenon Obama Vaults into National Spotlight", *Chicago Tribune*, July 26, 2004, 1.

28. 모니카 데비, "A Surprise Contender Reaches His Biggest Stage Yet", *New York Times*, July 26, 2004, 1.

29. 버락 오바마, "*The Audacity of Hope*: Keynote Address to the 2004 Democratic National Convention". http://www.americanrhetoric.com/speeches/convention/2004/barackobama2004dnc.htm

30. Ibid.

31. 렌들 C. 아치볼드, "Day after keynote, Speaker Finds Admirers Everywhere", *New York Times*, July 29, 2004, 6.

32. 데니스 브로디, "Obama's Burden Now Is to Meet High Hopes", *Pittsburgh Post-Gazette*, July 29, 2004, A1; 아만다 리플리, "Obama's Ascent", *Time*, November 15, 2004, 74~76.

33. 니콜 색, "Edwards Says Kerry Ready to Build One America: Obama Speech Impresses even GOP", *Carbondale Southern Illinoisan*, July 29, 2004, A1.

34. 로라 페테레카, "Bull's Eye", New York Post, August 1, 2004, 33.

35. 앤 맥피터러, "Obama Wary of Hype He's Spawned", *Pittsburgh Post-Gazette*, July 30, 2004, A9.

36. 데이브 멘델, "Heady Week Yields to Hard Work", *Chicago Tribune*, August 1, 2004, 1 (Metro).

37. 데이브 맥킨리, "Obama Just Can't Help But Shine", *Chicago Sun-Times*, August 4, 2004, 6.

38. 제레미 포세델, telephone interview with Keith Boeckelman, November 27, 2006. (Mr. Posedel was the downstate coordinator for Barack Obama's 2004 Senate campaign).

39. 모니카 데비, "In a Star's Shadow, Republicans Strain to Find an Opponent", *New York Times*, July 29, 2004, 6.

40. Ibid.

41. 스캇 포넥, "Campaign 2004", *Chicago Sun-Times*, July 16, 2004, 3.

42. 에릭 크롤, "GOP List Down to a Surprising Pair", *Arlington Heights Daily Herald*, August 4, 2004, 1.

43. 마크 브라운, "Has GOP Finally Hit Bottom?", *Chicago Sun-Times*, August 5, 2004, 2.

44. "Five Levels Down", *St. Louis Post-Dispatch*, August 10, 2004, B06.

45. 리치 밀러, "Keyes Choice a Major Misstep by State's GOP Leaders", *Daily Southtown*, August 8, 2004.

46. 애드 팬슬로, "Keys Brings His Anti-Obama Rhetoric to Aurora", *Elgin Courier-News*, August 15, 2004, A3.

47. 크롤, "Illinois' Bizarre Year in Politics", 1.

48. 데이, "Anatomy of an Election Fiasco", A4.

49. "Keyes", Carbondale Southern Illinoisan, October 4, 2004, A1.

50. 릭 피어슨, "Keyes Says Game Plan Is Controversy", *Chicago Tribune*, September 14, 2004, 1.

51. 데이브 멘델 · 리암 포드, "Keyes Derails Obama from Traditional Track", *Chicago Tribune*, September 13, 2004, 1 (Metro).

52. Ibid.

53. 케이시 시혼, "Election 2004: Obama Spreads the Word", *Naperville Sun*, October 6, 2004, 1.

54. 나타니엘 짐머, "Election 2004: Obama Catching Breaks, Avoiding Liberal Label", *Naperville Sun*, October 6, 2004, 2.

55. 조 체이스, "Obama, Kees Clash on Terrorism", *Chicago Tribune*, October 11, 2004, 1.

56. 피터 슬레빈, "Obama Lending Star Power to Other Democrats", *Washington Post*, October 11, 2004, A2.

57. 니콜 색, "Learning about Obama", *Carbondale Southern Illinoisan*, August 4, 2004, A1.

58. 몰리 파커, "Obama Slams Say Anything Politics", *Peoria Journal-Star*, October 23, 2004, B6.

59. 포스델, interview, 2006.

60. 키혼, "Election 2004", 1.

61. 케빈 맥더모트, "Obama Defends His Religious Views, Values", *St. Louis Post-Dispatch*, October 6, 2004, B01.

62. 모우라 켈리 란난, "Obama Offers Health Plan for Small Firms", *St. Louis Post-Dispatch*, September 8, 2004, B01.

63. Ibid.

64. 데니스 바이런, "A Critical Look at Obama's Politics", *Chicago Tribune*, August 16, 2004, 17.

65. "Dodging Tough Issue Not Good for Obama", *Champaign News-Gazette*, October 16, 2006, A6.

66. 케빈 맥더모트, "Unlikely Competitors", *St. Louis Post-Dispatch*, October 24, 2004, A01.

67. 호프굿, "Obama the Democrats' Next Big Thing", 맥더모트, "Unlikely Competitors", A01.

68. 벤자민 웰레스-웰스, "The Great Black Hope", *Washington Monthly*, November 2004, 30-36.

69. 윌리엄 피네가, "The Candidate", *New*

Yorker, May 31, 2004, 32~39.

70. 더그 핀크, "Obama Stars on Governor's Day", *Springfield State Journal-Register*, August 19, 2004, 1.

71. 피네가, "The Candidate", 32~39.

72. 마이크 토마스, "What's Behind Barack's Celebrity", *Chicago Sun-Times*, August 9, 2004, 44.

73. 케빈 맥더모트, "Obama May Trounce Keyes for Senate", *St. Louis Post-Dispatch*. September 20, 2004, A01.

74. "Illinois Election 2004: Senate Candidates Poll", *Naperville Sun*, October 7, 2004, 18.

75. "Keyes", *Carbondale Southern Illinoisan*, October 4, 2004, A1.

76. 크리스틴 맥쿼리, "Keyse a Ballotwide Advantage for Dems", *Daily Southtown*, October 24, 2004, 1.

77. 멘델과 포드, "Keyes Derails Obama from Traditional Track", 1 (Metro).

78. 포스델, interview, 2006.

79. 멘델과 포드, "Keyes Derails Obama from Traditional Track", 1 (Metro).

80. 린 스위트, "Obama's Sharing the Wealth with Other Dems", *Chicago Sun-Times*, October 7, 2004, 47.

81. 마이클 베론·리차드 E. 코헨, *Almanac of American Politics* (Washington: National Journal, 2006), 560.

82. 린 스위트, "Kerry Taps Obama to Court African American Vote", *Chicago Sun-Times*, September 28, 2004, 20.

83. Ibid.

84. 스캇 포르넷, "Obama to Debut TV Ads Next Week", *Chicago Sun-Times*, August 14, 2004, 6.

85. 스캇 포르넷, "Keyes Taps National Base to Raise Money for TV Ads", *Chicago Sun-Times*, October 18, 2004, 6.

86. 체힐 V. 잭슨, "Rap by Common Plugs a Presidential Bid", *Chicago Sun-Times*, September 18, 2004, 20.

87. 크리스토퍼 밀스, "Obama Sweeps Newspaper Endorsements in Senate Race", *Mattoon News-Gazette*, October 30, 2004, A8.

88. 에릭 크롤, "New Ads Criticize Obama's Votes on Crime, Abortion", *Arlington Heights Daily Herald*, October 12, 2004, 1.

89. 스캇 포르넷, "Keyes Says He Wants to Rumble with Obama", *Chicago Sun-Times*, August 11, 2004, 24.

90. 존 체이시와 리암 포드, "Obama, Keyes Put on Kid Gloves", *Chicago Tribune*, October 13, 2004, 1.

91. 리치 밀러, "Obama Comes Out Firing at Keyes in New Debate Strategy", *Daily Southtown*, October 24, 2004.

92. 존 체이시와 리암 포드, "Senate Debate Gets Personal", *Chicago Tribune*, October 22, 2004, 1 (Metro).

93. Ibid.

94. 리치 밀러, "Obama Comes Out Swinging in Second U.S. Senate Debate", *River Cities Reader*, October 27- November 4, 2004.

95. 존 체이시와 코트니 플린, "Keyes, Obama Disagree Sharply", *Chicago Tribune*, October 27, 2004, 1 (Metro).

96. Ibid.

97. Ibid.

98. Illinois State Board of Elections, *Official Vote of the General Elections*, November 4, 2004, (Springfield: Illinois State Board of Elections, 2004).

99. American votes-2004. http://www.cnn.com/ELECTION/2004/pages/results/states/IL/S/01/epolls.0.html

100. 케빈 맥더모트, "Obama Keeps Huge Lead over Keyes in Senate Race", *St. Louis Post-Dispatch*, October 28, 2004, A01.

101. "The Pride of Illinois", *Chicago Tribune*,

November 3, 2004, 30.

102. 필립 오코너, "Obama Succeeds with Voters of Every Stripe", *St. Louis Post-Dispatch*, November 3, 2004, A01.

103. 존 체이시 · 데이비드 멘델, "Obama Sails to Senate Win", *Chicago Tribune*, November 3, 2004, 1.

104. 제임스 G. 김펠괴 제이슨 슈크네크, "Reconsidering Political Regionalism in the American States", *State Politics and Policy Quarterly 2* (2002): 325~52

105. 노암 샤이버, "Race against History: Barack Obama's Miraculous Campaign", *New Republic*, May 24, 2004, 21~26.

106. 존 체이시 · 데이비드 멘델, "Obama Routs Democratic Foes", *Chicago Tribune*, May 17, 2004, 1.

107. 존 체이시, "Obama Gets Early Boost from Voters", *Chicago Tribune*, May 31, 2004, 1.

108. 크리스텐 맥퀴어리, "Poll: Obama, Ryan Senate Race Tightens Up", *Waukegan Sun*, May 18, 2004, A1.

4장

1. 제시 M. 언루, 1963, 캘리포니아 주의회 의장

2. 폴 메리언, "Obama's Appeal Drives Cash Flow", *Crain's Chicago Business*, September 15, 2003, 3.

3. 예레미아 포세델, telephone interview with Keith Boeckelman, November, 27, 2006. (Mr. Posedel was the downstate coordinator for Barack Obama's 2004 Senate campaign).

4. 릭 피어슨 · 레이 깁슨, "Campaign Fund Law Has Giant Loop-hole", *Chicago Tribune*, February 5, 2003, 1.

5. 메리언, "Obama's Appeal Drives Cash Flow", 3.

6. 데이브 멘델. "Hull Proves Money No Object in Bid for Senate", *Chicago Tribune*, February 10, 2004, 1.

7. Ibid.

8. 스캇 포넷, "Blackjack King Outspends Dem Rival 4-1 in Senate Bid", *Chicago Sun-Times*, July 16, 2003, 1.

9 Ibid

10. 멘델. "Hull Proves Money No Object in Bid for Senate", 1.

11. 포넷, "Blackjack King Outspends Dem Rival 4-1 in Senate Bid", 1.

12. 레이 깁슨과 릭 피어슨, "Candidate Hull Spends at Record Pace", *Chicago Tribune*, July 16, 2003, 1.

13. 켄 실버스타인, "Barack Obama Inc.", *Harper's Magazine*, November, 2006, 34.

14. 매트 애드리안 · 리차드 골드스타인, "Senate Candidates Stack up Money", *Herald & Review (Decatur, IL)*, July 6, 2003, B4.

15. 메리언, "Obama's Appeal Drives Cash Flow", 3.

16. Ibid.

17. Ibid.

18. 깁슨과 피어슨, "Candidate Hull Spends at Record Pace", 1.

19. 실버스타인, "Barack Obama Inc.", 36.

20. Ibid.

21. 짐 데이, "Cash Makes Candidate a Player in Senate Race", *The News-Gazette (Campaign, IL)*, November 15, 2003, A4.

22. 스캇 포넷, "Ryan Spent Less than Dem Obama in Winning GOP Nod", *Chicago Sun-Times*, April 16, 2004, 28.

23. 메리언, "Obama's Appeal Drives Cash Flow", 3.

24. 타마라 E. 홈스, "Will Mr. Obama Go to Washington? Illinois State Legislator Seeks to Become Only Black U.S. Senator, *Black Enterprise*", February 2004, 26.

25. 데이비드 멘델 · 리암 포드, "Keyes Manages to Rake in Cash; Obama So Flush He's Giving It Away", *Chicago Tribune*, October 16, 2004, 1.

26. "U.S. Senate Candidates Seek Younger Voters at Bars, Concerts", *Journal Gazette-Times Courier*, April 21, 2004.

27. 폴 메리언, "Obama Lead Brings Bucks from Biz PACs", *Crain's Chicago Business*, July 12, 2004, 3.

28. Ibid.

29. 로렌 W. 휘팅턴, "Obama Endearing Himself with Cash", *Roll Call*, October 7, 2004.

30. "Sector Total", http://www.opensecrets.org(accessed February 22, 2007).

31. 존 N. 프랭크, "Green Grasps Inextricable Link Between PR and Politics", *PR Week*, December 13, 2004, 11.

32. 리암 포드와 데이비드 멘델, "Senate Race to Hit Airwaves", *Chicago Tribune*, August 16, 2004, 1. (Metro).

33. 존 쿠크, "Political Season a Loser for Local TV", *Chicago Tribune*, August 21, 2004, 1. (Business).

34. 아네 E. 콘브루트와 매튜 모스크, "Obama's Campaign Takes in $25 Million", *Washington Post*, April 5, 2007, A1.

35. 데이비드 D. 키크패트릭, 마이크 맥인티르, 제프리 제르니, "Obama's Camp Cultivates Crop in Small Donors", *New York Times*, July 17, 2007, A1.

5장

1. 게리 워시번 · H. 그레고리 마이어, "Hynes' Loss Puts Machine in Doubt", *Chicago Tribune*, March 18, 2004, 1

2. "In Illinois, Political Ads down This Year", *Champaign (IL) News-Gazette*, December 1, 2004, A6

3. 짐 드링커드 · 마크 매머트, "Election Ad Battle Smashes Record in 2004", *USA Today*, November, 26, 2004,1.

4. 존 쿡, "Political Season a Loser for Local TV", *Chicago Tribune*, August 21, 2004,1 (Business)

5. 트레버 젠슨, "In Illinois, It's Still Pay to Play", *Adweek*, March 22, 2004.

6. Ibid.

7. Ibid.

8. Ibid.

9. Ibid.

10. 짐 디, "Cash Makes a Candidate a Player in the Senate Race", *News-Gazette* (Champion-Urbana, IL), November 15, 2003, A4.

11. "Several Senate Candidates on the Air", *Southern Illinoisan*, October 20, 2003, A1.

12. 패트릭 J. 파워스, "Senate Hopeful First to Place Metro-East Ads", *Belleville News Democrat*, June 27, 2003, B1.

13. 릭 피어슨, "Not Why, Who", *Chicago Tribune*, March 14, 2004, 1.

14. 데이빗 멘델, "Hull Proves Money No Object in Bid for Senate", *Chicago Tribune*, February 10, 2004, 1.

15. Ibid.

16. 존 체이스, "TV Spots Pay Off in Ryan, Hull Senate Bids", *Chicago Tribune*, February 23, 2004, 1.

17. "Several Candidates on the Air", *South Illinoisan* (Carbondale, IL), October 23, 2003, A1.

18. Ibid.

19. 멘델, "Hull Proves Money No Object in Bid for Senate", 1.

20. "Several Candidates on the Air", *Southern Illinoisan*, A1.

21. 존 체이스 · 데이빗 멘델, "Senate Rivals Struggle to Wash off Mud Stains", March 14, 2004, 1.

22. 리차드 피어슨, "Not Why, Who", 1.

23. Ibid.,

24. "Hull Calls Protection Order 'Legal Tactic'", *Southern Illinoisan* (Carbondale, IL), March 5, 2004, A6.

25. 크리스텐 맥쿼리, "Obama Surges Past Hull for Democratic Nod", *The Beacon*

News, March 6, 2004, A1.

26. 데이빗 멘델, "Obama Routs Democratic Foes", *Chicago Tribune*, March 17, 2004, 1.

27. 스콧 포넥·스테파티 짐머만, "Sex Scandal Drives Ryan from Race", *Chicago Sun-Times*, June 26, 2004, 4.

28. 스콧 포넥, "Obama to Debut TV Ads Next Week", *Chicago Sun-Times*, August 14, 2004, 6.

29. Ibid.

30. 존 N. 프랜크, "Green Grasps Inextricable Link between PR and Politics", *PR Week*, December 13, 2004, 11.

31. 스콧 포넥, "Is Obama Overconfident? Check Out Latest Ad", *Chicago Sun-Times*, October 20, 2004, 22.

32. Ibid.

33. 스콧 포넥, "Keyes' First Ad Focuses on Positive Spirit", *State Journal-Register* (Springfield, IL), October 28, 2004, 18.

34. 몰리 파커, "Keyes Shrugs Off Polls That Show Him Trailing", *Peoria Journal Star*, October 28, 2004, B2.

35. 데이빗 멘델·리암 포드, "Keyes Manages to Rake in Cash", *Chicago Tribune*, October 16, 2004, 1.

36. 포텍, "Keyes' First Ad Focuses on Positive Spirit", 18.

37. 크리스토퍼 윌즈, "Obama Sweeps Newspaper Endorsement in Senate Race", *Journal Gazette* (Mattoon, IL), October 30, 2004, A8.

38. 몰리 파커, "Obama Slams 'Say Anything' Politics", *Peoria Journal Star*, October 23, 2004, B6.

39. 스콧 포넥, "A Final Scramble for Votes in Illinois", *State Journal-Register* (Springfield, IL), November 2, 2004, 18.

40. 나다니엘 짐머, "Group Decries TV Ad as Illegal-Attacks Barck Obama", *Courier News* (Elgin, IL), October 15, 2004, A1.

41. "Anti-Obama Ad Begins on Central Illinois TV", *The Telegraph* (River Bend, IL), October 13, 2004.

42. Press Release, "CREW Files FEC Complaint Against US Senate Candidate Alan Keyes, Empower Illinois Media Fund and Jack Roeser", *US Newswire*, October 14, 2004.

43. 조디 헤켄, "Democratic Senate Hopeful Denounces Negative Campaigns", *The News-Gazette* (Champaign, IL), October 12, 2004, B1~B2.

44. 셜리 비아기, *Media/Impact: An Introduction to Mass Media*, 7th Ed. (Belmont, CA: Thomson Wadsworth, 2005), 107.

45. Ibid.

46. 데이빗 엘리스·폴 R. 라모니카, "XM Sirius Announce Merger", *CNN Money*, February 20, 2007, 1.

47. 로버트 라로스·조셉 스트라우바, *Media Now: Understanding Media, Culture, and Technology*, 4th Ed. (Belmont, CA: Thompson Wadsworth, 2004), 144.

48. Ibid., 147.

49. 톰 도브레즈, "Radio: The Secret Weapon-Political Campaign", *Campaigns and Elections*, Gale Group, August 1996, 1~2.

50. Ibid.

51. Ibid.

52. 스콧 포넥, "Senate Hopefuls Vie for Black Vote", *Chicago Sun-Times*, August 5, 2003, 8.

53. Ibid.

54. Ibid.

55. Ibid.

56. 포넥, "Senate Hopefuls Vie for Black Vote", 8.

57. 리암 포드·데이빗 멘델, "Senate Race to Hit Airways", *Chicago Tribune*, August 26, 2004, 1.

58. 헤켄, "Democratic Senate Hopeful Denounces Negative Campaigns", B1.

59. 로버트 라로스·조셉 스트라우바, *Media Now: Understanding Media, Culture, and*

Technology, 4th Ed. (Belmont, CA: Thompson Wadsworth, 2004).

60. 소냐 무어, "Cashing in on Elections", *Editor & Publisher*, February 1, 2004, 53.

61. "Endorsement: U.S. Senate, Democrats-Gery Chico Would Do for Washington What He Did for Chicago's Public Schools", *The Beacon News*, March 7, 2004, D2.

62. Ibid.

63. 데이빗 멘델·질 주커만, "Obama to Be Keynote Speaker at Democratic Convention", *Chicago Tribune*, July 14, 2004, 1.

64. Ibid.

65. Ibid.

66. "Obama for U.S. Senate", *State Journal-Register*, October 29, 2004, 8.

67. 윌즈, "Obama Sweeps Newspaper Endorsement in Senate Race", A8.

68. Ibid.

69. 파커, "Keyes Shrugs Off Polls That Show Him Trailing", B2.

70. 윌즈, "Obama Sweeps Newspaper Endorsement in Senate Race", A8.

71. Ibid.

72. Ibid.

73. 제임스 윌슨·존 J. 딜룰리오 Jr., *American Government*, 9th Ed. (Boston: Houghton Mifflin, 2004).

74. Ibid.

75. 리 레인, 마이클 콘필드, 존 호리건, *The Internet and Campaign 2004*, Pew Internet and American Life Project, http://www.pewinternet.org (accessed February 23, 2007)

76. 클리포드 A. 존스, "Campaign Finance Reform and the Internet", in *The Internet Election*, eds. Andrew Paul Williams and John C. Tedesco (Lanham, MD: Rowman & Littlefield Publishers, 2006), 5.

77. "'04 Illinois Democratic Senate Candidates," *Campaigns & Elections*, June 2003, 40.

78. 메이링 홉굿, "Obama the Democrats' Next Big Thing", *Cox News Service*, July 15, 2004.

6장

1. 돈 터너 트라이스, "Obama Unfazed by Foes' Doubts on Race Question", *Chicago Tribune*, March 15, 2004, 1.

2. 노암 샤이버, "Race Against History", *The New Republic*, May 31, 2004, 12.

3. 리차드 울프·다렌 브리스코, "Across the Divide", *Newsweek*, May 31, 2004, 21

4. 제프 젤레니, "When It Comes to Race, Obama Makes His Point-with Subtlety", *Chicago Tribune*, June 26, 2005, 18.

5. 울프·브리스코, "Across the Divide", 24.

6. 미국 통계청, http://www.census.gov/prod/2001/pubs/c2kbr01-5.pdf. Accessed July 3, 2007.

7. 개런스 프랭크-루타, "The Next Generation", *American Prospect*, August 2004, 13.

8. Ibid.

9. 나프탈리 벤다비드, "Primary Colors", *Chicago Tribune Magazine*, October 24, 2004.

10. 얀 로젠버그·필립 카시니츠, "Missing the Connection: Social Isolation and Employment on the Brooklyn Waterfront", *Social Problems*, May 1996, 180~196; 마콤 글래드웰, "Blacks Like Them: West Indian Blacks in the U.S.", *The New Yorker*, April 29, 1996.

11. 마콤 글래드웰, "Blacks Like Them: West Indian Blacks in the U.S.", *The New Yorker*, April 29, 1996.

12. 대런 브리스코, "After the Trailblazers", *Newsweek*, July 16, 2006, 29.

13. 프랭크-루타, "The Next Generation", 13.

14. 데이빗 보시티스, The Black Vote in 2004 (Washington, DC), Joint Center for Political and Economic Studies.

15. 프랜크-루타, "The Next Generation", 13.

16. Ibid.

17. 미국 통계청, Illinois Quickfacts, http://quickfacts.census.gov/qfd/states/17000.html

18. 돈 터너 트라이스, "Democratic Primary Isn't about Skin Color", *Chicago Tribune*, February 11, 2002, 1.

19. 메리 미첼, "Calling Rivals 'White Boys' Doesn' t Negate Burris' Point", *Chicago Sun-Times*, March 1, 1998, 23.

20. 트라이스, "Democratic Primary Isn't about Skin Color" ,1B.

21. 릭 데이비스, They Call Heroes Mister: *The Jesse White Story* (Richton Park, IL: Lumen-us Press, 2006), 202.

22. "Political Briefs", *Chicago Tribune*, December 6, 1975, S10.

23. 데이비스, They Call Heroes Mister, 196.

24. 스콧 포넥, "Burris Posts Race's Smallest War Chest", *Chicago Sun-Times* March 7, 2002, 12.

25. 탓샤 로버트슨, "Top Elective Spots Eluding Minorities", *Boston Globe*, March 21, 2002, A3.

26. 샤이버, "Race Against History", 21.

27. Ibid.

28. 글렌 제퍼스 · 렉스 H훕   케, "Blacks United Behind Obama; Victory Margin Strong across the Board", *Chicago Tribune*, March 17, 2004, 1.

29. 존 체이스 · 데이빗 멘델, "Senate Rivals Struggle to Wash off Mud Stains", *Chicago Tribune*, March 11, 2004, 1.

30. 제퍼스 · 멘델, "Blacks United Behind Obama", 1.

31. 체이스 · 멘델, "Senate Rivals Struggle to Wash off Mud Stains", 1.

32. 제퍼스 · 멘델, "Blacks United Behind Obama", 1.

33. Ibid.

34. 윌리엄 피네건, "The Candidate", *The New Yorker*, May 31, 2004, 32.

35. 벤자민 월레스-웰즈, "The Great Black Hope", *Washington Monthly*, November 2004, 30-36.

36. 데이빗 모버그, "Audacious and Hopeful", *In These Times*, September 20, 2004, 22.

37. 에릭 크롤, "Jack Ryan Has Uphill Battle for Black Voters", *Daily Herald* (Arlington Heights, IL), March 22, 2004, 1.

38. Ibid.

39. 스콧 포넥, "Senate Hopefuls Vie for Black Vote-Hull Takes Heat from Obama for Radio Ads Featuring Rush", *Chicago Sun-Times*, August 5, 2003, 8.

40. 살림 무와킬, "Keyes' Ideological Quest", *In These Times*, September 20, 2004, 13.

41. *The Economist*, "The Politics of Tokenism", August 14, 2004.

42. 돈 터너 트라이스, "Obama Unfazed by Foes' Doubts on Race Question", *Chicago Tribune*, March 15, 2004, 1.

43. "This Week", with George Stephanopoulos quoted in Rachel L. Swarns, " 'African American' Becomes a Term for Debate", *New York Times*, August 29, 2004, 1.

44. 데이빗 멘델, "Key Race May Tip Balance in Senate", *Chicago Tribune*, December 7, 2003, 1.

45. 스완스, " 'African American' Becomes a Term for Debate", 1.

46. Ibid.

47. Ibid.

48. 젤레니, "When It Comes to Race, Obama Makes His Point", 18.

49. 케빈 맥더못 · 윌리엄 램, "Race Matters in Senate Campaign", *ST. Louis Post-Dispatch*, October 3, 2004, C1.

50. 사설, *Peoria Journal Star*, August 27, 2004, 22.

51. 돈 테리, "The Skin Game", *Chicago Tribune Magazine*, October 24, 2004, 22.

52. Ibid.

53. 피네건, "The Candidate", 32.

54. Ibid.

55. 살림 무와킬, "Shades of 1983", *In These Times*, April 26, 2004, p. 13, The Third Coast.

56. 스티브 인스킵, "Obama to Mark Anniversary of Civil Rights March", *National Public Radio*, February 28, 2007.

57. 울프 · 브리스코, "Across the Divide", 26.

58. 테리, "The Skin Game", 21.

59. Ibid.

60. 월레스-웰즈, "The Great Black Hope", 30~36.

61. 울프 · 브리스코, "Across the Divide", 27.

62. 젤레니, "When It Comes to Race, Obama Makes His Point", 18.

63. 대런 브리코 올터, "The Audacity of Hope", *Newsweek*, December 27, 2004, 74.

7장

1. 제프 젤레니, "The First Time Around-Sen. Barack Obama's Freshman Year", *Chicago Tribune*, December 25, 2005, 1 (Perspective).

2. 제프 젤레니, "New Man on the Hill", *Chicago Tribune*, March 20, 2005, 1.

3. Ibid.

4. Ibid.

5. Current Biography, Barack Obama. Cover Biography for July 2005. http://www.hwwilson.com/Currentbio/cover_bios/cover_bio_7_o5.htm (accessed 12/04/2006)

6. Ibid.

7. 제프 젤레니, "The First Time Around", 1.

8. 루돌프 부시, "Senators Press on for Vets' Benefits-Durbin, Obama Decry Inaction by VA Official", *Chicago Tribune*, April 15, 2005, 6.

9. 제프 젤레니, "Voters give Obama, Durbin Good Marks", *Chicago Tribune*, October 16, 2005, 22.

10. 린 스위트, "While Obama Basks, Durbin Rises", *Chicago Sun-Times*, January 5, 2005, 6.

11. 스콧 포넥, "Obama Is No. 1 Most Popular Senator", *Chicago Sun-Times*, June 17, 2005, 4.

12. 챨린 파고, "Tax Credit for E85 Fuel in Energy Bill-Proposal Would Help Put in Station Pumps", State Journal-Register, July 28, 2005, 31.

13. Ibid.

14. 챨린 파고, "Obama Wants to Give Motorists a Tax Break for Pumping E85", *Peoria Journal Star*, April 19, 2005, C1.

15. 몰리 파커, "Obama Touts Ethanol's Use-U.S. Senator Tours Pekin Plant, Urges Congress to Act on Issue", *Peoria Journal Star*, March 15, 2005, 1.

16. "Obama Pushes for More Ethanol Production", *Southern Illinoisan*, March 15, 2005, 7A.

17. Ibid.

18. 젤레니, "Voters Give Obama, Durbin Good Marks", 22.

19. 제이콥 바이스버그, "The Path to Power", *Men's Vogue*, September/October 2006, 218-23, 247~48.

20. 스위트, "While Obama Basks", 6.

21. 케빈 샘피어, "Senator Places Focus on Illinois", *Peoria Journal Star*, May 25, 2005, A17.

22. Ibid.

23. 로라 기레슈, "Senators Seek Cooling Funds Grants Help the Needy Pay Energy Bills", *Belleville News-Democrat*, July 28, 2005, 1B.

24. "Senators Get Farmers Relief", *Grayslake Review*, August 4, 2005, 10.

25. Ibid.

26. 제프 젤레니, "Obama Can't Say No to Farm Aid Invite", *Chicago Tribune*, Sep-

tember 14, 2005, 23.

27. 찰스 배빙턴 · 샤일리아 머리, “For Now, an Unofficial Rivalry: Possible Clinton-Obama Presidential Clash Has Senate Abuzz”, *Washington Post*, December 8, 2006, A01.

28. 커크 빅터, “Reason to Smile”, *National Journal*, March 18, 2006, 20~24.

29. 린 스위트, “After Cautious Bipartisan Year, Obama Opens New Chapter”, *Chicago Sun-Times*, January 22, 2006, A12.

30. 제프 젤레니, “Senators Ask Why U.S. Paying When Free Ships Offered”, *Chicago Tribune*, September 30, 2005, 8.

31. Ibid.

32. Ibid.

33. 제프 젤레니, “Spending Monitor Urged”, *Chicago Tribune*, September 14, 2005, 26.

34. 제프 젤레니, “Obama on Bush: We Should Trust Although We Should Verify”, *Chicago Tribune*, September 18, 2005, 13.

35. Ibid.

36. 클레러스 페이지, “Anti-poverty Victories Have to Begin at Home”, *Chicago Tribune*, August 23, 2006, 25.

37. “Obama's 1st Bill Aims to Expand the Pell Grant”, *Chicago Tribune*, March 29, 2005, 3.

38. 루마나 후세인, “Obama Fears ‘Big Brother’ Over Our Shoulders-Says Feds Should Have to Get Search Warrant to See Library Records”, *Chicago Sun-Times*, June 26, 2005, 32.

39. “Obama's 1st Bill Aims”, 3.

40. 칼 헐스, “By a Vote of 98-0, Senate Approves 25-year Extension of Voting Rights Act”, *New York Times*, July 21, 2006, 16.

41. Ibid.

42. “Voter-ID Proposal Opposed by Senators”, *San Diego Union-Tribune*, September 21, 2005, A8.

43. 디어드러 쉬즈그린, “Senate Panel Blocks Bush ‘Clear Skies’ Proposal”, *St. Louis Post-Dispatch*, March 10, 2005, A2.

44. “Murky Forecast for Clear Skies”, *Chicago Tribune*, March 9, 2005, 24.

45. 쉬즈그린, “Senate Panel Blocks”, 10.

46. 엘리자베스 윌리엄슨, “The Green Gripe with Obama: Liquefied Coal Is Still, Coal”, *Washington Post*, January 10, 2007, A11.

47. Ibid.

48. 빅터, “Reason to Smile”, 20~24.

49. Ibid.

50. 제프 젤레니, “Obama Is Democrats Point Man on Ethics”, *Chicago Tribune*, January 18, 2006, 8.

51. 린 스위트, “McCain: Obama Is Insincere: Illinois Senator Says He Still Respects Colleague Despite Unusually Harsh Letter”, *Chicago Sun-Times*, February 7, 2006, 8.

52. 제프 젤레니, “Stepping off the Sidelines into the Spotlight”, *Chicago Tribune*, February 26, 2006, 4.

53. 바이스버그, “The Path to Power”, 218~23, 247~48.

54. Ibid.

55. 린 스위트 · 캐럴 마린, “Obama, Bush, Lipinski Sworn in Today”, *Chicago Sun-Times*, January 4, 2005, 5.

56. 버락 오바마, “Upgrading Health Care Technology Would Save Many Lives, Much-Money”, *Daily Herald*, July 26, 2005, 10.

57. 린 스위트, “Obama Finds Bush's Pitch Offensive”, *Chicago Sun-Times*, March 11, 2005, 3.

58. 오바마, “Upgrading Health Care Technology”, 10.

59. Ibid.

60. “Senators Worried about Bird Flu Preparedness”, *Chronicle*, July 22, 2006, 6.

61. “Senators Pan Voluntary Bird Flu Test”, *Press Register*, July 22, 2006, 8.

62. 데이빗 골드스타인, “Lack of Vaccine Heightens Fear of Potential Bird Fly Pandemic”, *Kansas City Star*, May 21, 2005, 1.

63. 버락 오바마 · 리차드 루가, "Grounding a Pandemic", *New York Times*, June 6, 2005, 19.

64. 마이클 리핀스키, Review of Obama's "The Audacity of Hope", The New York Review of Books: The Phenomenon, http://www.nybooks.com/articles/19651(accessed 02.22.2007).

65. Ibid.

66. 린 스위트, "Obama Heading for Africa 'Because Africa Is Important'", *Beacon News*, August 18, 2006, B1.

67. "Obama Seeks Concrete Results with African Trip-Senator Wants to See What Helps Advance Progress", *Herald Review*, August 20, 2006, B1.

68. 제프 젤레니 · 로리 고어링, "Obama Challenges South Africa to Face AIDS Crisis: Declaring the Matter Urgent, Senator Vows to Get Public HIV Test as Way to Erase Stigma", *Chicago Tribune*, August 22, 2006, 6.

69. Ibid.

70. 린 스위트, "Obama Draws on African Roots as He Steps onto Global Stage with Sudan", *Chicago Sun-Times*, July 18, 2005, 30.

71. 제프 젤레니, "Obama Returns to Africa as Celebrity-But Senator's Agenda is Broad and Serious", *Chicago Tribune*, August 20, 2006, 7.

72. 제프 젤레니, "Obama-Lugar Proposal Targets Stockpiles of Conventional Weapons", *Chicago Tribune*, November 2, 2005, 15.

73. Ibid.

74. 제프 젤레니, "U.S. Focuses on Russian WMD-Senators Inspect Weapons Sites", *Chicago Tribune*, August 27, 2005, 3.

75. 제프 젤레니, "Educating Obama: Foreign Trip with Lugar Teaches Illinois Senator the Ropes", *Chicago Tribune*, October 2, 2005, 5D.

76. 젤레니, "U.S. Focuses", 3.

77. 젤레니, "Educating Obama", 5D.

78. Ibid.

79. Current Biography, Barack Obama. Cover Biography for July 2005, http://www.hwwilson.com/Currentbio/cover_bios_7_05.htm(accessed 12/04/2006).

8장

1. 게리 윌즈, Lincoln at Gettysburg: *The Words that Remade America*(New York: Touchstone, 1992), 145~46.

2. 웨인 필즈, *Union of Words*: A History of Presidential Eloquence(New York: Free Press, 1996), 155~56.

3. 르로이 애슈비, *William Jennings Bryan*: Champion of Democracy(Boston: Twanye Publishers, 1987), xiii.

4. 앤나 디비어 스미스, "Show and Tell", *New York Times*, JUly 20, 2004, 19.

5. Quoted in Jennifer L. Hochschild, *Facing up to the American Dream: Race, Class, and the Soul of the Nation*(Princeton: Princeton University Press, 1995), 18.

6. 레이 A. 더린, "The American Dream as Depicted in Robert J. Dole's 1996 *Presidential Nomination Acceptance Speech*", Presidential Studies Quarterly 27 (1997): 699~701.

7. 마이클 J. 그래츠 · 이안 샤피로, Death by a Thousand Cuts: *The Fight Over Taxing Inherited Wealth* (Princeton: Princeton University Press, 2005), 120.

8. 마로오 쿠오모, "1984 Democratic National Convention Keynote Address: A Tale of Two Cities", http://www.americanrhetoric.com/speeches/mariocuomo1984dnc.htm(accessed October 26, 2006).

9. 데니스 J. 맥그래스 · 데인 스미스, *Professor Wellstone Goes to Washington*(Min-

neapolis: University of Minnesota Press, 1995), 50~51.

10. 버락 오바마, "The Audacity of Hope: Keynote Address to the 2004 Democratic National Convention", http://www.americanrhetoric.com/speeches/convention/2004/barackobama2004dnc.htm (accessed September 20, 2006).

11. 버락 오바마, "Remarks at John Lewis's 65th Birthday Gala", http://www.obama.senate.gov(accessed August 25, 2006).

12. 버락 오바마, "University of Massachusetts at Boston Commencement Address", http://www.obama.senate.gov(accessed August 25, 2006).

13. 버락 오바마, "Remarks at the Knox College Commencement", http://www.obama.senate.gov(accessed August 25, 2006).

14. 버락 오바마, "Remarks at the Robert F. Kennedy Human Rights Award Ceremony", http://www.obama.senate.gov(accessed August 25, 2006).

15. 버락 오바마, "Settlement on Hurricane Katrina Relief", http://www.obama.senate.gov(accessed August 25, 2006).

16. Ibid.

17. 존 킹던, *America the Unusual*(New York: ST. Martin's/Worth, 1999), 27~28.

18. 마이클 샌델, *Democracy's Discontent: America in Search of a Public Philosophy*(Cambridge: Harvard University Press, 1996), 4~6.

19. 로저스 M. 스미스, "The American Creed and American Identity: The Limits of Liberal Citizenship in the United States, *Western Political Quarterly* 41 (1988), 247.

20. 버락 오바마, *Dreams from My Father: A Story of Race and Inheritance* (New York: Three Rivers Press, 2004), 190.

21. 버락 오바마, "Xavier University Commencement Address", http://www.obama.senate.gov(accessed August 25, 2006).

22. 버락 오바마 "Call to Renewal' Keynote Address", http://www.obama.senate.gov(accessed August 25, 2006).

23. 버락 오바마, "Remarks of Senator Barack Obama at the 2006 Global Summit on AIDS and the Church", http://www.obama.senate.gov(accessed December 5, 2006).

24. 오비미, "Call to Renewal".

25. Ibid.

26. 버락 오바마, "Remarks at the NAACP Fight for Freedom Fund Dinner", http://www.obama.senate.gov(accessed August 25, 2006).

27. 버락 오바마, "Remarks to the Kaiser Family Foundation on the 'Sex on TV' Report", http://www.obama.senate.gov (accessed August 26, 2006).

28. 데이빗 멘델, "Obama Routs Democratic Foes", *Chicago Tribune*, March 17, 2004, 1.

29. Ibid.

30. 오바마, "Remarks at the Knox College Commencement".

31. 버락 오바마, "Floor Statement on S. 256, the Bankruptcy Abuse and Prevention Act of 2005", http://www.obama.senate.gov(accessed August 26, 2006).

32. 버락 오바마, "Remarks at the National Women's Law Center", http://www.obama.senate.gov(accessed August 25, 2006).

33. 오바마, *The Audacity of Hope*, 193.

34. 버락 오바마, "21st Century Schools for a 21st Century Economy", http://www.obama.senate.gov(accessed August 26, 2006).

35. 버락 오바마, "Speech to the Center for American Progress: Teaching Our Kids in a 21st Century Economy", http://www.obama.senate.gov(accessed August 25, 2006).

36. Ibid.

37. 제니퍼 혹스차일드 · 나탄 스코프로닉, *The American Dream and the Public*

Schools(New York: Oxford University Press, 2003), 19.

38. 버락 오바마, "Remarks at Technet", (March 8, 2005), http://www.obama.senate.gov (accessed August 25, 2006).

39. 버락 오바마, "Remarks at the AFL-CIO National Convention", http://www.obama.senate.gov(accessed August 25, 2006).

40. 버락 오바마, "Remarks at Emily's List Luncheon", http://www.obama.senate.gov (accessed August 25, 2006).

41. "Poll: 74 Percent of Americans Say Congress Our of Touch", http://www.cnn.com (accessed October 18, 2006).

42. 혹스차일드, *Facing up the American Dream*, 21.

43. 킹던, *America the Unusual*, 26~27.

44. 존 주디스, *The Paradox of American Democracy*(New York: Pantheon, 2000), 39~40.

45. 로버트 D. 퍼트넘, Bowling Alone: *The Collapse and Revival of American Democracy*(New York: Simon and Schuster, 2000), 319~25.

46. 킹던, *American the Unusual*, 35.

47. 그래츠 · 샤피로, *Death by a Thousand Cuts*, 119.

48. 새무얼 헌팅턴, *American Politics: The Promise of Disharmony*(Cambridge: Harvard University Press, 1981), 337.

49. http://www.obama.senate.gov/blog (accessed Sept. 30, 2005).

50. 버락 오바마, "Remarks at AFSCME National Converntion", http://www.obama.senate.gov(accessed August 25, 2006).

51. 오바마, "Remarks at the AFL-CIO National Convention".

52. 버락 오바마, *The Audacity of Hope*: Thoughts on Reclaiming the American Dream(New York: Crown Publishers, 2006), 152.

53. Ibid., 247.

54. Ibid., 260.

55. 버락 오바마, "Opening Statement for Floor Debate on Ethics Reform", http://www.obama.senate.gov(accessed August 25, 2006).

56. 버락 오바마, "Remarks to Governor's Ethanol Coalition: Energy Security Is National Security", http://www.obama.senate.gov(accessed August 25, 2006).

57. 마이크 램지, "Keyes Comes Out Swinging", *Springfield State Journal-Register*, August 10, 2004, 1.

58. 버락 오바마, "Remarks of Illinois State Sen. Barack Obama against Going to War with Iraq", http://www.obama.senate.gov(accessed November 11, 2006).

59. 커티스 로렌스, "Rush, Opponents Clash Off the Air", *Chicago Sun-Times*, February 19, 2000, 4.

60. http://www.obama.senate.gov/blog (accessed Sept. 30, 2005).

61. 버락 오바마, "Statement of Senator Barack Obama on the Nuclear Option", http://www.obama.senate.gov(accessed August 25, 2006).

62. 오바마, "Remarks at Emily's List Annual Luncheon".

63. 버락 오바마, "Floor Statement on General Michael Hayden Nomination", http://www.obama.senate.gov(accessed August 25, 2006).

64. 버락 오바마, "Remarks at the 2005 Pritzker School of Medicine Commencement", http://www.obama.senate.gov(accessed August 25, 2006).

65. 버락 오바마, "Moving Forward in Iraq: Speech to the Chicago Council on Foreign Relations", http://www.obama.senate.gov(accessed August 25, 2006).

66. 에이미 월드먼, "In Good Faith", http://www.slate.com(July 3, 2006).

67. "Interview with Barack Obama", http://

www.streetprophets.com/story2006.7/11/
2134281301(accessed September 28,
2006).

68. 버락 오바마, "Remarks at the 2006 Lob-
bying Reform Summit", http://www.
obama.senate.gov(accessed August 25,
2006).

69. 오바마, "Remarks at Emily's List Annual
Luncheon".

70. 오바마, The Audacity of Hope, 134.

71. 앨런 울프, Does American Democracy
Still Work(New Haven: Yale University
Press, 2006), 48.

72. 조 클라인, "The Fresh Face", Time, Octo-
ber 23, 2006, 46.

73. 데이빗 멘델, "Obama Has Center in His
Sights", Chicago Tribune, April 27, 2004, 1.

74. Ibid.

75. 오바마, The Audacity of Hope, 32~34.

76. 오바마, "The Audacity of Hope: Keynote
Address to the 2004 Democratic National
Convention".

77. 오바마, "Remarks to Governor's Ethanol
Coalition: Energy Security is National Secu-
rity".

78. 조디 엔다, "Great Expectations", American
Prospect, February 2006, 25-26.

79. 오바마, The Audacity of Hope, 59.

80. 버락 오바마, "Remarks at the 2005 Robert
F. Kennedy Human Rights Award Cere-
mony", http://www.obama.senate.gov
(accessed August 25, 2006).

81. http://www.obama.senate.gov/blog
(accessed Sept. 30, 2005).

82. Ibid.

83. 오바마, "Remarks at the 2005 Robert F.
Kennedy Human Rights Award Ceremony".

84. 알렉산더 콕번, "Beat the Devil", The
Nation, April 24, 2006, 10.

85. 켄 실버스타인, "Barack Obama, Inc.",
Harper's, November 2006, 31~40.

86. 페리 베이컨, Jr., "The Exquisite Dilemma

of Being Obama", Time, February 20,
2006, 24~28.

87. 킴 프리드킨 칸 · 패트릭 J. 케니, The Spec-
tacle of U.S. Senate Campaigns (Princeton:
Princeton University Press, 1999), 53~61.

88. 버락 오바마, "Remarks of Senator Barack
Obama: Take Back America", http://www.
obama.senate.gov (accessed October 16,
2006).

89. 리차드 F. 페노, Jr., Home Style: House
Members in their Districts (Boston: Harper-
Collins, 1978), 54~56.

90. 마이크 토마스, "What's behind Barack's
Celebrity", Chicago Sun-Times, August 9,
2004, 44.

91. 스미스, "Show and Tell", 19.

결론

1. "Obama leads Fundraising for April to
June", http://www.msnbc.msn.com/id/
18535415.(accessed August 18, 2007).

2. 존 샘플스, Government Financing of Cam-
paigns: Public Choice and Public Val-
ues(Washington: Cato Institute, 2002).

3. 켄 실버스타인, "Barack Obama Inc.",
Harper's, November 2006, 36.

4. "2004 Election Outcome: Money Wins",
Open Secrets, http://www.freepress.net/
news/print/5459(accessed March 13, 2007).

5. 켄 실버스타인, "Barack Obama Inc.", Harp-
er's, November 2006, 31~40.

6. Ibid.

7. 버락 오바마, The Audacity of Hope: Thoughts
on Reclaiming the American Dream(New
York: Crown Publishers, 2006), 114.

8. 리차드 R. 로 등등, "The Effects of Negative
Political Advertisements: A Meta-Analysis
Assessment", American Political Science
Review 93(1999): 851~75.

9. 킴 프리드킨 칸 · 패트릭 J. 케니, "Do Nega-

tive Campaigns Mobilize or Suppress Voter Turnout? Clarifying the Relationship between Negativity and Participation", *American Political Science Review* 93(1999): 877~89.

10. E. J. 디오네 주니어, *Why Americans Hate Politics*(New York: Simon & Schuster, 1991), 12~13; 앨런 울프, Does American Democracy Still Work(New Haven: Yale University Press, 2006), 4~7.

11. 모리스 피오리나, Culture War: *The Myth of a Polarized American*(New York: Pearson/Longman, 2006), 167~82.

12. 닐 페어스, "*Minorities Slowly Gain State Offices*", National Journal, January 5, 1991, 33.

13. "Did You Know", *Essence*, June 2004, 38.

14. 넬슨 폴스비, *Consequences of Party Reform*(New York: Oxford University Press, 1983), 169~70.

15. 존 B. 주디스·루이 테이세이라, *The Emerging Democratic Majority*(New York: Scribner, 2002), 39~66.

16. http://www.cnn.com/ELECTION/2004/pages/results/states/IL/S/01/epolls.0.html,(accessed November 29, 2006).

17. 글렌 트러쉬, "Cliton's Camp Fires First Salvo", *Newsday*, January 22, 2007, 1.

18. 모린 다우드, "The Year of the Furies," *Fort Worth Star-Telegram*, November 14, 2006, B11.

19. http://www.pollingreport.com(accessed August 19, 2007).

20. http://www.presidentpolls2008.com (accessed August 19, 2007).

21. 데이비드 멘델, "Looking beyond Obamamania: Is He Ready Yet?" *Chicago Tribune*, September 24, 2006, 1 (Perspective).

22. 하워드 크루츠 : "The Obama Swoon", Washington Post, October 30, 2004, http://www.washingtonpost.com(accessed October 30, 2004).

23. 써닐 가그, "A Profile in Discouragement", *Chicago Tribune*, March 24, 2006, http://www.chicagotribune.com(accessed March 27, 2006).

24. 에릭 조른, "Letter to Voters a Letdown for Obama Idealists", *Chicago Tribune*, November 2, 2006, 7.

25. 예레미아 포세델, 케이시 보클먼과의 전화 인터뷰, November 27, 2006. (Mr. Posedel was the downstate coordinator for Barack Obama's 2004 Senate campaign).

26. 마크 할퍼린·존 F. 해리스, *The Way to Win: Taking the White House in 2008* (New York: Random House, 2006).

27. http://www.Techpresident.com(accessed April 23, 2007).

28. "Senator Obama's Office Responds to Misleading Harper's Magazine Story", http://www.obama.senate.gov(accessed November 5, 2006).

29. 모린 다우드, "Haunted by the Past", *New York Times*, November 1, 2006, 23.

30. 제프 젤레니, "As the Skeptics Ask Why, Obama Asks Why Not", *New York Times*, http://www.nytimes.com(accessed January 18, 2007).

31. 미키 카우스, "Obama-Too Reflective", http://www.slate.com(accessed December 21, 2006).

32. 제이콥 와이즈버그, "Obama's New Rules", http://www.slate.com(accessed October 26, 2006).

33. 바바라 A. 바데스·로버트 W. 올덴디크, *Public Opinion: Measuring the American Mind*, 3rd ed. (Belmont, CA: Thomson-Wadsworth, 2006), 186~87.

34. 드류 웨스텐, "Gut Instincts", *American Prospect*, December 2006, 30~31.

35. 데이비드 C. 윌슨, "Prospective Presidents or Long Shots? Political Optimism Toward Black Candidates and Racial Reali-

ties".(paper presented at the Annual Meeting of the American Political Science Association). (Philadelphia, PA, September 1, 2006).

36. 프레드 I. 그린스타인, *The Presidental Difference: Leadership Style from FDR to Clinton*(New York: Free Press, 2000), 194~200.

37. 뉴튼 미나우, "Why Obama Should Run for President", *Chicago Tribune*, October 26, 2006, A27.

38. 태머린 드러몬드, "The Barack Obama Story", *San Francisco Chronicle*, April 1, 1990, 5.

39. 그린스타인, *The Presidental Difference*, 197~98.

40. 세바스천 맬러비, "The Decline of Trust", *Washington Post*, October 30, 2006, A27.

41. 데이비드 시로타, "Mr. Obama Goes to Washington", *The Nation*, June 7, 2006, http://davidsirota.com/index/php/mr-obama-goes-to-washington(accessed December 5, 2006).

42. 실버스타인, "Barack Obama Inc.", 40.

43. 그린스타인, *The Presidental Difference*, 195~97.

44. 푸세델, interview, 2006.

45. 데이비드 브룩스, "Run, Barack, Run", *New York Times*, October 19, 2006, 27.

46. 하워드 크루츠, "Headmaster Disputes Claim that Obama Attended Islamic School", *Washington Post*, January 23, 2007, C7.

47. 버락 오바마, "The American Moment-Remarks to the Chicago Council on Global Affairs", April 23, 2007, http://www.barackobama.com(accessed April 28, 2007).

참고 문헌

- Alter, Jonathan. "Is America Ready?" *Newsweek*, December 25, 2006/January 1, 2007, 28~36, 38~40.

- Bacon, Perry. "The Exquisite Dilemma of Being Obama". *Time*, February 20, 2006, 24~28.

- *Chicago Tribune*. "Barack Obama: Making of a Candidate". (Thirteen part series), http://www.chicagotribune.com/news/politics/chi-obama-life-story-gallery. 0,1773480.storygallery.

- Dougherty, Steve. *Hopes and Dreams: The Story of Barack Obama*. News York: Black Dog and Leventhal Publishers, 2007.

- Enda, Jodi. "Great Expectations". *American Prospect*, February 2006, 25~26.

- Finnegan, William. "The Candidate". *New Yorker*, May 31, 2004, 32~39.

- Fitzgerald, Torence J. "Barack Obama". *Current Biography*, July 2005, 54~63.

- Franke-Ruta, Garance. "The Next Generation". *American Prospect*, August 2004, 13~17.

- Gray, Kevin A. "The Packaging of Obama". *The Progressive*, February 2007, 41~44.

- Green, Joshua. "A Gambling Man". *Atlantic Monthly*, January/February 2004, 34~38.

- Hirsch, Michael, "No Tune to Go Wobbly, Barack", *The Washington Monthly*, April 2007, 26~29, 31~36.

- Klein, Joe. "The Fresh Face". *Time*, October 23, 2006, 28~33, 102~3.

- Krol, Eric. "Building from the Base". *Illinois Issues*, January 2004, 23~25.

- Lizza, Lyan, "The Agitator". *The New Republic*, March 19, 2007, 22~26, 28~29.

- MacFarquhar, Larissa, "The Conciliator". *The New Yorker*, May 7, 2007, 46~57.

- "Obama's Fire Ignited By Political Heroes". *Jet*, November 13, 2006, 28, 30, 36, 44.

- Obama's Senate website, http://www.obama.senate.gov.

- Obama, Barack. *The Audacity of Hope: Thoughts on Reclaiming the American Dream*. New York: Crown Publishers, 2006.

- ——. *Dreams from My Father: A Story of Race and Inheritance*. New York : Three Rivers Press, 2004.

- Ripley, Amanda. "Obama's Ascent". *Time*, November 15, 2004, 74~76, 78, 81.

- Savadnik, Peter. "Illinois Senate Candidate Compared to Moseley-Braun: Barack Obama May Benefit as Top Candidates Vie". *The Hill*, Febuary

10, 2004. http://www.thehill.com/campaign/073003_obama.aspx

- Scheiber, Noam. "Race against History: Barack Obama's Miraculous Campaign". *New Republic*, May 24, 2004, 21～26.

- Senior, Jennifer. "Dreaming of Obama". New York, October 2, 2006, 28～33, 102～103.

- Shapiro, Walter. "Barack Obama's Quiet Rebellion". *Salon*, May 30, 2007, http://www.salon.com.

- Silverstein, Ken. "Barack Obama Inc". *Harper's*, November 2006, 31 ～38, 40.

- Sirota, David. "Mr. Obama Goes to Washington". *The Nation*, June 7, 2006, 20～23.

- Sweet, Lynn. "Running to the Right". *Illinois Issues*, January 2004, 18～20.

- Tumuly, Karen. "The Candor Candidate". *Time*, June 2004, 18～20.

- Turow, Scott. "The New Face of the Democratic Party-and America". *Salon*, March 30, 2004, http://www.salon.com.

- Victor, Kirk. "Reason to Smile". *National Journal*, March 18, 2006, 20～24.

- Wallace-Wells, Benjamin. "Destiny's Child". *Rolling Stone*, February 22, 2007, 48～50, 52～54, 57.

- Wallace-Wells, Benjamin. "The Great Black Hope". *Washington Monthly*, November 2004, 30～36.

- Weisberg, Jacob. "The Path to Power". *Men's Vogue*, September/October 2006, 224.

- Williams, Patricia J. "L'Etranger". *The Nation*, March 5, 2007, 11, 13～15.

역자 후기

이번 미국 대선은 여러 가지 점에서 흥미로운 관전 포인트를 제공한다. 1928년 이후 처음으로 현직 대통령과 부통령이 출마하지 않아 무주공산 상태에서 새로운 인물들이 대거 등장한 것이 한 이유다. 하지만 무엇보다 미국 선거 역사상 유례를 찾기 힘들 정도로 '역대 최초'로 점철돼 있다는 것이 다른 이유다. 민주당 쪽을 보자. 민주당 대통령 후보 경선에 나선이 책의 주인공 버락 오바마 일리노이주 상원의원은 미국 최초의 흑인 대통령에 도전하고 있다. 흑인 인권운동가 마틴 루터 킹 목사가 미국 전역에 팽배하던 인종 차별에 맞서 '나에게는 꿈이 있다'는 유명한 연설을 한 적이 불과 45년 전인 1963년이었다는 점을 회고해 본다면 격세지감이 아닐 수 없다.

그와 맞서는 힐러리 로댐 클린턴 뉴욕주 상원의원은 미국 최초의 여성 대통령에 도전하고 있다. 여성이 남성과 동등한 참정권을 얻은 것이 불과 1920년으로 1백년도 채 안됐다. 아직도 미국의 많은 여성들이 눈에 보이지 않는 남녀 차별인 '유리천장'이 존재한다고 호소하고 있다. 여성이 대권 근처에 다가서는 시점이 이렇게 빨리 올 줄은 미국 여성들 자신도 예측하지 못했을 터다.

비록 1월 초에 일찌감치 사퇴하긴 했지만 역시 민주당 경선 주자로 참여했던 빌 리처드슨 뉴맥시코 주지사 역시 소수인종 출신이다. 그는 최초의 히스패닉계 대통령을 노렸었다.

공화당 쪽도 예외가 아니다. 공화당 후보로 확정된 존 매케인(71) 상원의원은 대통령에 당선될 경우 미국 역사상 최고령 대통령이 된다. 로널드 레이건이 1981년 취임했을 땐 70세였지만 매케인이 본선거에서 이기면 72세에 취임하게 된다. 매케인이 확정되기 전 그와 쟁쟁하게 경쟁하다가 물러난 미트 롬니 전 매사추세츠 주지사는 미국 최초의 모르몬교 출신 대통령을 노렸었다. 경선 마지막까지 버티다 사퇴한 마이크 허커비 전 아칸소 주지사는 또 어떤가. 그 역시 최초의 침례교 목사 출신 대통령에 도전했다.

이렇듯 이색적인 '최초' 경력자로 가득한 미국 대통령 선거지만 역시 그 중 압권은 오바마와 힐러리라 할 수 있다. 조지 W 부시에 실망한 유권자들의 민심이 민주당 쪽으로 대폭 이동하면서 민주당 대선 후보의 자리를 꿰차는 사람이 대통령이 될 확률도 크다. 미국은 물론 세계를 이끄는 미국 차기 대통령은 흑인 또는 여성이 될 가능성이 크단 얘기다.

이 중 2008년 초만 해도 언론의 집중 관심을 받는 쪽은 힐러리 클린턴이었다. 2007년 말까지만 해도 세계의 거의 모든 유력 언론들은 2008년 새해 전망을 하면서 미국의 차기 대통령으로 힐러리 클린턴 뉴욕주 상원의원이 확실시 된다는 예측을 내놓았다. 신뢰성 있는 새해 전망을 내놓기로 유명한 영국의 시사 잡지 이코노미스트지 역시 "민주당 대통령 경선에서 클린턴이 승리할 것"이라고 내다봤다. "힐러리가 그동안 쌓아 놓은 민주당 내에서의 입지는 물론, 각 주에서 닦아 놓은 표밭을 오바마가 뒤집기는 힘들 것"이라는 게 이유였다. 미국 대선을 다루는 최일선 부서인 국제부 미주팀에서 매일 뉴스를 접하는 역자 또한 힐러리가 손쉽게 경선에서 이기리라고 예측했다는 사실을 고백한다.

하지만 상황은 급반전했다. 민심이란 참으로 변화무쌍하다. 가장 처음 열린 아이오와(2008년 1월 3일)에서 오바마가 이기며 민심은 오바마 쪽으로 급속히 이동했다. 그가 하는 연설을 듣기 위해, 또는 그와 악수를 하기 위해 뉴햄프셔에서 아이오와, 사우스캐롤라이나의 시골 마을까지 백인 남녀노소가 추운 날씨에도 줄을 서서 그를 기다리는 진풍경이 연출됐다. 불과 한 달 전에 힐러리의 완승을 예측했던 이코노미스트는 1월 12일판에서 "오바마는 미국인들의 절실한 변화의 요구에 유일하게 대응할 수 있는 인물이라고 여겨지기 때문에 인기를 끌고 있다"고 분석했다. 1월 19일 사우스캐롤라이나 경선에서 승리한 후 오바마는 이렇게 포효했다.

"오늘의 선거는 부자 대 가난한 자, 젊은이 대 노인, 흑인 대 백인 간의 대결이 아닙니다. 과거 대 미래의 대결이었습니다. 우리는 각각 다르지만 우리 전체는 하나입니다. 우리가 숨 쉬는 한 희망과 변화를 잊어서는 안 됩니다."

2월 5일 미국 전체의 절반에 해당하는 22개주가 동시에 경선을 치른 '슈퍼화요일' 결과는 오바마 대세론에 한층 힘을 실었다. 그는 전체 대의원 수에선 힐러리에 뒤졌지만 힐러리보다 더 많은 주에서 승리했다. 2월 12일 오바마는 워싱턴 DC와 버지니아, 메릴랜드 등 수도권 일원의 소위 '포토맥(워싱턴 DC와 수도권 일대를 흐르는 강 이름) 경선'에서도 승리했다. 이때 오바마는 처음으로 확보한 대의원 수에서 힐러리를 제치게 됐다.

이즈음 미국 언론에선 오바마의 이름을 이용한 신조어가 대거 등장하기 시작했다. 미국의 인터넷 정치잡지 슬레이트^{www.slate.com}

를 비롯한 여러 미디어가 오바마를 소재로 한 이 신조어를 소개했다. 오바마와 매니아를 합쳐 오바마에 열광하는 현상을 일컫는 '오바매니아'Obamania, 버락과 민주주의를 합친 '버라카시'Barackacy, 버락Barack에 마음을 빼앗겼다occupied는 뜻의 '버라큐파이트'Barackcupied, 오바마와 선언proclamation을 묶은 '오바마클레메이션'Obamaclamation 등, 한때 우습다고 비웃음을 샀던 오바마의 이름이 미국 사회의 아이콘으로 등장한 것은 아이러니다. 그만큼 오바마의 매력이 미국 유권자의 마음을 사로잡고 있음을 알 수 있다.

2월 20일 막을 내린 위스콘신과 하와이 경선에서 오바마가 모두 승리하면서 오바마는 10연승을 기록했다. 해외 당원들을 대상으로 한 글로벌 코커스(당원대회)에서도 이기며 파죽지세로 11연승 가도를 구가하던 오바마는 3월 4일 열린 '미니 슈퍼화요일'에서 가장 대의원 수가 많은 오하이오와 텍사스를 뺏기며 숨 고르기에 들어갔다. 경선에서 사퇴할 것이 불가피 할 것으로 여겨졌던 힐러리는 사지(死地)에서 부활했다.

이는 본격적인 네거티브 공세에 힘입은 바 크다. 오바마가 2006년 케냐 등 아프리카 5개국을 방문했을 때 찍은, 터번을 쓴 사진이 돌아다닌 것은 그 중 가장 저열한 공격으로 평가된다. 사진 속 오바마는 흰색 터번에 소말리족 족장 옷을 입고 있다. 그가 케냐 와지르 지방에 갔다가 부족 원로들이 선물한 옷을 입고 터번을 두르고 촬영한 사진이었다. 인터넷 미디어 '드러지 리포트'가 보도한 이 사진은 이메일로 유권자들에게 급속도로 퍼져나갔다. 힐러리 선거운동본부 측이 이 사진을 흘렸을 것으로 의심됐지만 힐러리 측은 이를 강하게 부인했다. 케냐인 아버지가 자신의 이름을 그대로 따 지어준 '버락 후세인 오바마'라는 이름 때문에 그동안 내내 시달려 왔던 것과 마찬가지의 공세였다. 케냐인이자 이슬람교도인 아버지를 둔 오바마가 미국인의 적인 급진 이슬람교도들과 모종의 관계가 있을 것이란 인상을 풍기는 흑색선전인 셈이다.

세벽 3시 백악관으로 국가안보의 위기 상황을 알리는 전화기 온다면 누가 그 전화를 받았으면 좋겠느냐고 묻는 힐러리의 TV 광고 역시 텍사스와 오하이오에서 그녀가 승리하는 발판을 만들어준 네거티브 공세다. 유권자들의 안보 불안감을 자극하고 오바마의 경험 부족을 집중 공격하는 전략이다.

언론의 비판은 좀 더 심각한 도전이다. 지금까지 상대적으로 오바마에게 너그러웠던 언론이 본격적인 검증 작업을 시작한 것이다. 대표적인 것이 자유무역협정을 둘러싼 스캔들이다. AP통신은 오바마의 최측근이 캐나다 외교관에게 "북미자유무역협정을 철폐하고 재협상을 하자는 오바마의 주장은 선거용일 뿐이니 걱정하지 말라"고 말했다고 오하이오주 경선 직전 보도했다. 오하이오는 공장들이 잇따라 해외로 이전하면서 쇠락하고 있는 지역으로 오바마는 이곳에서 집중적으로 "FTA는 미국 노동자들의 일자리를 앗아가고 있다"고 주장했었다. 그랬는데 이것이 겉 다르고 속 다른 선거용이란 주장이 나오면서 그의 진실성이 의심받게 된 것이었다.

청렴성이라는 오바마의 최대 무기 또한 도마에 올랐다. 오바마에게 거액을 기부한 그의 후원자이자 친구인 시카고 부동산 개발업자 레즈코가 사기와 돈세탁 혐의로 기소됐기 때문이다. 뉴욕타임스는 오바마가 자신의 골수 지지자 이외의 폭넓은 사람들을 자기편으로 만들어야 한다는 숙제를 안게 됐다고 평가했다.

그러나 1993~94년 빌 클린턴 정부 당시 백악관 대변인을 지냈던 홍보 전문가 디디 마이어스는 "오바마 캠프 측이 이 위기를 문제없이 넘어설 것"이라고 예측한다. 오바마 캠프 측은 자신들에게 불리한 보도가 나왔을 때 무조건 무시하거나 우기는 식으로 대응하기 보다는 적극적인 태도로 논리적으로 해명한다는 것이 마이어스의 평가다.

어떻게 하면 오바마가 현재의 난관을 뚫고 나갈 수 있을 것인가. 칼로브(부시를 대통령으로 만드는 데 수훈을 세웠던 네거티브 캠페인의 대가)처럼 상대 후보의 약점을 후벼 파고 끝까지 밟는 '초토화 scorched earth 전략'을 썼다가는 오히려 역풍을 맞기 쉽다. 오바마가 그동안 고수해왔던 깨끗한 이미지에 금이 가기 때문이다. 오바마가 외치는 변화에 콘텐츠가 없다는 일부의 비판에는 어떻게 대응할 것인가. 정작 미국을 어떻게 변화시킬 것인지 변화의 방향이 무엇인가에 대한 구체성이 부족하다는 지적이 많다. 화려한 언변에 맞는 내용성을 갖추었다는 사실을 유권자에게 어떻게 설득해내는가가 앞으로 오바마의 미래를 결정지을 것이다.

이 책에 의하면 오바마는 선거자금을 모으는 방법과, 이를 적절하게 활용하는 법을 잘 안다. 다른 후보들과는 달리 가장 필요한 순간에 아껴놨던 정치자금을 베팅해 최대의 효과를 거두게끔 쓸 줄 안다. 오바마는 힐러리보다 훨씬 많은 정치 자금을 확보했다. 2008년 2월 한 달 동안만 봐도 힐러리가 3,500만 달러를 모은 반면 오바마는 5,500만 달러의 정치헌금을 거둬들였다. 힐러리는 민주당을 기존에 후원해왔던 큰 손들로부터 주로 정치헌금을 받았기 때문에 돈을 낼 만한 사람들은 이미 1인당 한도를 채운 상황이다. 더 이상 돈이 나올 구석이 별로 없다. 하지만 인터넷과 개미들로부터 주로 후원을 받는 오바마의 정치자금 풀pool은 무궁무진하다. 6월까지의 경선 레이스를 놓고 볼 때 자금 면에선 오바마가 힐러리보다 확실한 우위를 점하고 있다.

오바마는 '이기는 공식'을 잘 아는 후보다. 그는 에이브러햄 링컨, 존 F 케네디, 마틴 루터 킹 등 미국인이 존경하는 역사 속 리더들의 이미지를 조합해 자신의 것으로 만드는 데 그 어느 정치인보다 능숙하다. 링컨으로부터는 통합의 메시지를, 케네디로부터는 변화와 세대 교체라는 화두를, 그리고 킹 목사로부터는 차별이 없는 사회를 부르짖는 호소력을 차용했다. 이 책에 실려 있는, 그를 스타로 만든 2004년 7월 민주당 전당대회 기조연설문을 보면 그 사실이 확연히 드러난다. 2007년 2월 대선 출마 선언문에서도 마찬가지다.

이 책은 오바마가 그동안 선거에서 활용한 '이기는 공식'을 분석해 낸다. 저자들에 따르면 오바마는 선거 전략에 관한 한 동물적인 감각을 지니고 있는 인물이다. 하지만 지금까지의 성공은 오바마 혼자의 정치적 본능과 능력으로 불가능한 것임은 물론이다. 그를 미국 정치 현상의 하나의 신드롬으로 창조한 주인공은 오바마 뿐이 아니라 그의 선거 캠프 참모들이다. 이 책은 오바마 주변 인물로부터 입수한 그에 대한 생생한 평가를 담고 있다. 그가 능력 있는 미국 사회 최고의 인재들을 거느리고 있다는 자체가 그의 리더십을 입증해주는 증거라고 하겠다. 그는 조셉 나이 하버드대 교수의 말대로, 콘텍스트 안에서 사물을 이해하는 '종합적 사고력'contextual intelligence이 매우 뛰어난 사람임에 틀림없다. 책에 실린 다음의 내용을 보면 한 번이라도 오바마를 만나본 사람들, 그의 주변에 있는 사람들이 왜 그에게 빠지게 되는 지를 약간이나마 이해할 수 있다.

정치학자들은 좋은 대통령이 가지고 있는 자질 몇 가지를 구분해냈다.

대중과 소통하는 능력, 조직을 얼마나 잘 꾸려나갈 수 있나, 정치력, 비전, 지적 능력, 그리고 감성적 지능 등이다. 많은 경우 대통령이 임기를 마치고 떠나기 전까지는 이런 자질들을 보유하고 있는지 따져보는 일이 쉽지 않다. 따라서 지금부터 얘기하는 부분은 다소 추측성이 가미돼 있다. 하지만 오바마가 매우 특별한 지적 능력을 보유하고 있다는 사실은 분명하다. 이에 더해 그와 함께 일해 본 동료들은 그의 인간적 성숙성과 감성적 지능을 높이 평가한다. 그가 공직에 진출하기 훨씬 전부터 그는 지적 능력과 감성적 능력을 겸비하고 있었다고 그의 법학대학원 지도교수 중 한 명은 말한다. "그는 매우 특별했다. 만약 다른 학생이 오바마 같은 통찰력을 보유하고 있었으면 다른 이들의 질시나 경계의 대상이 됐겠지만 오바마는 그렇지 않았다. 그는 다른 사람들이 하는 말을 듣고 이를 발전시키는 능력을 갖추고 있었고, 다른 사람들을 기분 나빠하지 않게 하면서 다른 이들의 말 속에서 가치를 찾아내는 자질이 있다."

이기는 공식 못지않게 중요한 것이 '다른 방식으로 이기는 것'이다. 저자들은 그가 지금까지 미국 유권자들에게 신물을 느끼게 했던 정치인들과 어떻게 다른지도 비교를 통해 분석한다. 오바마는 그동안 다른 후보들의 약점을 공격하는 네거티브 전략을 철저히 부정하고 미국인들에게 희망과 변화의 목소리를 전하는데 주력해왔다. 최근 몇 년 동안 성공적이었던 미국 정치인들의 전략과는 사뭇 다른 접근이다. 그는 또한 자신이 믿는 점에 관해선 민주당 공식 노선을 탈피해 공화당과도 함께 일할 정도로 실용적이다. 공화당 대선 후보로 확정된 매케인과 상원에서 의원윤리개혁을 위해 함께 일한 것이 한 예다.

지금까지 국내에 나와 있는 오바마에 관한 번역서는 3종이다. 그중 오바마 자신이 직접 쓴 『담대한 희망』The Audacity of Hope을 통해서는 그가 보는 세계와 더불어 그가 어떤 정책을 꿈꾸고 있는지를 알 수 있다. 자서전 『내 아버지로부터의 꿈』Dreams from My Father은 오바마가 자신의 아픈 과거와 삶의 궤적을 역시 직접 서술한 책이다. 오바마의 내면에 깊이 들어가고 싶다면 이들 두 책이 효과적이다. 「피플」 기자인 스티브 도허티^{Steve Dougherty}가 쓴 『꿈과 희망 : 버락 오바마의 삶』도 국내에 번역 소개됐다. 역시 그의 삶의 궤적을 쫓은 글이다.

반면 이 책은 그의 선거 활동과 공약, 의정 활동을 사회적 · 역사적 맥락 속에서 분석한다. 그의 행동과 공약, 그가 주변에 끼친 영향을 수많은 데이터와 언론보도, 자료를 통해 학문적으로 해부한 점이 지금까지 번역된 오바마 관련 역서와 눈에 띄게 다른 점이다. 저자들은 오바마의 행보를 캐럴 모슬리-브론이나 앨런 키이스, 잭 라이언 등 오바마와 동시대에 활동했던 정치인은 물론 역사적으로 유명했던 과거 정치인들과 비교해 보여준다.

이 책은 2007년까지 집필을 마치고 2008년 출간된 오바마에 관한 가장 '따끈따끈한' 책이다. 하지만 더 놀라운 것은 그 이후 급반전할 민심의 움직임을 정확히 예측하고 있다는 것이다. 이 책은 2008년 8월 열릴 민주당 전국 전당대회에서 슈퍼 대의원의 표심 향방을 봐야만 후보가 결정되는 혈전이 벌어지고 있는 지금의 민주당 경선 상황을 다음과 같이 전망한다.

오바마나 힐러리 모두 경선 기간 내내 견딜 수 있을 만큼 넉넉한 선거 자금과 조직을 갖고 있다. 만약 각 주에서 열린 경선의 득표 비율에 따라 그 주의 대의원 수를 배정하는 현재 제도상 어떤 후보도 대의원 수에서 과반을 얻지 못한다면 민주당 중진의 중재로 후보를 전당대회에서 정하는 상황이 발생할 수도 있다. 1976년 공화당 전당대회에서 이런 일이 마지막으로 발생했다. 현역 대통령인 포드가 과반이 넘는 대의원 수를 확보하지 못하자 로널드 레이건이 자신이 공화당 후보가 돼야 한다고 주장하고 나섰다. 포드는 결국 공화당 대선 후보 자리를 확정지었지만 내부 분란이 너무 격화돼 결국 본 선거에서 민주당에게 패하는 요인이 됐다.

오바마와 힐러리의 대결은 2008년 6월 3일의 몬태나, 사우스다코타, 그리고 6월 7일의 푸에르토리코를 넘어 8월 민주당 전당대회까지 계속될 전망이다. 하지만 어느 쪽이 승리해 민주당 대선 후보가 되는지에 상관없이 오바마가 미국 정치를 뿌리부터 근본적으로 변화시킬 것이란 저자들의 전망은 맞아 떨어졌다. 정치에 무관심했던 젊은 층이 오바마의 열혈 팬이 됐다. 이들은 자신의 돈을 들여 오바마를 지원하고 스스로 유세를 조직화해낸다. 통합의 메시지를 설파하는 그에게 일부 공화당원도 끌리고 있다. 오바마를 지지하는 공화당원^{Republican}이란 뜻의 '오바마칸'^{Obamacan}이란 말도 생겨났다. 주변부에서 방관자로 머물던 유권자들은 오바마로 인해 참여의 무대에 우뚝 서게 됐다.

오바마가 힐러리를 제치고 민주당 대선 후보가 된 다 해도 본 선거에서 공화당 존 매케인 후보를 누르고 미국 최초의 흑인 대통령이 될 지 아직은 알 수 없다. 상당수 정치평론가들은 유권자들이 막상 본 선거를 위해 투표장에 들어서면 미국 사회에 뿌리 깊게 박힌 인종차별 의식이 표면화 될 것이라고 예측하기도 한다. 케냐에 할머니와 삼촌을 비롯한 친척들이 아직 그대로 살고 있는 오바마가 미국을 대표하는 대통령이 된다면 이는 말 그대로 놀라운 일이 될 것이다. 오바마의 '아메리칸 드림'이 실현될 지 여부는 그러므로 미국 국민의 의식 수준과 진정한 민주화의 척도를 평가하는 바로미터가 될 수 있다.

갑자기 번역을 의뢰받고 고민을 많이 했다. 회사에 매어 있는 기자의 특성상 촉각을 다투는 이번 번역을 제때 마칠 수 있을지 자신이 없었다. 그러나 미국 정치에 대해, 역사에 대해 좀 더 알고 싶다는 욕심, 그리고 오바마의 발자취를 좀 더 쫓고 싶다는 욕심이 역자를 이끌었다.

특히 어려웠던 것은 익숙하지 않은 미국의 정치 제도였다. 매일 매일 미국의 정치 뉴스를 추적하는 직업을 갖고 있음에도 불구하고 한국과는 차이 나는 제도, 한국적 사고방식으로 보면 이해가 가지 않는 용어가 하나 둘이 아니었다. 사전에 나와 있지 않은 단어들은 그동안 미국 언론에서 이들 용어를 다룬 용례를 분석해 뜻을 유추해 냈다. 인터넷 시대의 마법 지팡이인 백과사전 영어판 '위키피디아'도 큰 힘이 됐다.

짧은 시간에 마쳐야 했던 작업이었던 만큼 늘봄 편집진들의 매끄럽고 빠른 일처리가 큰 힘이 됐다. 인명, 지명 통일이나 교열 등 번거로운 작업을 깔끔하게 처리해 줬다. 조유현 사장과 이부섭 편집장을 비롯한 늘봄 편집진의 노고에 감사한다.

때론 매섭게, 때론 푸근하게 격려를 아끼지 않았던 어머니 아버지와 시댁 식구, 가족들에게 감사한다. 특히 참고문헌 정리와 표 작업 등 손 많이 가는 일을 도와준 남편 조경환에게 감사의 뜻을 표하고 싶다. 아내가 어려움에 처하면 언제나 자기 일처럼 발 벗고 나서서 도와주는 고마운 사람이다. 미국 정치에 관해 언제나 조언을 해주고 방향을 잡아 줬던 중앙일보 국제부 선후배들에게도 어떻게 고마움을 표현해야 할지 모르겠다.

부인할 수 없는 것은 '책을 저술하다가 오바마에게 빠지게 됐다'고 저자 서문에서 털어놓은 저자들처럼 나 또한 오바마에게 인간적인 매력을 느끼게 됐다는 사실이다.

이제는 한동안 못 잤던 잠을 푹 잘 수 있을 것 같다.

2008년 3월

최 지 영

매력을 느끼게 됐다는 사실이다.

이제는 한동안 못 잤던 잠을 푹 잘 수 있을 것 같다.

2008년 3월